Alexandre Safran
Die Weisheit der Kabbala

D1731361

Im selben Verlag sind von Alexandre Safran 1966
Die Kabbala und 1984 *Israel in Zeit und Raum.
Grundmotive des jüdischen Seins* erschienen.

ALEXANDRE SAFRAN
Universität zu Genf

Die Weisheit der Kabbala

FRANCKE VERLAG BERN
UND STUTTGART

Titel der Originalausgabe:
Sagesse de la Kabbale
(Stock, Paris 1986)
Aus dem Französischen übersetzt von Ingrid Jonas

Zum würdigen Andenken an Joseph Tamman
von seinem Sohn, Gabriel Tamman, gewidmet

©
A. Francke AG Verlag, Bern 1988
Alle Rechte vorbehalten
ISBN 3-317-01643-4

INHALT

VORWORT

«Weisheit der Kabbala» lautet der Titel dieses Bandes.

Ich hoffe, daß die Leser zustimmen werden, daß sogar aus den Absätzen, in denen notwendigerweise abstrakte, theosophische oder ontologische Themen behandelt werden, das Licht der Weisheit, einer Ethik, erstrahlen kann. Die Offenbarung, die von der Überlieferung ausgelegt und vertieft wird, ist der Ursprung der Weisheit.

Um das Lesen des Buches zu erleichtern, habe ich im Gegensatz zu meinen vorherigen Werken hier die Quellen der Zitate nicht aufgeführt. Die Zitate sind selbstverständlich in Anführungszeichen angegeben.

Die meisten der in diesem Buch angeschnittenen Themen sind in den Vorlesungen entwickelt worden, die ich an der Universität Genf und an der Universität Bar-Ilan in Israel gehalten habe.

Genf, Schewat 5746, Januar 1986
Alexandre Safran

EINFÜHRUNG

ÜBERBLICK ÜBER LEHRE UND GESCHICHTE DER KABBALA

*Das Sein ist ein Ganzes, in dem sich das Sichtbare
und das Unsichtbare gegenseitig durchdringen und
vereinen. Den Menschen beschenkt Gott mit der
Gnade, damit er sich tiefgreifend der göttlichen,
lebensspendenden Gegenwart bewußt werden und
diese spüren kann.*

Die Kabbala ist eine Lehre der Einheit. Die Realität ist ein
Ganzes, in dem sich das Sichtbare und das Unsichtbare, das
Stoffliche und das Spirituelle gegenseitig durchdringen und
vereinen. Diese dynamische, gegenseitige Durchdringung ist
ein Zeichen dafür, daß die Realität lebendig ist. Ihr Leben
schöpft sie aus dem «Leben des Lebens»; sie entstammt der
«Ursache der Ursachen»; ihre Kraft zieht sie aus der «Wurzel
der Wurzeln», die den ganzen Baum des Lebens nährt. Das
«Leben des Lebens», die «Ursache der Ursachen», die «Wurzel der Wurzeln» ist der Schöpfer selbst. Er ist der Meister und
der Ordner seiner Schöpfung und des Lebens. Er ist ungreifbar, doch bleibt er wahrlich in allem, das da lebt, präsent.
Gott hat unter seinen Geschöpfen ein Wesen, den Menschen, gestellt, der selbst nicht mehr als alle die anderen Wesen, die Gott geschaffen hat, ist. Wie alle anderen ist auch er
im Vergleich zu Gott ein «Nichts». Er ist nichts weiter als
«Staub und Asche», wie Abraham von sich selbst (Gen.
18,27) angesichts seines «Schöpfers, den er gekannt hat»; angesichts seines «Gottes, den er erkennen ließ», sagte. Den
Menschen beschenkt Gott jedoch mit der Gnade, damit er sich
tiefgreifend der göttlichen, lebensspendenden Gegenwart bewußt werden und diese spüren kann, ohne dabei Gott berühren zu können. Gott hat dem Menschen die Fähigkeit gege-

ben, Gott durch dessen Werke bewußt wahrnehmen zu können, damit er Gott durch seine eigenen Taten bewußt dienen kann. Mit einer einzigartigen Sendung von Gott, dem Einen, dem Einzigen, betraut, versucht der Mensch mit seinem Geist die Gesamtheit der zugleich spirituellen und stofflichen Realität zu erfassen, um dort Gottes Gegenwart zu entdecken sowie dort Gottes Kundgeben wahrzunehmen. In der Thora und in der Welt sind Gottes Gegenwart und Gottes Kundgaben am deutlichsten wahrnehmbar. Die Thora (die in der hebräischen Bibel konzentrierte göttliche «Lehre») bringt die «Absicht» zum Ausdruck, die der Schöpfer mit der Erschaffung der Welt verfolgte, und die Welt stellt das Werk des Schöpfers dar.

Gott gesteht dem Menschen das Privileg zu, ihm zu dienen; denn indem der Mensch Gott dient, wird er fähig, sich in Gottes Licht zu sehen.

Der Mensch sucht Gott, ihn, den Absoluten. Er kann Gott jedoch nicht in seinem *Ajin,* in seinem «Nein», in seinem *Ein-Sof,* in seiner «Unendlichkeit» erfassen. Gott stellt einem jeden Versuch, ihn einzukreisen, ein «Nein» entgegen; Gott ist «nicht zu definieren». Selbst die Begriffe *Ajin* und *Ein-Sof* sind unzulänglich, um Gott zu bezeichnen. «Es ist unmöglich, das durch einen Namen, durch ein Wort zu definieren, was wir nicht berühren können», heißt es in der Kabbala. Er ist «Er», er ist ohne Namen. Doch offenbaren sich vom Zeitpunkt der «ersten Werke», *Maassei Bereischit,* die er als Schöpfer der Welt vollbracht hat; vom Zeitpunkt der «Erzählungen des Wagens», *Maassei Merkaba,* die er durch die Welt, deren Meister er ist, sendet, Namen, seine Namen, die nur ein Einiges mit Gott bilden. Er hat «die Welt erschaffen» und diese «mit der Thora bedacht», «um seinen Geschöpfen Gutes zu tun». Damit sich das zum Gesprächspartner auserwählte Geschöpf, der Mensch, an Gott wenden kann, erlaubt Gott ihm, ihn bei den Namen zu nennen, die Gott ihm «offenbart»; durch Gottes Namen, durch die Gott «sich erkennen läßt». Mit der Schaffung der *Maassei Bereischit* und der *Maassei Merkaba* hatte

Gott ganz besonders den Menschen im Sinn. Durch die *Maassei Bereischit* stellte Gott den Menschen an die Spitze der Welt, damit er diese pflege; er offenbart seine Gegenwart in der Welt und bringt den Menschen zu sich, zum Ursprung zurück. Durch die *Maassei Merkaba* bietet Gott dem Menschen an, mit ihm bei der Entfaltung der Geschichte in der Zeit zusammenzuarbeiten, diese wieder der Metageschichte zuzuführen und sie in die Ewigkeit einzufügen.

Gott, der Einige, bietet dem Menschen daher einen zweispurigen Weg, auf dem er sich ihm nähern kann, nämlich auf der Spur der *Maassei Bereischit* und auf derjenigen der *Maassei Merkaba.* Begibt sich der Mensch auf den zweispurigen Weg, kann er Gott «dienen», das heißt «arbeiten», um Gott in *dieser* Welt zu offenbaren. Doch braucht Gott den «Dienst», die «Arbeit», die Huldigung des Menschen? In der Tat heißt es: «Wenn du gerecht wärst, was kannst du ihm geben?» (Hiob 35,7). Und doch gesteht Gott dem Menschen das Privileg zu, ihm zu dienen; denn indem der Mensch Gott dient, wird er fähig, sich Gott vorzustellen und sich in Gottes Licht zu sehen. Er wird in die Lage versetzt, für Gottes Herrlichkeit zu handeln und seine eigenen Taten in Gottes Licht zu beurteilen. Gott wird so den Menschen ehren und ihn mit seinen Wohltaten überschütten, und zwar nicht als «Almosen», sondern als Belohnung, die der Mensch sich druch seine Mühen verdient hat. In dieser Optik interpretiert die Kabbala den Vers aus dem Buch des Propheten Jesaja (43,7), in dem der Prophet uns die Worte Gottes wie folgt überliefert: «alle, die mit meinem Namen genannt sind, die ich *zu meiner Ehre,* geschaffen und zubereitet und gemacht habe...»

Zwischen Welt und Thora besteht eine Korrelation. Die Welt muß «in Taten» das konkretisieren, was die Thora, der Plan der Schöpfung Gottes, ihr vorschreibt.

Die Initiative für die Offenbarung, also für die Gnade, ist von Gott gekommen. Der Schöpfer, der Meister, offenbart sich überall in der Welt; der Gesetzgeber, der König, offenbart sich durch die Thora. Zwischen Welt und Thora besteht eine Korrelation. Die Welt muß «in Taten» das konkretisieren, was die Thora, der Plan der Schöpfung Gottes, ihr vorschreibt.

Die erste Offenbarung geschah zum «Anbeginn» des Bestehens der Welt; die Offenbarung «erneuert sich» in den Augen des Menschen «alle Tage». Die zweite Offenbarung fand bei der «Verkündigung der Thora», die im Dekalog enthalten ist, auf dem Berge Sinaï in einer Wüste statt, die keinem Volk gehört. Diese Offenbarung geschah über den Mittler Israel für den Menschen. Das «Echo» dieser Offenbarung hallt «jeden Tag vom Berg Horeb», vom Berge Sinaï, wider.

Damit sich die Thora dem Juden öffnet, muß er zuvor ihre Mizwot, *ihre religiösen Gebote, auf das genaueste befolgen.*

Maassei Bereischit und *Maassei Merkaba,* «die ersten Werke» und «die Erzählungen des Wagens» sind die beiden Achsen der Kabbala, der jüdischen Mystik. Alles Denken der jüdischen Mystik dreht sich um diese beiden. Die jüdische Mystik entfaltet sich mit dem Buch der Genesis (das die *Maassei Bereischit* beinhaltet), und dann in den Büchern der Propheten Jesaja und Hesekiel (die die *Maassei Merkaba* beinhalten) und setzt sich im Talmud (insbesondere in dem Traktat *Chagiga*) und in der Kabbala bis zu unseren Tagen hin fort.

Diese beiden Grundlagen der jüdischen Mystik lassen sich in der Thora finden. Also werden die Weisen die Thora, im globalen Sinne des Wortes, vertiefen. Die Mystiker werden sich bemühen, bis zu ihrer «Innerlichkeit» vorzudringen, um dort das Wesen der Dinge zu entdecken.

Die Thora wird mit ihren Kommentaren Objekt detaillierter Forschungen für alle diejenigen sein, die «sich mit dieser befassen», die sie studieren und sich ihr widmen. Damit diese sich ihnen jedoch öffnet, müssen sie zuvor ihre *Mizwot,* ihre religiösen Gebote, auf das genaueste befolgen. Bei der Studie der Thora müssen «ihre Buchstaben *gezählt*» werden; bei der

Befolgung ihrer Vorschriften müssen «ihre *Mizwot gezählt*» werden. Von denjenigen, die die Thora studieren, wird eine *arithmetische* Genauigkeit verlangt, und zwar eine Genauigkeit in der «Berechnung» der numerischen Werte der Buchstaben und der Worte; eine Präzision in der «Berechnung» der *Mizwot,* in der «Berechnung» der Beziehung der *Mizwot* zu Leib und Seele des Menschen und zur Zeit, wie zu den Stunden, Tagen, Wochen, Monaten und Jahren.

> *Die Thora ist eine Offenbrung des Wortes. Der* geschriebenen *Thora selbst geht eine* mündliche *Thora voraus, die die erstere ankündigt; ihr folgt jedoch auch die* mündliche *Thora, die die erstere erklärt. Somit ist die Thora eine* Kabbala, *eine «empfangene» und eine «weitergegebene» Thora.*

Als die Offenbarung von Person zu Person, wendet sich die Thora von ihrem Autor aus persönlich an die menschliche Person; an die gemeinschaftliche Person, an Israel, und an die Einzelperson, den Israeliten. Sie ist daher eine Offenbarung des Wortes, ein Mittel der spirituellen Kommunion zwischen zwei Personen.

Die *geschriebene* Thora ist als heilige *Schrift* bei ihrem Ursprung eine Offenbarung des Wortes Gottes (vgl. Exod. 20,8), eine göttliche *mündliche* Offenbarung (ohne dabei die Reichweite des Wortes «mündlich» umschreiben zu können). Aus diesem Grunde wird die von Gott Mose auf dem Berge Sinaï offenbarte Thora, die Mose «empfing und an Josua weitergab», von den Weisen als eine *Kabbala,* als eine *«Rezeption»* angesehen.

Der *geschriebenen* Thora selbst geht eine *mündliche* Thora voraus, die die erstere ankündigt und erahnen läßt; ihr folgt jedoch auch die *mündliche* Thora, die die erstere vervollständigt, diese erklärt und in der auf detaillierte Art die Anwendungsmethoden ihrer Prinzipien und Vorschriften dargelegt werden. *Eingeschlossen* in der geschriebenen Thora entdecken die Weisen präzise Hinweise auf das tägliche Leben der Juden;

dank ihres vom «heiligen Geist» erleuchteten Verstandes enthüllen, «offenbaren» die Weisen den Juden diese. Somit
schaffen sie die *mündliche* Thora. Die beiden *Thorot,* die ge-
schrieberne und die mündliche Thora, verbinden sich wieder
in ihrer ursprünglichen Einheit; sie bilden eine einzige Thora,
nämlich die Thora.

Somit ist die Thora eine *Kabbala,* eine «empfangene» und
eine «weitergegebene» Thora. Die *Kabbala* ist *Überlieferung,*
denn sie entstammt einer göttlichen, einzigartigen, zentralen,
vom Menschen «empfangenen» Offenbarung, die vom Menschen *mündlich* «von Mensch zu Mensch» «weitergegeben
wird»: *Kabbala Isch MiPi Isch, Ad Le Mosche, MiPi HaGe-
wura.* Die Übergabe erfolgt «vom Mund des Menschen zum
Menschen, indem bis zu Mose zurückgegangen werden kann,
der sie aus dem *Munde* der göttlichen Macht» empfangen hat.
So definiert Maimoides, Rambam (1135–1204), der religiöse
Kodifikator, die *Kabbala,* die er vor allem als eine *Thora Sche-
BeAlPe,* eine mündliche Thora, betrachtet.*)

> *Die Kabbala ist eine Überlieferung. Selbst in ge-
> schriebener Form behält sie ihren eminent mündli-
> chen, lebendigen Charakter, denn sie ist für das
> Leben geschaffen, für Entwicklung und Erfüllung
> des Lebens nach dem «Wort Gottes». Folglich ist
> das «Wort Gottes» Halacha; es ist Gesetz.*

Die Kabbala ist also eine göttliche Offenbarung und eine
menschliche Annahme und Weitergabe; sie ist eine Überlieferung. Selbst in geschriebener Form behält sie ihren eminent
mündlichen, lebendigen Charakter, denn sie ist für das *Leben*
geschaffen, für Entwicklung und Erfüllung des Lebens nach
dem «Wort Gottes». Folglich ist das «Wort Gottes» *Halacha;*
es ist Gesetz. Daher hat der Begriff *Kabbala* in den halachischen Schriften eine im wesentlichen juristische Bedeutung.

*) Vgl. Alexandre SAFRAN, Die Kabbala, Francke Verlag Bern und
München, 1966, S. 31 ff.

Diese Bedeutung hat der Begriff nicht nur, wenn er sich auf religiöse Vorschriften juristischer Ordnung bezieht, die zum größten Teil im Pentateuch enthalten sind, sondern auch, wenn er sich auf die von den Propheten stammenden Worte und auf die nüchternen historischen Beziehungen der Hagiographen bezieht. Gerade wenn sich die Kabbala mit diesen beiden nichtjuristischen Quellen verbindet, erhält sie den Namen *Diwrei Kabbala,* «Worte der Kabbala» (Rambam bezeichnet mit diesen beiden Worten die Gesamtheit der Kabbala, indem er auf diejenige zurückgeht, die «aus dem Munde Mose empfangen» wurde). Dadurch wird die unlösbare Einheit der hebräischen Bibel, der geschriebenen Thora, aufgedeckt, in der Gesetz, Poesie und Erzählung miteinander verwoben sind. Dadurch wird auch die Einheit der mündlichen Thora enthüllt, in der sich, und dies inbesondere im Talmud, *Halacha,* Gesetz, und *Aggada,* Poesie und Erzählung, miteinander verweben (die *Aggada* ist für die Kabbalisten eine bevorzugte Inspirationsquelle, die jedoch auch die mystischen Bedeutungen in der *Halacha* aufdecken).

Die mündliche Thora wird im wesentlichen vom Talmud, von der «Lehre» getragen, dessen Zusammenstellung (angefangen mit der Mischna, der «Wiederholung», der «Lehre») sich über mehrere Jahrhunderte erstreckt hat (2.–6. Jh.).

Im 13. Jahrhundert hat der Begriff Kabbala *eine besondere mystische Bedeutung erhalten, ohne jedoch seine* halachische *Bedeutung zu verlieren. Die* Kabbala *ist tiefgreifend mit der* Halacha *verbunden, die sie «von Innen» erleuchtet.*

Die drei Hauptwerke des Judentums sind in erster Linie die Bibel, der der Talmud und dann der Sefer HaSohar, das Buch des Glanzes, folgen, die die grundlegende Lehre der jüdischen Mystik beinhalten. Dieses wesentliche Buch enthält die mystische Lehre des Rabbis Simon ben Jochai, der Tannaite, der im 2. Jahrhundert in Galiläa lebte. Das Werk wurde im 13. Jahrhundert in Spanien verbreitet.

Im 13. Jahrhundert hat der Begriff *Kabbala* eine besondere mystische Bedeutung erhalten, ohne jedoch seine *halachische* Bedeutung zu verlieren. Ganz im Gegenteil, die *Kabbala* ist tiefgreifend mit der *Halacha* verbunden, die sie «von Innen» erleuchtet.

Seither bezeichnet das Wort *Kabbala* im täglichen jüdischen Sprachgebrauch die jüdische Mystik.

Die Kabbala bleibt jedoch eine mündliche Überlieferung. Die Kabbalisten, die «Weisen der Wahrheit» – das heißt, diejenigen, die die Wahrheit kennen möchten – «diejenigen, die die verhüllte Weisheit kennen» – das heißt, diejenigen, die diese zu kennen wünschen – geben ihre Lehre *mündlich* an ihre Freunde, an ihre Kollegen und an ihre Anhänger weiter, die dieser Lehre würdig sind. Und dennoch vertrauen diese Weisen, die ihre Lehre mündlich an ihre Kollegen weitergeben und diesen sogar praktische Ratschläge geben, wie sie «sich mit Gott verbinden» und «ihm dienen» können, ihnen kaum ihre eigenen mystischen Erfahrungen an. Da sich diese im Inneren eines einzigen Wesens entfalten, können sie nicht mitgeteilt werden.

«Die *Kabbala* (die *Überlieferung*) erfolgt durch den *Mekubbal* (durch den Kabbalisten, der bereits die *Kabbala* empfangen hat, von der er bereits voll *erfüllt* ist) über den *Mekabbel* (über denjenigen, der sie *empfängt*), der sie (auch) mit seinem eigenen Intellekt «versteht». So definiert Ramban, Nachmanides (13. Jh.) die Bedingungen der mündlichen «Überlieferung» der Kabbala durch den Meister an die Schüler. Nur diejenigen können die Kabbala weitergeben, die ein reines und heiliges Leben führen; nur diejenigen können die Kabbala empfangen, die eine große «spirituelle» Reife erlangt haben.*) Diese Beschränkungen sind während der Jahrhun-

---

*) Die Weisen behaupten, daß «ein Schüler erst im Alter von vierzig Jahren in der Lage ist, die Gedanken seines Meisters richtig zu verstehen. Denn «das Alter von vierzig Jahren ist das Alter der Weisheit». Deswegen ziehen es die Kabbalisten im allgemeinen vor, ihre Lehre an die Schüler «weiterzugeben», die das vierzigste Lebensjahr überschritten haben. Sie meinen, daß die menschliche «Seele» in diesem Alter

derte geachtet worden, in denen die Kabbala gelehrt und nach ihr gelebt worden ist. Sie gelten auch heute noch; wenn auch bestimmte Meister der Kabbala wie Raw Kuk (20. Jh.) und Raw Aschlag (20. Jh.) im Heiligen Land die Kabbalisten ermutigen, die «Mysterien der Thora» denen bekanntzumachen, die dies wünschen, und zwar unter der Bedingung, daß sie sich der zugleich religiösen und moralischen Pflichten, die ihnen obliegen, bewußt sind, wenn sie in das Paradies der Kabbala eintreten.

Das jüdische mystische Denken hat niemals das jüdische philosophische Denken außer acht gelassen. Das jüdische religionsphilosophische Denken untersteht in seiner Entwicklung genauso wie das jüdische mystische Denken der Halacha, *dem Gesetz.*

Historisch und geographisch gesehen ist die Bewegung der Kabbala reich und vielseitig. Die Bewegung hat es zu verschiedenen Zeiten und in verschiedenen Gegenden gegeben. Sie zeugt aber trotzdem von einer vollkommenen und beeindruckenden Kontinuität, und zwar nicht nur durch äußere Aspekte, sondern vor allem durch ihre innere Einheit. Die Kontinuität entspricht derjenigen der jüdischen Geschichte, der Einheit des Judentums, die beide lebendig sind, weil sie sich ohne Unterlaß auf einem unwandelbaren Fundament erneuern.

Das jüdische mystische Denken hat niemals das jüdische philosophische Denken außer acht gelassen; die Mystik hat ganz im Gegenteil die Philosophie benutzt, und dies ist ganz besonders beim rationalistischen maimonidischen Denken der Fall. Manchmal sind im mystischen Denken sogar die eigenen grundlegenden kontemplativen Elemente von spekulativen philosophischen Elementen überdeckt worden. Diese beiden Formen des Denkens haben sich manchmal gegenseitig beein-

---

spirituell gesehen reif ist. Das hebräische Wort *NeschaMa*, «Seele», bestätigt dieses: die Buchstaben dieses Wortes bilden auch die Wörter *Mem-Schana*, «vierzig Jahre».

flußt. Das jüdische mystische Denken hat jedoch eine beständigere Prägung und ist vor allem wahrhafter jüdisch als das jüdische philosophische Denken. Von den Anfängen des Judentums bis hin zu unseren Tagen durchströmt ersteres die weiten Ausmaße der jüdischen Geschichte wie ein mächtiger Fluß, der diese mit seinen frischen Wassern speist. Das jüdische mystische Denken dringt bis in die Tiefen der jüdischen Seele vor und zündet diese mit seinem Feuer. Diese Mystik ist wie «die Thora, die ganz und gar dem Wasser und dem Feuer gleicht».

Das kabbalistische Denken ist religiös, spirituell und intellektuell gesehen von einer kleinen Elite erarbeitet worden. Und doch übt die Kabbala einen psychologischen, moralischen und praktischen Einfluß auf die ganze jüdische Existenz aus und dies direkt oder indirekt sowie täglich und auf konkrete Art. Somit nährt sie im wesentlichen den jüdischen Glauben und prägt die jüdische Seele mit Nachdruck. Sie festigt das Bewußtsein des Juden, hilft diesem, seine Identität zu behaupten, bereitet ihn vor, den Wechselfällen des Lebens die Stirn zu bieten und befähigt ihn, bis zum Opfer seines Lebens zu gehen, um seinen Glauben erhalten und nach diesem leben zu können, indem «er den Namen Gottes heiligt».

Das rationalistische jüdische religionsphilosophische Denken ist ebenfalls von einer kleinen Elite erarbeitet worden. Es macht seinen Einfluß jedoch lediglich bei dem Teil des jüdischen Volkes geltend, das Zugang zum Garten des philosophischen Denkens hat. Außerdem hat das jüdische philosophische Denken in Zeit und Raum nicht die ganze Fülle des jüdischen mystischen Denkens. Die Mystik schöpft aus jüdischen Quellen, während sich die Philosophie dem Judentum fremden Elementen zum Aufbau ihres Werkes bedient. Sie versucht, die Werte des Judentums für diejenigen Juden hervorzuheben, die eine philosophische Rechtfertigung erwarten und bestrebt sind, die Juden vor Nichtjuden, die das Judentum angreifen, zu verteidigen.

Obwohl das jüdische religionsphilosophische Denken eine universelle Reichweite hat, untersteht es in seiner Entwicklung genauso wie das jüdische mystische Denken der *Halacha*, dem Gesetz, der Thora. Das Gesetz gibt beiden Denkarten Lebenskraft und vermittelt mit Hilfe dieser beiden dem Juden ein harmonisches Leben und dem jüdischen Volk die Gewißheit eines einzigartigen Fortbestandes. Im allgemeinen sucht die jüdische rationalistische Religionsphilosophie dem Juden das Verständnis des Gesetzes nahezubringen; und doch kann der Mensch verstandesmäßig nicht zu einem vollen Verstehen des Gesetzes kommen. Der wahre Seinsgrund des Gesetzes übersteigt jegliche Nützlichkeit. Die Kabbala dagegen erreicht das von ihr angestrebte Ziel. Dank ihrer kann der Jude auf selbstlose Art voll nach dem Gesetz leben. Durch das philosophische Denken wird eine ehrliche und korrekte Anwendung des Gesetzes möglich; doch versucht die Kabbala, dem aufmerksamen Juden eine «Absicht» und ein Verständnis zu vermitteln, die jegliche rationelle Rechtfertigung übersteigen. Doch ist das Gesetz weder für die eine noch die andere Denkart eine starre, unpersönliche Realität. Die Art, auf die sich das Gesetz an den Juden wendet, zeigt das bereits. Das Gesetz ist eine *Mizwa,* ein «Gebot» Gottes, des persönlichen Gottes, der mit dem Menschen spricht. Diese göttliche *Mizwa* transzendiert den menschlichen Verstand. Die Kabbala versucht den Sinn des Gesetzes zu durchdringen, indem sie die Tiefen seines Geistes auslotet. Die rationelle Dimension des Gesetzes wird von der Kabbala nicht verkannt, sondern sie ist bestrebt, dessen überrationelle Dimensionen zu erfassen.

Sicher hat die rationalistische und religiöse Philosophie das jüdische spirituelle Erbe äußerst bereichert, doch ist sie für das Erbe nicht unerläßlich. In Wahrheit hat das Judentum seinen Ursprung in der göttlichen Offenbarung, die in der Thora zum Ausdruck kommt und die der Mensch durch die *Mizwot* vollbringt. Aus diesem Grunde bedarf das Judentum kaum einer philosophischen Unterstützung. In seinem Wesen ist das Judentum keine Theologie, sondern eine Thora, eine «Lehre», eine *Thorat Chajim,* eine «Thora des Lebens», die von der Kabbala, von der Überlieferung, durch die Zeiten getragen wird.

Ohne echten Erfolg versucht die jüdische Philosophie, den Lauf des mächtigen, von Wasser angeschwollenen Flusses des jüdischen Denkens zu lenken. Doch der Kabbala gelingt es, das weite Feld des jüdischen religiösen Denkens fruchtbar zu machen und den Glauben des Juden zu festigen, denn sie zeigt, daß der Glaube – ohne gegen die Vernunft zu verstoßen – über der Vernunft steht. Die Kabbala verbindet auf intime Weise den Menschen mit seinem Gott; indem sie den Menschen stets in kreativer Spannung hält, schmiedet sie den Juden fest an seinen Ursprung, an die Thora, damit er diese verstehe und nach ihr lebe.

Durch die Beziehung, die die Religion zwischen Mensch und Gott zu knüpfen wünscht, ist die Religion mystischer Natur. Die Mystik versucht, zwischen Mensch und Gott eine intime Beziehung herzustellen und ist damit das Herz der Religion. Die Religion wird durch die Mystik belebt.

Die Kabbala hat niemals aufgehört, das Ideal der tiefen persönlichen Kommunion zwischen Gott und Mensch anzustreben. Dieses Ideal wird durch das Wort Deweikut *ausgedrückt. Dieses Substantiv kennzeichnet ein* Anhalten *des Menschen vor Gott. Die Erfahrung der* Deweikut *bringt den Menschen zum ethischen Handeln.*

Während ihrer ganzen Geschichte und durch die Visionen der Propheten Israels, die Überlegungen der Weisen Israels und die Lehren der Meister der kabbalistischen Schulen hat die jüdische Mystik niemals aufgehört, das Ideal der tiefen persönlichen Kommunion zwischen Gott und Mensch anzustreben. Dieses Ideal, das im Herzen der jüdischen Mystik ruht, wird durch das Wort *Deweikut* ausgedrückt. Dieses Substantiv hat seine Wurzel in dem Verb *dawok,* das «sich verbinden», «sich vereinen» bedeutet.

Um dieses zentrale Ideal der *Deweikut* ordnen sich alle anderen grundlegenden Ideen, die die Kabbala zu vertiefen sucht: Gott, Schöpfung, Mensch, Universum; Thora und Israel; Sünde und Buße; Exil und Erlösung.

Durch die *Deweikut* gelingt es dem Menschen, eine klarere

20

Vision und ein tiefgreifenderes Verständnis – wenn auch stets nur teilweise – dieser wesentlichen Ideen zu erlangen.

Der Schöpfer selbst hat der Natur des Menschen den Wunsch nach der *Deweikut* beigegeben. Der Mensch wird sich dessen bewußt, wenn er «das Bildnis Gottes» betrachtet, das ihm innewohnt und den göttlichen Funken entzündet, nämlich «den Teil der Gottheit dort droben», der in seine «göttliche Seele» gesenkt ist.

In diesem Augenblick des Bewußtwerdens, der «Erleuchtung», entdeckt der Mensch, daß er Gott sucht; er möchte sich ihm nähern, ihn erreichen... Doch merkt er in demselben Augenblick auch, daß Gott, auch er, ihn sucht und auf ihn zugeht. Er spürt, daß sein «Wunsch» echt ist; denn er stößt damit auf den «Wunsch» Gottes; «der Wunsch von unten» vereinigt sich mit dem «Wunsch von oben».

Gott und Mensch begegnen einander. Der Mensch spürt, daß sein Wesen vor dem Antlitz Gottes steht. Er erlebt «die Gegenwart Gottes»; «er sieht das Antlitz der *Schechina*», wenn man es so auszudrücken wagen mag.

Doch beschränkt sich die *Deweikut* nicht auf diese Begegnung.

Die hebräische Bibel, der Talmud, die Midraschim und die kabbalistischen Schulen stimmen in der Lehre überein, daß die *Deweikut* nicht zu einem Verschwinden des Menschen in Gott, das heißt, zu einer Auflösung der menschlichen Seele in Gott, führt. Die *Deweikut* ist daher nicht, was die nichtjüdische Mystik *unio mystica* nennt, sondern sie kennzeichnet ein *Anhalten* des Menschen vor Gott, ein *Anhalten,* das durch die sehr große göttliche Nähe hervorgerufen wird.

Doch der Mensch, der in die *Deweikut* eingetreten ist, sollte nicht in diesem *Anhalten* verharren. Er muß von seinem persönlichen immanenten Gott, der auch ein transzendenter Gott ist, Abstand gewinnen. Doch fordert die Transzendenz zur Aktion, und insbesondere zu einer Handlung ethischer Art auf. Somit bringt die Erfahrung der *Deweikut* den Menschen zum Handeln, zum *Voranschreiten* auf dieser Welt, indem er Gott in sich, in seiner Seele trägt. Indem sich der Mensch *verinnerlicht*, indem er bis in die Tiefen seiner Seele *hinabsteigt*, erkennt er die göttliche Natur seiner Seele, entdeckt er die Gegenwart der Gottheit in sich selbst und kann den «erleuchteten Augenblick» der *Deweikut* erleben.

In einem jeden dieser «Augenblicke» steigt der Mensch wieder zu dieser Welt auf und wendet sich zu dieser hin, um die anderen zu «erleuchten». Er wird sie nicht an seiner Erfahrung der *Deweikut* teilhaben lassen, doch wird er ihnen die Lehre weitergeben, die er im Laufe dieser Erfahrung erhalten hat und die sich auf sein Verhältnis zum Nächsten, zu der Welt, bezieht.

Die hebräische Bibel, der Talmud und die Kabbala, gestehen einstimmig der *Deweikut* diese Zweckbestimmtheit zu.

Im Buch des Deuteronomium (11,22) lesen wir: «Denn wenn ihr diese Gebote alle halten werdet, die ich euch gebiete, und danach tut, daß ihr den Herrn, euren Gott, liebet und wandelt in allen seinen Wegen und ihm anhanget...» Der Mensch muß daher eine stets neue *Deweikut* erreichen, die sich auf seine religiöse, moralische Handlung erstreckt, denn die nie versagende Befolgung der *Mizwot* ist ein Zeichen der *beständigen Liebe* zu Gott.

Die Weisen kommentieren den Vers aus dem Deuteronomium wie folgt: Die Thora besagt: «Indem ihr euch mit Gott *verbindet*». «Ist es möglich, sich mit der *Schechina* zu verbinden? Steht nicht geschrieben: ‹Gott ist ein verzehrendes Feuer›? (Deut. 4,24; 9,3) Und doch kann der Mensch sich an Gott binden, indem er allen seinen Wegen folgt: Gott ist barmherzig, sei auch du barmherzig; Gott ist wohltätig, sei auch du wohltätig.»

Der Mensch muß also «allen Wegen Gottes folgen». Wie es geschrieben steht: «Dem Herrn, eurem Gott, sollt ihr folgen» (Deut. 13,5), «ihr werdet dem Ewigen, eurem Gott, hinterhergehen», was heißt, so sagt der Talmud: «Ihr werdet euch Gottes Wegen» und Gottes Attributen der Güte «anpassen», was heißt, so bemerkt der Sohar: «Ihr werdet auf den Wegen des Heiligen, gesegnet sei er, wandeln.»

Bereits König David hatte in seinen Psalmen (3,2) ausgerufen: «Meine Seele *hanget* dir an, um dir zu *folgen*», und zwar auf eine Art, auf die seine Liebe zu Gott anhält und sich steigert...

So tut sich die *Deweikut* kund, die äußerste Liebe des Menschen zu seinem Gott.

> *Dank der* Deweikut *überwindet der Mensch seine Bedingung als «empfangendes Geschöpf». Indem er diese Bedingung veredelt, benutzt der Mensch diese, um besser geben zu können.*

Die *Deweikut,* die «Verbindung» des Menschen zu seinem Gott, die Verbindung des Menschen, der sich mit Gott zu vereinigen wünscht, hat ihr Beispiel in der «Verbindung» des Mannes mit seiner Gattin, die zu ihrer Vereinigung führt.*) Diese eheliche «Verbindung» soll in ihrer Reinheit, in ihrer Treue und ihrer «Heiligkeit» die *Deweikut* widerspiegeln, die den Menschen mit Gott verbindet. Sie soll sich aus der *Deweikut* sogar inspirieren und diese zu ihrem Fundament machen. So heißt es im Buch der Genesis (2,2): «... der Mann wird seinem Weibe anhangen – *WeDaWaK* – und sie werden sein ein Fleisch». Der «Augenblick» ihrer Vereinigung zu «einem Fleische» verlängert sich zu einer wohlwollenden Liebe, die jeder für den anderen hegt. Doch behalten der eine wie der andere Partner, durch ihre Vereinigung bereichert, ihre jeweilige Identität, die von beiden geachtet wird.

Es liegt auf der Hand, daß die *Deweikut,* die zwischen dem Menschen und seinem Gott besteht, ganz anderer Natur ist.

Dieses *WeDaWaK,* das den Mann mit seiner Gattin verbindet, ist eine fleischliche Vereinigung, die einen moralischen, spirituellen Zweck hat, und die im Raum *stattfindet.*

Die *Deweikut* zwischen dem Menschen und Gott, zwischen der menschlichen Seele und der «Seele der Seelen», kann

---

*) Und hier folgt ein anderes Beispiel dieser «Verbindung» des Menschen mit Gott: Die «Verbindung» der *Knesseth Jisrael,* der «Gemeinschaft Israel», mit der *Schechina,* der «göttlichen Gegenwart», die sich mit der *Knesseth Yisrael* identifiziert.

nicht «*stattfinden*», denn sie ist eine *Deweikut,* die den Menschen, der in der Welt ist, an Gott bindet, der der «Ort der Welt» ist, und «dessen Welt nicht der Ort» ist. Die *Deweikut,* die den Geist an den Geist bindet, kann nicht im Raum angesiedelt werden. Selbst wenn der Mensch sich Gott nähert und wenn Gott vor ihm hergeht, bleibt der Mensch in seiner menschlichen Bedingung gefangen und Gott bleibt Gott! Ein jeder behält seine ungleiche, eigene Identität.

Durch die *Deweikut* macht der Mensch seinem Schöpfer eine «spirituelle Freude», *Nachat Ruach;* und der so bereicherte Gott kräftigt die Seele des Menschen. Diese kann den Leib, dem sie innewohnt, zum Handeln bringen, das heißt dazu, daß er in seinen eigenen Tätigkeiten die Werke Gottes nachahmt. Doch zeugen die Werke Gottes, die der Mensch zur Nachahmung aufgerufen ist, ganz besonders von der Güte Gottes. Alle jüdischen religiösen Schriften stellen die *Imitatio Dei* einzig und allein als Nachahmung seiner Werke der Güte (und nicht derjenigen der Gerechtigkeit!) dar. Eine solche Nachahmung macht den Menschen zu einem Schöpfer, der seinem Schöpfer *ähnelt,* und zwar dem Schöpfer, der da *gibt,* ohne jemals des *Empfangens* zu bedürfen. Dank der *Deweikut* überwindet der Mensch seine Bedingung als «empfangendes Geschöpf», ohne sich dieser je ganz entledigen zu können. Indem er diese Bedingung veredelt, benutzt der Mensch diese, um besser *geben* zu können. Er wird zu einem Wesen, das *gibt,* das über eine selbstlose «für Gottes Namen», «für den Namen des Himmels» als *Mizwa* der Thora vollbrachte Tätigkeit dem Nächsten Gutes tut.

«Die menschliche Seele ist eine *Heaara*», schreibt Raw Aschlag; sie ist eine Erleuchtung, die aus der göttlichen Wesenheit hervorgeht. Gott hat diese Erleuchtung mit dem Wunsch des *Empfangens* und der Freude über das ausgestattet, was sie empfängt. Somit hat Gott die Seele zu einem *separaten* Wesen gemacht. Doch gleichzeitig hat Gott ihr den Wunsch aufgeprägt, zur göttlichen Wesenheit zurückzukommen. Damit die Seele wieder zu ihrem Ursprung zurückkommen kann, der gern gibt, hat Gott ihr die Thora und die *Mizwot* gegeben. In der Befolgung dieser wird der Seele nach

dem *Geben* verlangen und danach, dem Nächsten Gutes zu
tun.*)

Die *Deweikut* lehrt also den Menschen, zu *geben*. Wenn der
Geist des Menschen dem göttlichen Geist «anhängt», handelt
der Mensch im Geiste Gottes.

*In der langen Zeit der Entwicklung des jüdischen
mystischen Denkens unterscheiden wir fünf Zeitspannen.*

Im Laufe dieser Studie kommen wir noch auf diese wichtige
Frage der *Deweikut* zurück; denn sie ist der Drehpunkt und
der Anziehungspol des ganzen kabbalistischen Denkens. Sie

---

*) Es sollte hervorgehoben werden, daß (nach Rabbi Mosche Cordovero
(1522–1570), Rabbi Schneur Salman von Liady (1745–1813), und
Rabbi Chajim von Wolojin (1749–1821), die sich auf Maimonides
(1135–1204) stützen) diese «*Trennung*» von dem Wesen nur in unseren Augen real ist. Von der «Seite» Gottes aus ist *alles* Gottheit. «Alles
ist erfüllt von der Wesenheit der einfachen Einheit Gottes». «Er ist
alles, doch ist nicht alles Gott.» Als der Eine, IST nur er.

In Wirklichkeit ist nichts von Gott getrennt; denn nichts kann außerhalb von ihm existieren; nichts hat daher seine eigene Existenz. Nur
Gott allein ist.

«So sollst du nun heute wissen und zu Herzen nehmen, daß der
Ewige, Gott, ist oben im Himmel und unten auf Erden und sonst
keiner» (Deut. 4,39). Der ScheLaH HaKadosch (1565–1630) kom-
mentiert somit den letzten Teil dieses Verses aus dem Deuteronomium: «Und keiner sonst, heißt nicht (nur), daß es keinen anderen
Gott als ihn gibt; denn das ergibt sich bereits einfach und klar aus dem
Vers (Deut. 6,4): ‹Der Ewige ist unser Gott, der Ewige allein.› Aber
‹und keiner sonst› heißt vor allem, daß nichts existiert, als nur Seine
Existenz; denn Gott, gesegnet sei er, erschafft alles, belebt alles und ist
die Existenz aller Dinge, die da existieren.»

Die Dialektik der Trennung oder der Nichttrennung von der Gottheit bringt die Menschen für ihren Teil dazu zu denken, daß sich die
göttliche Transzendenz und die göttliche Immanenz vereinigen, um
dem Menschen eine bestimmte Handlungsfreiheit einzuräumen und
eine bestimmte Waltung des freien Willens zu ermöglichen.

ist für jeden Menschen der Kabbala der anzustrebende Gipfel und das Ziel seiner mystischen Erfahrung.

Über diesen wesentlichen Punkt sind die Meister der Kabbala einstimmig einer Ansicht. Doch unterscheiden sie sich voneinander durch die Methode, mit der sie die *Gesamtheit* ihres mystischen Denkens aufbauen und durch den Stil, den sie benutzen, um uns die Dinge darzulegen. Methode und Stil sind je nach Zeit, Region und Schule unterschiedlicher Art.

Und doch entfaltet sich das jüdische mystische Denken – da es seine Wurzeln in der hebräischen Bibel hat – bereits seit zwei Jahrtausenden – seit der Zerstörung des zweiten Tempels – auf kohärente Weise bis hin zu unseren Tagen.

In dieser langen Zeit der Entwicklung des jüdischen mystischen Denkens unterscheiden wir fünf Zeitspannen: Die erste Zeitspanne erstreckt sich auf das erste Jahrtausend und ist von einer ekstatischen Mystik geprägt, die ihr Zentrum im Nahen und Mittleren Osten hat. Die zweite Zeitspanne umfaßt das 12. und 13. Jahrhundert und reicht bis ins 16. Jahrhundert hinein. Diese ist durch die chassidische, pietistische und asketische Mystik geprägt und hat ihr Zentrum in Deutschland. Die dritte Zeitspanne, die vom 13. bis zum 15. Jahrhundert reicht, ist von einer meditativen Mystik und von einer «soharischen» Mystik geprägt, die ihr Zentrum in Spanien hat. Die vierte Zeitspanne, die vom 16. bis zum 17. Jahrhundert akut war, erfaßt auch das 18. Jahrhundert und wird von einer messianischen Mystik geprägt. Das Zentrum befindet sich im Heiligen Land. Die fünfte Zeitspanne, die sich auf das 18., 19. und 20. Jahrhundert erstreckt, ist von einer chassidischen, personalistischen und sozialen Mystik geprägt und hat ihr Zentrum in Osteuropa (nachdem die Nazis das Judentum in Osteuropa zerstört haben, hat sich dieses Zentrum in das Land Israel und in die Vereinigten Staaten von Amerika verlagert).

Zu den großen Schulen, die die Ausstrahlung der Kabbala in die Welt getragen haben, gehören die Schule der Provence im 11. Jahrhundert; die Schule von Gerona, Spanien, im 13. Jahrhundert und die Schule von Safed im Heiligen Land im 16. Jahrhundert.

Die großen Lichter am Himmel der Kabbala sind insbesondere Rabbi Isaak, der Blinde, im 13. Jahrhundert; Rabbi Mosche ben Nachman, Nachmanides, im 13. Jahrhundert; Rabbi Isaak Luria, der Ari HaKadosch, im 13. Jahrhundert und Rabbi Jisrael Baal Schem Tow im 18. Jahrhundert.

Die Mystik der Merkaba, *des «Wagens».* Sefer Jezira, *das «Buch der Schöpfung». Mystische Auslegung der Buchstaben des hebräischen Alphabets. Die zehn Sefirot.*

Die erste Zeitspanne ist als diejenige der Mystik der *Merkaba,* des «Wagens», bekannt. Diese Mystik entwickelt sich aufgrund der himmlischen Vision des Wagens, die Hesekiel (1) hatte und aufgrund dessen Beschreibung des göttlichen Throns. Die Mystik gibt diesen eine moralische Interpretation.

Durch den ekstatischen Aufstieg ihrer Seele suchen die Mystiker der *Merkaba* im Heiligen Land und in Babylonien, die *Heichalot,* die «Paläste», die himmlischen Wohnungen, zu erreichen, die in den Büchern der *Heichalot* im Talmud selbst beschrieben werden. Sie wollen dort die Hymnen des *Kawod,* zur «Herrlichkeit» des Königs, Gottes, singen.

Dieselben Mystiker befassen sich – durch die *Maassei Merkaba,* durch die «Erzählungen des Wagens» inspiriert – aufmerksam mit den *Maasei BeReischit,* mit den «ersten Werken». Sie untersuchen eine wichtige kosmogonische Theorie, die im *Sefer Jezira,* dem «Buch der Schöpfung», enthalten ist.

Dieser sehr alte und kurze, in hebräischer Sprache geschriebene kabbalistische Text – der bereits nach dem 3. Jahrhundert bekannt war – gibt uns eine mystische Auslegung der Buchstaben des hebräischen Alphabets. Es handelt sich um eine wahre «Wissenschaft der Heiligen Sprache». Diese Buchstaben werden nicht nur als Träger der kreativen Kräfte der Welt angesehen, sondern auch als offenbarende Kräfte des Schöpfers der Welt. Durch die Versenkung in diese hebräischen Buchstaben hat der Patriarch Abraham (dem der *Sefer Jezira* zugeschrieben wird) den Sinn der göttlichen Weisheit erfaßt.

27

Die hebräischen Buchstaben – und *ipso facto* deren numerischer Wert – hatten eine wesentliche Funktion bei der Erschaffung der Welt. Sie haben ebenfalls eine normative Funktion im spirituellen und moralischen Leben des Menschen auf dieser Erde. So wie die Schöpfung einen sprachlichen und numerologischen Prozeß bildet, muß der Mensch auf die Worte, die er ausspricht, *achtgeben* und auch auf die Buchstaben, die er liest und auf die Nummern, die er *zählt*. Die Buchstaben und die Nummern bilden den *Sefer,* das «Buch» des Lebens des Universums; die Buchstaben und Nummern bilden den *Sippur,* die «erzählte Geschichte» des menschlichen Lebens.

Der *Sefer Jezira* beginnt mit den Worten: «Durch zweiunddreißig Wege der geheimnisvollen Weisheit hat Gott seine Welt geschaffen.» Diese «zweiunddreißig Wege» umfassen die Zehn *Sefirot* und die zweiundzwanzig Buchstaben des hebräischen Alphabets. Der Begriff *Sefirot* kommt von dem hebräischen Verb *Safor,* das «zählen» bedeutet; die Zahl Zehn stellt nach den Weisen des Talmuds und des Sohars die Fülle aller «heiligen Dinge» dar.

Die Zehn Sefirot sind die Kanäle, durch die die kreative Ausstrahlung – die vom *Ein-Sof,* dem Unendlichen, ihren Ausgang nimmt – ihren Weg findet. Sie beinhalten die spirituellen ätherischen Elemente, die die zehn Sefirot antreiben und miteinander in Kommunikation bringen. Indem sie sich verdichten, verändern sich diese Elemente zu stofflichen, die das Universum bilden.

Diese Zehn Sefirot entsprechen ebenfalls den moralischen, göttlichen Attributen (die ihnen ihre Namen geben), die der Mensch sich in seinem täglichen religiösen und moralischen Verhalten aneignen soll.

Die zweiundzwanzig Buchstaben dienten vor der Schöpfung der Welt zur Zusammenstellung der Thora, und deren Kombinationen dienten zur Erschaffung der Himmel und der Erden. Der Mensch, der über die Erschaffung der Welt und deren religiösen und moralischen Zweck meditieren möchte, ist aufgefordert, sich in die Buchstaben zu versenken, die die Thora, die religiöse und moralische Lehre, bilden.

Den Zehn Sefirot entsprechen die «Zehn Worte, durch die Gott die Welt erschaffen hat» – ja, sie identifizieren sich sogar mit diesen – damit der Mensch Gottes Werk betrachte. Ihnen entsprechen auch die «Zehn Worte, durch die Gott sich» dem Menschen «offenbart» hat, indem er den Menschen wissen ließ, was er von ihm in dieser Welt erwartet.

Somit ist die Schöpfung, diese freie Tat, die die göttliche Weisheit und Güte widerspiegelt, für den Menschen ein Modell für den schöpferischen, weisen und gütigen Umgang mit seiner Freiheit.

Die chassidische Mystik in Deutschland. Askese. Mystischer Aufstieg. Liebe Gottes.

Die chassidische Mystik in Deutschland wird im 12. und im 13. Jahrhundert von Rabbi Jehuda HeChassid (gest. 1217) vertreten. Sein Werk, der *Sefer Chassidim,* das «Buch der Frommen», das er für seine Familie zusammenstellte, wurde mit Verehrung von seinen Religionsbrüdern aufgenommen. Es nimmt in der mystischen Literatur einen auserwählten Platz ein. Wegen der darin enthaltenen halachischen Regeln übt es jedoch auch einen großen Einfluß auf die Welt des Gesetzes aus.

Dieses Buch ist ebenfalls ein Spiegel seiner Zeit, denn es gibt uns Auskunft über die religiöse Auffassung und die religiöse Praxis der Chassidim Deutschlands zu jener Epoche. Ihr Ideal ist dasjenige des mystischen Aufstiegs zu Gott. Dieser erfolgt durch das Gebet und insbesondere durch die *Kawana,* durch die ernste «Absicht» dessen, der betet und der sein Gebet mit Inbrunst und Demut an Gott zu dessen Ehre richtet. Jedes Wort der traditionellen Gebete – vor allem derjenigen, die ihren Ursprung in der hebräischen Bibel und im Talmud haben – wird mit einer großen spirituellen «Konzentration» gesprochen und deren numerischer Wert ist dem Beter gleichzeitig gegenwärtig. Die Anzahl der Worte eines Gebetes enthüllt uns dessen besondere Bedeutung. Als Beispiel lehrt uns somit Rabbi Eleasar ben Juda aus Worms (1160–1230), ein Schüler von Rabbi Jehuda HeChassid und Verfasser des *Sefer HaRokeach,* daß die beiden «Segnungen der Thora», die beiden über die Thora gesprochenen Gebete, 40 Wörter zählen (ein jedes zählt 20), um uns an die 40 Tage zu erinnern, die Mose auf dem Berg Sinaï verbracht hat, damit die Thora Israel zugestanden werde (vgl. Deut. 9,18).

Um fähig und würdig zu sein, diesen mystischen Aufstieg zu vollbringen, muß der Chassid seinen Körper durch eine strikte Askese «läutern», das heißt, er darf den Versuchungen nicht nachgeben, sondern muß «das, was ihm» in seiner physischen und materiellen Existenz «erlaubt» ist, heiligen, was wiederum bedeutet, daß er alle Funktionen seines physischen Lebens ohne Ausnahme heiligen muß, und sollte er ein Gebot der Thora übertreten, so muß er sich einer strengen Buße unterziehen, um geläutert zu seinem Gott «zurückzukehren».

Durch diesen mystischen Aufstieg erreicht der Chassid die Liebe Gottes. Damit diese Liebe jedoch echt ist, muß der Chassid sein Herz dem Nächsten, jedem Geschöpf, allen Elementen der Schöpfung zuvor geöffnet haben; er muß sich den Menschen, ohne Rücksicht auf deren religiöse Zugehörigkeit, in selbstloser Liebe genähert, sie geachtet und ihnen geholfen haben.

Dieser Aufstieg ist daher nicht nur den Privilegierten, den Weisen, vorbehalten. Jedem Menschen wird die Möglichkeit geboten, diesen Aufstieg zu vollbringen.

Der mystische Aufstieg führt den Chassid bis zur Gottheit, bis zu *Schechina,* bis zur «Gegenwart Gottes», die in uns, mit uns und um uns herum «wohnt». Dem Menschen ist es unmöglich, wenn es so ausgedrückt werden darf, Gott in seiner Wesenheit, in seiner Transzendenz zu erreichen und sich ihn gedanklich vorzustellen. Es ist dem Menschen jedoch das Vermögen gegeben, Gott in seiner Immanenz zu erleben, ihn in seiner Seele zu fühlen und ihn in der Welt wahrzunehmen, indem er sich nach Gottes Willen richtet, das heißt, indem er Gottes Thora studiert und Gottes Mizwot befolgt. Erst dann ist der Mensch würdig, Gottes «Herrlichkeit» zu besingen, Gottes *Kawod.* Er kann «seinen eigenen *kawod* dem *Kawod* Gottes, der *Schechina,* bringen, mit der Gott sich bekleidet, damit der Mensch sich ihm nähern und sich vor seinem *Kisse HaKawod,* vor seinem «Thron der Herrlichkeit» verneigen kann.

Rabbi Jehuda HeChassid besang Gottes Herrlichkeit in einer von ihm verfaßten, unter dem Namen *Schir HaKawod,* «Gesang der Herrlichkeit», bekannten Hymne, die den Abschluß der Schabbath- und Festliturgie in zahlreichen Synagogen bildet.

> *Kabbalistische Tätigkeit in der Provence. Mystik, Halacha und Philosophie. Die kabbalistische homiletische Schule von Gerona. Die kabbalistische meditative Schule in Spanien. Wissenschaft der Kombination der Buchstaben und der Zahlen.*

Parallel zu der pietistischen kabbalistischen Bewegung Deutschlands und in Beziehung zu dieser entwickelte sich in der Provence eine bemerkenswerte kabbalistische Tätigkeit, deren Einfluß bis nach Spanien und insbesondere in Katalonien zu spüren war.

Im 12. Jahrhundert nahmen die Mystiker zuerst in der Provence mit Interesse Kenntnis von dem *Sefer HaBahir,* dem «Buch der Klarheit», das dem Tannaiten Rabbi Nechunja ben HaKana zugeschrieben wird. Dieses in hebräischer und aramäischer Sprache geschriebene Buch, das der Midrasch- und Aggadaliteratur nahesteht, greift die Hauptthemen des *Sefer Jezira* wieder auf. In Spanien wurde dann der Inhalt dieses Buches, des *Sefer HaBahir,* das wegen der Vorzeiten, aus denen es stammt, wichtig ist, noch mehr geschätzt.

Im Süden Frankreichs wie in Katalonien haben die Rabbiner, die halachistischen Gelehrten und die Philosophen einerseits und die Mystiker andererseits, fruchtbar zusammengearbeitet. Manchmal werden Halacha, Philosophie und Kabbala von ein und derselben Person vertreten.

Im Süden Frankreichs glänzte im 13. Jahrhundert die kabbalistische Schule in der Nähe von Narbonne durch die Tätigkeiten von Rabbi Isaak, dem Blinden. Er widmete sich voll und ganz der Kabbala.

In Katalonien glänzte die Schule von Gerona durch die Arbeit von Rabbi Mosche ben Nachman, Ramban (1195–1270). Er vereinigte die Kabbala und die biblischen, talmudischen, halachischen, homilitischen und ethischen Wissenschaften zugleich auf seine Person.

Der Vertreter der neuen, im 13. Jahrhundert in Spanien gegründeten meditativen kabbalistischen Schule, war Rabbi Abraham Abulafia (1240–1290). Er hatte den Ehrgeiz, die Kabbala durch seine Lehre und durch seine mystische Erfahrung zur prophetischen Kabbala zu erheben.

Um das zu erreichen, erlebte er die *Deweikut*. Dank einer tiefen Kontemplation der göttlichen Namen trat er in eine intime Kommunion mit der Gottheit ein, indem er sich auf die göttlichen Namen geistig und spirituell, in Einsamkeit und nächtlicher Stille und durch Askese gereinigt, konzentrierte. Er erreichte somit Augenblicke der Ekstase nach dem Beispiel der Meister der Mystik der *Merkaba*. In diesen Augenblicken der Erleuchtung glaubte er sich im Besitz prophetischer Gaben.

Dieser in der Philosophie, der Logik und der Mathematik bewanderte Kabbalist, meditierte nicht nur über die Buchstaben der göttlichen Namen, sondern über alle Buchstaben der Thora, die ebenfalls – wenn auch weniger stark – die Kräfte in sich bergen, die in der Welt am Werk sind. Durch diese Meditation wird der Kabbalist zur Erkenntnis Gottes und zum Verständnis der Welt gebracht. Somit erlauben «die Wissenschaft der Buchstabenkombination» und die Wissenschaft der Zahlen, die den Buchstaben entsprechen (die Erschaffung der Welt war das Ergebnis dieser Kombination), dem Kabbalisten, die Gesamtheit der Realität zu erfassen und die Musik des Kosmos aufzufangen. Diese Musik des Kosmos entsteht durch die Ballung der sich in Bewegung, «im Flug», im Raum befindlichen Buchstaben. Diese Musik ist eine Hymne zur Ehre Gottes, des Schöpfers, der sich durch das Tetragramm kundgibt, durch den *Schem HaVaJaH,* durch seinen Namen, der aus den Vier Hauptuchstaben besteht.

Der numerische Wert dieser Vier Buchstaben ist 26. Nach eigenen Angaben hat Rabbi Abraham Abulafia 26 kabbalistische Werke geschrieben, die dem numerischen Wert der *Schem HaVaJaH,* dem Namen Gottes, des Schöpfers der Welt, entsprechen, und 22 «prophetische» Werke, die dem hebräischen Alphabet entsprechen, dessen Gott sich bedient hat, um die Welt zu erschaffen.

> Sefer HaSohar, *das «Buch des Glanzes», eine mystische Auslegung der Thora; das bedeutendste kabbalistische Werk.*

Ein Ereignis von größter Bedeutung in der Geschichte der Kabbala war am Ende des 13. Jahrhunderts in Spanien zu verzeichnen. Es prägte die Entwicklung der jüdischen Mystik auf tiefgreifende und entscheidende Art. Dabei handelt es sich um die «Enthüllung» des *Sefer HaSohar,* das «Buch des Glanzes». Nach der Überlieferung ist der Tannaite Rabbi Schimeon bar Jochai, der im 2. Jahrhundert in Galiläa lebte, der Verfasser. Rabbi Mosche von Leon (1250–1305) kommt das Verdienst zu, dieses Buch auf der iberischen Halbinsel bekannt gemacht zu haben.

Der Sohar ist ein Midrasch, ein Kommentar zu den Fünf Büchern Moses (die die Thora im engsten Sinne des Wortes bilden) sowie zum Hohenlied und zum Buch Ruth. Dieses große Werk, das in aramäischer Sprache mit Zusätzen in hebräischer Sprache geschrieben ist, bietet eine mystische Auslegung der Thora im weitesten Sinne des Wortes (indem es die Gesamtheit der Überlieferungen, der Gesetze und der religiösen Schriften umfaßt, die sich auf die Offenbarung, die «Thora der Himmel», die geschriebene und die mündliche Thora, bezieht). Diese Thora regelt im weitesten Sinne das Leben des Juden und gewährleistet den Fortbestand des Judentums.

Der Sohar ist auf die Thora zentriert. Alles geht von ihr aus und führt auf sie hin. Sie ist durch ihren Ursprung nicht nur das Werk Gottes; sie personifiziert Gott. Die göttliche Gegenwart fordert in der Thora, in einem jeden Buchstaben, in einem jeden Wort und in einem jeden Akzent der geschriebenen Thora aufgedeckt zu werden. Sie rechtfertigt alle Lehren, die die Weisen aus ihr abgeleitet haben, um somit eine treue Befolgung der Thora zu ermöglichen.

Die Buchstaben, die Worte, die Akzente der hebräischen Bibel und insbesondere des Pentateuchs – *Oraita* – bilden die Namen Gottes. «Die Thora ist erfüllt von den Namen Gottes.» Doch «die Buchstaben, aus denen sich die göttlichen Namen zusammensetzen und insbesondere diejenigen, die das *Schem HaVaJaH,* das Tetragramm bilden, beinhalten die ganze «Existenz», die ganze Realität. Durch die Thora hat Gott die Welt erschaffen; durch sie enthüllt er den Zweck, den er mit der Erschaffung der Welt angestrebt hat. Durch seine Namen und seine Attribute wird dieses Ziel enthüllt. Die Worte und die Buchstaben der Thora beinhalten Gottes Namen, die Gottes Taten ausdrücken und Gottes Attribute moralischer Ordnung, über die der Mensch aufgerufen ist, nachzudenken. Wir kennen keinerlei Namen, der Gott vor der Schöpfung, bevor Gott sich uns offenbart und sich uns genähert hat, gegeben werden kann. So wie Gott in sich selbst ist, übersteigt er alles Denken, alle Wahrnehmung, alle Intelligenz. Es gibt keinen Namen, der für Gott passend wäre. Wir wagen von Gott nur eines zu sagen: Gott ist *Ein-Sof,* der «Unendliche». Von Gott können wir nicht einmal sagen, er sei *Ein Reischit,* der «Nicht-Beginn», denn «Gott ist ohne Anfang und Ende» und die Begriffe «Anfang» und «Ende» können für Gott nicht angewandt werden. Wir wagen von Gott zu sagen, daß er der *Unendliche* ist, denn wir ordnen uns nach dem *BeReischit,* an dem «Anfang», den Gott selbst für uns eingesetzt hat. Er hat einen *Reischit,* einen «Anfang» eingeleitet, damit wir diesen zur Kenntnis nehmen können, wie die hebräische Bibel es ausdrückt: «*BeReischit,* am Anfang schuf Gott Himmel und Erden»...

Indem der Ein-Sof, der Unendliche, «denken», erschaffen «will», verläßt er – wenn dies so auszudrücken gewagt wird – seinen «verhüllten Zustand» der *Menucha,* der «Ruhe», und schafft, ohne etwas für sich selbst zu erwarten, denn es mangelt ihm an nichts. Gott schafft für die «anderen», die er aus sich entläßt und auffordert, zu ihm zurückzukommen. Wenn Gott schafft, dann, um «denen Gutes zu tun, die seine Geschöpfe heißen werden» und insbesondere dem Menschen. Gott möchte, daß sich der Mensch ihm nähert, ihm begegnet, ihn erkennt, «Gottes Liebe für ihn versteht» und daß er «Gott verherrlichen» kann. Gott schafft, Gott handelt, er «zeigt sich». «Ausgehend» von Gott formt seine schöpferische Kraft zunächst den *Adam Kadmon,* den «ursprünglichen Menschen» (eben weil der Mensch zum Symbol des Universums und Gesprächspartner des Schöpfers werden wird).

Der Schöpfer läßt das Licht seiner schöpferischen Kraft, die rein spirituell ist, in den Gefäßen erstrahlen, die zum Auffangen des Lichtes geschaffen sind. Er bündelt das Licht in Kanälen, durch die es zur Erde hinabgeleitet wird. Je mehr sich dieses Licht der Welt nähert, indem es seine anfänglichen Strahlen mildert, desto stärker nimmt die Welt Gestalt an. Diese Gefäße, über die das ursprüngliche Licht weitergeleitet wird, heißen *Sefirot:* sie funkeln wie der *Sapir,* wie der «Saphir».

In den Sefirot schlägt die Bewegung, die der Schöpfer seinem Werk gegeben hat. Die göttlichen Werke, die von einer schöpferischen, ursprünglichen, einzigarten Tat ausgehen, ordnen sich untereinander, indem sie vom Unstofflichen zum Stofflichen übergehen.

Die Sefirot bilden eine lebendige Einheit, durch die ein göttlicher Hauch weht, der sie alle gemeinsam und jede für sich belebt. Sie werden von der Gottheit, die den Ein-Sof verläßt, erfüllt.

Die Sefirot verbinden sich untereinander; eine jede Sefira läßt sich vorher erahnen und ist eigentlich in derjenigen enthalten, die vor ihr da ist, und beeinflußt diejenige, die ihr folgt.

Die *Sefirot* sind *Zehn* an der «Zahl»; sie gehen von dem Einigen aus, der allein der Einzige ist; sie bewegen sich in der «Einheit» der Zahl *Zehn.* Der Mensch der messianischen Zeiten ist aufgerufen, sie durch seine löblichen Taten zu ihrer ursprünglichen Einheit, zum *Einen,* zurückzuführen. Insbesondere der Jude hat den Auftrag, diese Aufgabe einer universellen, sogar kosmischen Bedeutung zu erfüllen, indem er die Thora, das Instrument der Erschaffung der Welt, studiert und die Mizwot befolgt, dank derer die Welt die Fülle des Lebens erhalten kann.

Die «Zehn Sefirot» sind die «Zehn Worte, durch die Gott die Welt erschaffen hat. Er hätte sie durch ein einziges Wort erschaffen können», aber er hat es vorgezogen, sie durch Zehn Worte, durch die Zehn Sefirot, zu erschaffen, damit der Mensch, der «aus Fleisch und Blut» besteht, das Licht auffangen kann, dessen Glanz ursprünglich «blendend» war. «Gemildert» und «bekleidet» kann der Mensch das Licht «ertragen», sich ihm anpassen und sich darüber freuen. Durch dieses Licht vergeistigt kann der Mensch dann die Leiter der Sefirot erklimmen, das erste Stadium der reinen Spiritualität erreichen und sich somit ihrer Quelle nähern. Er wird dann «mit Gott in dessen Schöpfungswerk verbunden sein».

Die letzte Sefira ist in direktem und ständigen Kontakt mit dem Menschen. Durch diese kann der Mensch mit der *Schechina*, mit der göttlichen Gegenwart, verbunden sein. Die *Schechina* glänzt für ihn durch diese letzte Sefira. Sie offenbart dem Menschen, daß die letzte Sefira eine *Malchut* werden muß, eine «Königlichkeit» Gottes hier unten. Der Mensch muß diese erkennen, dieser helfen, zu dieser irdischen Königlichkeit zu werden, denn «es gibt keinen König ohne Volk».

Die *Malchut,* die «Königlichkeit» Gottes, die Erfüllung der letzten Sefira hier unten, spiegelt den *Keter,* die königliche «Krone» dort droben, die die *erste* Sefira trägt, wider und vollendet diese. Die Sendung des Menschen besteht darin, den *Keter* und die *Malchut,* die göttliche «Krone» und die göttliche «Königlichkeit», miteinander zu verbinden.

Durch die Studie der Thora und die Befolgung der Mizwot, durch das Gebet und durch die löblichen Taten, setzt der Jude die *Malchut* ein, vereinigt diese wieder mit dem *Keter* und «bietet» hier unten «Gott die Krone» von dort droben. Durch diese ganze «Arbeit» des Juden kann sich die *Knesseth Jisrael,* die «Gemeinschaft Israel», dort droben, der Erztypus der Gemeinschaft Israel hier unten, mit der *Schechina* identifizieren...

Übertritt der Jude die Gebote der Thora, begeht er ein *Cheth*, eine «Sünde»; er «verfehlt» seine Aufgabe, die darin besteht, die *Malchut* und den *Keter* zusammenzubringen; er begeht einen «Fehler», indem er seine Taten nicht so «ausrichtet», wie er es sollte, indem er seine Tätigkeit in andere Bahnen lenkt.

Die «Sünde» «trennt» den Menschen von Gott; sie trennt das Geschöpf von seinem Schöpfer. Indem er sich von dem einigen Gott entfernt hat, indem er darauf verzichtet hat, «ihn zu suchen», «irrt» der Mensch umher, er ist «im Exil», in der «Welt der Trennung», der «Spaltung». Der Mensch zählt nur noch auf sich selbst, und er kapselt sich in seinem eigenen «Exil», in seiner persönlichen *Galut* ab. Doch gerade dadurch ruft er zur gleichen Zeit das «Exil der *Schechina*», die *Galut HaSchechina,* hervor. Sie hat den Menschen gesucht, sie wollte ihm gegenwärtig sein, doch der Mensch hat sich von ihr abgewandt.

Bereits Adam, der erste Mensch, «das Geschöpf, das direkt durch Gottes Hände entstand» (ohne Mittler eines Vaters und einer Mutter), «hatte sich» von seinem Schöpfer durch die Sünde «losgelöst». Er wollte sein eigener Gott sein; «Adam war ohne Gott!»

Indem der Mensch seinen Körper schlecht gebraucht, «verdirbt» er ihn; er bewirkt, daß seine Natur, die zu Anfang gut war, schlecht wird. Den Körper, dieses herrliche Werk Gottes, dieses wunderbare Werkzeug, das Gott dem Menschen gegeben hat, um ihm zu dienen, verwandelt der Mensch in eine Quelle des Bösen und des Todes. Dadurch beeinträchtigt der Mensch die letzte Sefira.

Der Sohar legt verschiedene Thesen ontologischer und ethischer Ordnung über die Natur und die Funktion des Bösen dar. Die Thesen der moralischen Ordnung herrschen vor. Ohne das Böse nach dem Beispiel der jüdischen Philosophen des Mittelalters zu «subjektivieren» und zu «relativieren», macht sich der Sohar die ethische, biblische und talmudische Auffassung zu eigen, nach der das Böse keine autonome Realität, sondern ein «Bote» des Schöpfers ist.

Gott, der gütig ist, der will, daß der Mensch wählen und das Gute tun kann, «schickt» ihm das «Böse»; das heißt, die «Versuchung», schlecht zu handeln. So durch diesen Widerspruch des Bösen geprüft und provoziert, kann der Mensch dieses sehr hohe Privileg, das er von Gott erhalten hat, nämlich die Ausübung der Freiheit, nutzen.

Der Mensch hat einen *Hang* zur Sünde und daher zur «Trennung» von Gott, zur Hervorrufung einer «Spaltung» in der Welt und sogar – wenn man es wagt, sich so auszudrücken – einer Spaltung in der Gottheit (diese «Spaltung» bezeichnet die «Trennung» des Heiligen, gesegnet sei er, von seiner *Schechina*, die wegen des sündigen Menschen in der *Galut* ist, in der sich auch der Mensch mit ihr befindet). Wenn der als freier Mensch geschaffene und vorübergehend versklavte Mensch seine Freiheit wiedererlangt, schreitet er zur versöhnenden Tat. Er versöhnt sich mit der Gottheit, mit der Welt und mit sich selbst. Er setzt sich ein, um die *Schechina* und sich selbst aus der Galut, aus dem Exil, zu befreien. Er vollbringt damit ein Werk der «Vereinigung», einer «Vereinigung» in sich selbst und um sich herum, nämlich eine «Vereinigung der Welten» und – wenn man es so auszudrücken wagt – eine «Vereinigung» in der Gottheit «zwischen dem Heiligen, gesegnet sei er, und der *Schechina*».

Dieses Werk der «Vereinigung» führt den Menschen zur wiedergefundenen Einheit in dem einigen Gott.

Rabbi Isaak Luria, Ari HaKadosch. *Originalität seiner Lehre. Schöpfungsereignis; eschatologische Auswirkungen.*

Der prominenteste Kommentator des Sohars ist Rabbi Isaak Luria (1534–1572), der Ari, der ‹Löwe›, genannt wird und durch die Jahrhunderte hindurch unter dem Namen Ari Ha-Kadosch, «heiliger Löwe», Adoneinu Rabbi Jitzchak *(A-R-J),* geehrt wurde. Kraft seiner Persönlichkeit und der Originalität seiner Lehre hatte er einen entscheidenen Einfluß auf die Entwicklung der Kabbala.

Unter Einbezug seiner Lehre hat der Ari HaKadosch die kabbalistische Überlieferung vertieft, diese bereichert und ihr eine neue Ausrichtung gegeben.

Der Einfluß, den seine Lehre auf die jüdische Geschichte hatte, sollte sich als beträchtlich erweisen. Die Authentizität seiner Lehre ist durch deren messianische Prägung begründet.

Rabbi Isaak Luria wurde in einen besonders ernsten historischen Kontext hineingeboren. Zu jenem Zeitpunkt lebten die
Juden in einem traumatischen Zustand, der durch die Auswei-
sung ihrer Glaubensbrüder im Jahre 1492 aus Spanien herauf-
beschworen worden war. Die Zeitgenossen des Ari HaKadosch waren selbst der Katastrophe entronnen. Diese Katastrophe hatte die jüdische Seele tief erschüttert, die vom Glauben erfüllt, doch auch von Furcht gequält war.

Die Generation, die diese Katastrophe erlebt hatte,
brauchte eine religiöse Erklärung für die Situation. Sie erwartete Tröstung und Licht von seiten ihrer spirituellen Väter.

Doch muß nach jüdischer eschatologischer Auffassung eine
Katastrophe zum Heil führen. Dem Heil geht leider eine Katastrophe voraus. Diese Idee wurde ebenfalls von dem Maharal von Prag vertreten, der Zeitgenosse von Ari HaKadosch
war und diese Idee mit Nachdruck verteidigte. Der MaHa-
RaL, der berühmte Mystiker und «Hauptrabbiner Löw»
(«Löwe»!) (1525–1609), hat die jüdische messianische Idee
wieder aufgegriffen, die in der Bibel und im Talmud enthalten
ist und nach der einer jeden glücklichen Geburt die Geburts-
wehen vorauszugehen haben.*) Das kabbalistische Vorgehen
von Rabbi Isaak Luria läuft in denselben Denkbahnen. Er
geht jedoch über die jüdischen nationalen Grenzen und sogar
über die Abgrenzungen der Menschheit hinaus, um den Kosmos selbst mit einzubeziehen.

Im Lichte der Bibel und des Talmuds überprüft die Kabbala
die Geschichte des Volkes Israel seit deren Anfängen in ihrer
Beziehung zur Geschichte des Kosmos (die hebräische Bibel
beginnt mit der Schöpfungsgeschichte der Welt und endet mit
der Erzählung über die Rückkehr der Juden in das Land Israel
und über den Wiederaufbau des Tempels von Jerusalem). Die
Kabbala schreibt dem Leben des jüdischen Volkes eine besondere Bedeutung zu, deren Reichweite universell und sogar

---

*) Ein Teil der jüdisch-hellenistischen Schriften hat unter fremdem Ein-
fluß die jüdische messianische und im wesentlichen ethische Idee in
eine dramatisch apokalyptische Idee verwandelt, nach der der Fatalis-
mus den Platz der menschlichen Freiheit einnimmt.

kosmisch ist. Das Heil Israels und daher das Heil der Menschheit, der Welt, ist das Ergebnis eines wichtigen kosmischen Ereignisses, das durch ein kosmisches eschatologisches Ereignis vollendet werden muß.

Doch ist die Erschaffung der Welt nach Rabbi Isaak Luria unauflöslich mit einer äußerst bedeutenden Katastrophe verbunden, die er ein *Schewirat HaKelim,* ein «Zerbrechen der Gefäße», nennt. Wie kam es zu dieser Katastrophe? Um die Welt zu erschaffen, nimmt der Ein-Sof, der Unendliche, ein *Zimzum,* eine «Zusammenziehung», eine «Konzentrierung», in sich selbst vor. Er «zieht» sich von sich selbst in sich selbst «zurück», um der Welt, die er schaffen will, einen Platz und eine Abgrenzung zu geben. Diese Grenzen werden die Welt daran hindern, sich im Ein-Sof aufzulösen. Somit wird die Welt eine eigene Realität haben und doch «ist Gott der Ort der Welt, Gott, dessen Welt nicht der Ort» ist.*)

Der für die Welt freigemachte Raum ist dennoch nicht «leer», denn «es gibt keinen Raum, der nicht von Gott erfüllt ist». In diesem Raum bleiben Spuren von Gottes ursprünglichem Licht zurück, damit die Welt dort geboren werden und dort leben kann. Von dem Wunsche beseelt, die Welt geboren werden zu lassen, hat der Ein-Sof sein *schöpferisches* Licht, das von ihm ausgeht, in diesem «leeren» Raum präsent werden lassen. Dieses Licht ergießt sich in die *Keilim,* in die Gefäße, die dafür geschaffen sind, es aufzufangen, es aufzunehmen. Doch können die Gefäße das Licht nicht halten, sie können der Kraft seiner Fülle nicht widerstehen. Somit kommt es zu diesem gewaltvollen «Zerbersten der Gefäße». Ihre Scherben verstreuen sich, indem sie die «heiligen Funken des göttlichen Lichtes» mit sich nehmen. Diese Funken bleiben in den

*) Zwischen dem Pantheismus Lurias (insbesondere in seiner späteren chassidischen Form), der durch diese Idee im Midrasch inspiriert und weitgehend im Sohar entwickelt wurde, und dem Pantheismus Spinozas, der auf die Formel *Deus sive natura,* «Gott oder Natur», zurückgeschraubt wurde, besteht ein Unterschied. Wenn Gott und die Natur eines bilden, gibt es für die Freiheit des Menschen keinen Raum mehr, der somit, vom philosophischen Standpunkt aus gesehen, eine jegliche Realität verliert.

Scherben, in den «Rinden», weit von ihrem Ursprung entfernt, in der Galut, gefangen. Somit ist die *Schechina,* die göttliche Gegenwart, von nun an von dem ursprünglichen Licht getrennt und befindet sich in der Finsternis des Exils.

Warum hat Gott keine Gefäße geschaffen, die der Gewalt des schöpferischen göttlichen Lichtes widerstehen können? Warum hat Gott das Sprühen und die Kraft dieses Lichtes nicht gemildert?

Die Antwort auf diese Frage ist darin zu finden, daß Gott den Menschen mit zu seinem Schöpfungswerk heranziehen will, das in seinem Erlösungswerk beendet werden soll. Wie wir aus dem Buch der Genesis erfahren, hat Gott die Welt *LaAssot* erschaffen, damit sie von ihm und von dem Menschen, der mit ihm vereinigt ist, «gemacht» und «beendet» werde. Die eschatologische Vollendung der Schöpfung hängt von der «Arbeit», von den Mühen des Menschen ab. Der Mensch muß den *Tikkun,* die «Wiederherstellung», die «Restaurierung» dieser gestörten *Welt,* in die ihn das «Zerbrechen der Gefäße» gestürzt hat, verwirklichen. Er muß die Harmonie in der *Menschheit* wiederherstellen, die durch ein zweites «Zerbrechen» ins Chaos geworfen wurde. Dieses zweite «Zerbrechen» wurde durch die Sünde Adams hervorgerufen, der «das Gute und das Böse verwechselt hat». Zwischen dieser ontologischen Katastrophe – dem «Zerbrechen der Gefäße» – und der ethischen durch die Sünde Adams hervorgerufenen Katastrophe besteht eine grundlegende Beziehung. Der Mensch selbst tut diese Verbindung kund, die die Summe aller der spirituellen und materiellen Elemente ist, die die Welt bilden. Der Mensch ist der *Olam Katan,* der Mikrokosmos. Aus diesem Grunde haben seine schlechten Taten vernichtende Auswirkungen auf die ganze Welt und seine guten Taten eine günstigen Einfluß auf die ganze Welt. Somit obliegt es dem Menschen, die *Teschuwa,* die «Umkehr» zu bewirken. Die Menschen haben die *Schechina* in das Exil verschleppt, in dem auch sie umherirren, und die *Schechina* möchte in der Welt präsent und in der Nähe des Menschen sein.

Ontologisches «Zerbrechen» und messianische
«Wiederherstellung». Die Rolle Israels ist für den
geschichtlichen Prozeß, der zur Erlösung führt,
ausschlaggebend.

Die göttliche Vorsehung will, daß sich die Geschichte der
Menschheit zwischen zwei Polen abspielt: dem ontologischen
Zerbrechen der Gefäße und der ethischen Sünde des Menschen einerseits und dem *Tikkun,* der «Wiederherstellung»,
andererseits.

Der *Tikkun,* das Heil, wird gleichzeitig durch das Verdienst
des Menschen erlangt und durch die Gnade Gottes erteilt. Die
Erlösung muß *notwendigerwiese* durch den Willen Gottes
stattfinden. Gott ist der Erlöser, denn er ist der Schöpfer. Er
hat die Welt im Hinblick auf deren Erlösung erschaffen.
Schöpfung und Erlösung bedingen einander. Es hängt von
dem Menschen ab, die Zeitspanne, die sie trennt, kurz zu
halten. «Wenn der Mensch es verdient, beschleunigt Gott den
Abbruch der Zeit der Erlösung; hat der Mensch es nicht verdient, wird Gott die Erlösung zu seiner Zeit vornehmen.»
(Hätte Adam nicht an dem Tage, an dem er erschaffen wurde,
gesündigt [vgl. Gen. 3], nämlich an einem Freitag, hätte die
sabbatische endgültige Erlösung am nächsten Tage, dem
Schabbathtage, stattgefunden. Und ebenso, hätte Israel nicht
die Sünde des «goldenen Kalbes» [vgl. Exod. 32] begangen,
wäre die Erlösung, die während der Offenbarung auf dem
Sinaï einsetzte und die den durch die Sünde Adams entstandenen «Schandfleck» auswischte, endgültig gewesen.)

Die Inbrunst des Menschen wird das Kommen der Erlösung
beschleunigen und den «Anbeginn» und das «Ende der Tage»
einander näherbringen.

Worin besteht diese Inbrunst des Menschen?

Hier ist die Verantwortung des den Menschen personifizie-
renden Israels außergewöhnlich. Die Rolle Israels ist für den
geschichtlichen Prozeß, für den Prozeß, der zur Erlösung
führt, ausschlaggebend.

Israel war «im Denken des Schöpfers sogar schon bevor er
die Welt schuf präsent». Gott hat Israel ausersehen, die

«Thora zu empfangen, die selbst vor der Schöpfung der Welt geplant war». Gott hat Israel auf dem Sinaï «gezwungen», die Thora zu empfangen und sich zu verpflichten, deren Mizwot zu befolgen. In Wahrheit «wurde die ganze Welt nur für die Thora erschaffen». Die stoffliche Welt wurde erschaffen, um selbst, wenn erst einmal vergeistigt, eine Thora zu werden. Das ist der *Tikkun* der Welt, das ist der *Tikkun* des Menschen. Ohne Israel, Volk der Thora, kann daher der *Tikkun* nicht vollbracht werden.

Israel vergeistigt und verinnerlicht sich, indem «es die Thora für ihren Namen», für diese selbst, studiert, «indem es die Mizwot mit *Kawana,* mit einer reinen «Absicht» befolgt, damit die Welt, die Menschheit, zum *Tikkun* geführt werde; indem «es Gott mit Liebe und in Furcht» dient; indem es Gott durch die *Deweikut* liebt, die es in Gottes Intimität eintreten läßt und indem es Gott «von weitem» und mit einer «erhebenden», «ehrerbietigen Furcht» anbetet. Durch seine «Verinnerlichung», durch sein *Penimiut,* zieht Israel diejenigen an, die «draußen» sind, die in der *Chizoniut* sind. Diese werden sich ihrerseits «verinnerlichen» und mit Israel in das Gebet zu Ehren ihres Schöpfers einstimmen, der auch ihr Erlöser geworden ist. Dieses Gebet, das selbst Thora geworden ist und das von einer aus «dem Inneren» aufgestiegenen *Kawana* geleitet wird, erhöht die Welten bis zu Gott. Die Menschen, die so zu Gott beten, geben ihm – wie ehemals Abraham – die friedfertigen Welten, die zu ihrem Ursprung zurückgekehrt sind, wieder. Somit vollzieht sich der *Tikkun.* Und durch diese Vollziehung kann Israel seine Galut verlassen. Ist Israel erst einmal befreit, beendet der Mensch sein Exil. Befreit zieht Israel in das verheißene Land ein; befreit zieht der Mensch erneut in den Garten Eden ein.

Wenn Israel *alle* seine Tätigkeiten der Thora und den Mizwot unterordnet, befreit es die «heiligen Funken», die in der Welt verstreut sind. «Der Gefangene kann sich nicht selbst befreien!»

Die Scherben der Materie, die durch das Zerbrechen der Gefäße und die Sünde Adams verdorben worden waren, fallen, indem sie die Funken befreien, die es ihnen ermöglicht haben, zu überdauern. Die «Verwechselungen des Guten und des Bösen» sind reingewaschen, die Reste des Bösen, die dem «Zerbrechen» und den «Verwechselungen» anhaften, verschwinden. Alles ist gut. Die Finsternis weicht. Alles ist Licht. Und «Gott selbst ist das Licht der Welt» (vgl. Jes. 60,19), einer Welt, die ihrer Harmonie wieder zugeführt worden ist.

Aus ihrer Galut herausgekommen, «vereinigt sich die *Schechina* mit dem Heiligen, gesegnet sei er». «Die Namen Gottes vereinigen sich.» Der Name Gottes, der durch die Sünde des Menschen aufgespalten war, wird «wieder zu dem Einen».

Der *Tikkun* ist vollbracht. Das «Ende der Tage» erreicht «den Anfang der Tage». Erlösung und Schöpfung sind nur noch Eines; sie sind in der Einheit des Einigen Gottes, des Schöpfers und Erlösers.

> *Die chassidische Bewegung in Osteuropa. Der Chassid versucht, alle seine Taten zu heiligen, auf daß sie in Gottes und der Menschen Augen angenehm seien.*

Die kabbalistische messianische Lehre des Rabbi Isaak Luria hat auf das jüdische mystische Denken insofern einen beträchtlichen Einfluß gehabt, als sie ihm eine neue Ausrichtung gegeben hat, die wiederum durch die religiöse Praxis das *Leben* der jüdischen Bevölkerung im Nahen Osten und in Europa prägte. Rabbi Isaak Luria hat selbst seine Lehre nicht schriftlich verfaßt, doch hat sie – vor allem dank des Buches mit dem Titel: *Eiz Chajim,* «Baum Gottes», das von seinem Schüler, Rabbi Chajim Vital (1543–1620), geschrieben wurde – Zugang zu den kabbalistischen Kreisen gefunden. Diese Lehre hat ebenfalls das tägliche Leben der Juden bereichert, indem sie zu einer neuen Frömmigkeits*bewegung,* einer *chassidischen* Bewegung, führte, die später Osteuropa und insbesondere Polen und die Ukraine erfaßte. Die jüdische Bevölkerung war in diesen Gegenden hart geprüft worden. Die Horden des Chmelnizkij, des fürchterlichen kriegerischen Hetmans der Kosaken, hatten im Jahre 1648 ganze jüdische Gemeinschaften in der Ukraine und in Polen niedergemetzelt. Die entkommenen Juden waren verarmt, gedemütigt und von Angst erfüllt. Sie suchten bei ihren Religionsführern Trost. Diesen fanden sie in der von Rabbi Jisrael Baal Schem Tow, Rabbi Jisrael, dem «Meister des Guten Namens» (1699–1760), inspirierten chassidischen Bewegung.

Der Ari HaKadosch war der hervorragendste Kommentator des Sohars, während der Baal Schem Tow selbst der inbrünstige Ausleger der messianischen Lehre des Ari HaKadosch war, die vor allem von einem metaphysischen Charakter geprägt war. Der Baal Schem Tow interpretierte diese Lehre im Hinblick auf die ethische und praktische Mystik.

Wie der Ari HaKadosch hat auch der Baal Schem Tow seine Lehre nicht aufgeschrieben. Diese wurde vor allem von seinem Schüler, Rabbi Jakob Josef HaKohen von Polonnoje (gest. 1782), durch dessen Schriften und insbesondere durch sein Buch mit dem Titel *Toldot*, «Nachkommen», von Jaakow Jossef bekanntgemacht, in dem er die Lehre darlegt, die er «bei seinem Meister gehört» hatte. Es handelt sich dabei um eine Lehre und nicht um eine Doktrin. Diese Lehre soll dem Chassid in seinem täglichen Leben eine Richtschnur sein. Sie wurde von dem Baal Schem Tow durch «Worte», Homilien und Kommentare zur Thora hinterlassen. Seine Nachfolger haben diese gesammelt, bereichert und daraus eine reiche chassidische Literatur mit zahlreichen Tendenzen zusammengestellt. Die Tendenzen sind entweder rein mystisch, mystisch-intellektuell, mystisch-talmudisch oder mystisch-erzählend. Die chassidische Schule von Chabad zeichnet sich durch ihren Versuch aus, die Kabbalistik Lurias auf kohärente, rationalistische und psychologische Weise auszulegen.

Die Lehre des Chassidismus ist eine theoretische Synthese des ganzen ihr vorausgegangenen jüdischen mystischen Denkens und dessen praktisches, persönliches und soziales Ergebnis. Der Chassidismus hat zum Ziel, den Chassid zu einem *Oved HaSchem,* zu einem Diener Gottes, zu machen. Das fordert auch die Thora von einem jeden Juden, doch der Chassidismus verlangt insbesondere vom Chassid, Gott in Freuden zu dienen.

Der Chassid sucht dem Wunsch zu entsprechen, den der Schöpfer hegte, als er dem Menschen die Seele gab. Er versucht, alle seine Taten zu heiligen, auf daß sie in Gottes und der Menschen Augen angenehm seien. Deshalb unternimmt er nichts, bevor er nicht sicher ist, daß er auch den Willen des Schöpfers tut. Die Thora gibt ihm diese Sicherheit, denn sie ist eine «Thora des Lebens», die ihm «sagt», was er tun soll, und ihm die Mizwot zur Seite stellt. Somit verankert der Chassid eine jede seiner Taten im täglichen Leben in der dazugehörigen Mizwa.

Die Demut, die nicht echt ist, ist schlimmer als der Stolz. Aufrichtig sein heißt «Ganz» mit sich selbst, mit den anderen, mit Gott zu sein. Das heißt, ganz in der Wahrheit zu stehen.

Nach chassidischer Lehre ähnelt der Mensch der Leiter, die Jakob in seinem Traum gesehen hatte. Die «Leiter stand auf Erden und rührte mit der Spitze in den Himmel» (Gen. 28,12). Sogar wenn sich der Chassid um irdische Dinge kümmert, muß er an die spirituellen denken, die diesen im Himmel «entsprechen». Dort droben lassen sich die «Wurzeln» der irdischen Dinge finden, an die der Chassid zu denken hat. «Auf daß alle Taten für den Namen der Himmel vollzogen werden.» Diesem Wort der Weisen fügte Rabbi Menachem Mendel von Kotzk (1787–1859) mit einer beißenden Ironie hinzu: «Auf daß alle Taten für den Namen der Himmel vollzogen werden, sogar diejenigen, von denen du annimmst, von denen du sagst, du habest sie für den Namen der Himmel vollbracht!» Sie sollen wirklich für den Namen der Himmel getan werden und nicht für deinen eigenen Namen, nicht, um darauf stolz zu sein, nicht einmal für dein Heil in der da kommenden Welt; vollziehe sie lediglich, weil sie dem Willen des Schöpfers entsprechen ... Die Schüler des Baal Schem Tow sagten, daß ihr Meister auf diese Welt gekommen sei, um sie «die echte Demut und die wahre Freude zu lehren».

Es muß zu einer echten Demut kommen, denn die Demut,

die nicht echt ist, ist schlimmer als der Stolz. Und der Stolz ist Ursprung aller Sinneslust und deshalb Wurzel aller Sünden.

Eine «wahre» Freude ist eine im Dienst Gottes empfundene Freude. «Ohne Freude gibt es keinen wahren Dienst an Gott, und eine außerhalb des Dienstes Gottes empfundene Freude ist wertlos.»

Die Wahrheit muß daher allem, was wir denken, sagen und tun, innewohnen. «Im Inneren müssen wir sein, wie wir uns nach Außen geben.» «Das an andere gerichtete Wort muß dem Gedanken in dir entsprechen.» Wenn die Thora uns sagt: «Nun übervorteile keiner seinen Nächsten» (vgl. Lev. 25,17), so bittet sie uns, den Nächsten, der *in* uns ist, nicht zu täuschen, das heißt, uns selbst nicht zu täuschen. Indem uns verboten wird, «den Gedanken des Nächsten zu stehlen», verbietet uns das Gesetz ebenfalls, unseren *eigenen* Gedanken zu stehlen. Wenn wir zu Gott im Gebet sprechen, müssen wir der Wahrheit Ausdruck verleihen. Wenn wir zum Beispiel diese Worte eines täglichen Gebetes sprechen: «In *Wahrheit* stützen wir uns auf Deine große Güte», so sollen wir uns fragen – wie Rabbi Menachem Mendel von Kotzk uns aufgefordert hat – ob wir nicht lügen! Vor allem müssen unsere Handlungen in den Augen Gottes und der Menschen von der Wahrheit durchdrungen sein. Rabbi Menachem Mendel von Kotzk sagte seinen Getreuen: «Es ist besser die *awerot,* die von uns begangenen Übertretungen, zu zeigen und die Mizwot, die löblichen Taten, die wir vollbracht haben, zu verstecken, als diese zu zeigen und unsere *Awerot* zu verstecken.»*)

«Wandle vor dem Ewigen, deinem Gott, und sei aufrichtig» (Gen. 17,1), aufrichtig *«mit»* Gott, also in deiner Beziehung

---

*) Der Baal Schem Tow jedoch forderte seine Getreuen auf, sich so zu verhalten, daß bei ihrem einfachen Gang durch die Straßen keine Absicht mitspiele, «sich zu zeigen», und daß sie dadurch alsbald als Chassidim erkannt werden würden. Dadurch nahm der Meister lediglich die Empfehlung der Weisen wieder auf: «Du wirst den Ewigen, deinen Gott, lieben. Verhalte dich so, daß dank deiner der Name der Himmel von den Menschen geliebt werde.» Übrigens befiehlt die Thora dem Juden durch eine Mizwa, «den Namen Gottes» öffentlich durch seine Taten «zu heiligen».

zu ihm. «Wandle vor ihm – im Blickfeld der Menschen – und sei aufrichtig», sagt der Ewige zu Abraham. Und er sagt ihm außerdem (Gen. 12,1): «*Lech lecha,* gehe in dich.» (Rabbi Zussja sagte: «Wenn Gott mich bäte, wie Abraham zu sein... würde ich antworten, dazu bin ich nicht fähig. Bäte er mich jedoch, Zussja zu sein, dann muß ich mich bemühen, dieser zu sein!») Aufrichtig sein heißt also, «Ganz» mit sich selbst, mit den anderen, mit Gott zu sein. Das heißt, ganz in der Wahrheit zu stehen.

Sicherlich, es ist nicht leicht, ganz in der Wahrheit zu leben. Einer der Meister des Chassidismus, Rabbi Pinechas von Korez (1726–1791), gab vor seinen Getreuen zu, daß «er sich einundzwanzig Jahre lang darum bemüht habe: sieben Jahre, um zu wissen, was die Wahrheit ist; sieben Jahre, um die Lüge zu vertreiben, und sieben Jahre, um die Wahrheit in sein Inneres einziehen zu lassen». Von diesem Moment an ist die Wahrheit für den Menschen nicht nur eine einfache Negation der Lüge. Sie wird zu einer Verbindung zum «Ewigen, zu Gott, der da Wahrheit ist»; sie hilft ihm, die Thora zu verstehen, die da «Thora der Wahrheit» ist; sie bringt ihn zur Wahrheit der Wahrheiten. Ist diese einmal erreicht, erreicht der Mensch das Ideal, das im Herzen des Chassidismus liegt, nämlich die *Deweikut,* die Kommunion mit Gott.

Der Mensch kann den von oben gekommenen Wunsch in die Welt der Sünde stürzen, aber er kann ihn auch wieder in die höhere Welt der Mizwot aufsteigen lassen.

Im Buch der Psalmen steht geschrieben: «Daß die Wahrheit aus Erde keime» (85,12). Die Wahrheit geht aus der Erde hervor, um zu der Wahrheit emporzusteigen. Der Mensch lebt auf Erden; sein Leben ist nicht nur eines des Geistes, sondern auch, und vor allem, ein physisches und materielles Leben. Er hat das Recht auf ein volles Leben, doch muß er es auf gemäßigte Art *nutzen.* So wie die Kinder Israels, die sich in der Wüste mit Mäßigung der Manna erfreuten, die doch in Hülle und Fülle vorhanden war. Dem Menschen wird dadurch Traurigkeit und Unzufriedenheit erspart.

Und doch steht hinter dem Leben der Wunsch und dieser treibt das Leben an.

Das physische Begehren – das seine Quelle in der vegetativen, der «animalischen Seele» des Menschen hat, muß den spirituellen Wunsch erreichen, der aus der «göttlichen Seele» des Menschen hervorgebracht wird. Die Wurzel eines jeden Wunsches befindet sich in den höheren Welten, in «der Welt des Wunsches», die sich zur «Welt der Freuden» hin öffnet. Der Wunsch, der den Menschen zur Sünde anstachelt, wie der Wunsch, der ihm zum Studium der Thora und zur Befolgung einer Mizwa treibt, ziehen ihre Kraft aus der höheren Welt des Wunsches und der höheren Welt der Freuden. Der Mensch kann den von oben gekommenen Wunsch in die Welt der Sünde stürzen, aber er kann ihn auch wieder in die höhere Welt der Mizwot aufsteigen lassen. Der Mensch kann seinen Wunsch dank seines freien Willens lenken. Doch da seine Macht begrenzt ist, betet er zu Gott um Hilfe: «damit er nicht der Sünde anheimfalle», «damit Gott ihm die Worte der Thora angenehm erscheinen lasse». Der Wert einer Mizwa, einer religiösen Handlung, ist um so größer, wenn diese mit dem brennenden «Wunsch», mit *HischTokekut*, mit «Begeisterung», mit *HitLahawut*, erfüllt wird. Die *Aweira*, die «Übertretung», und die Sünde, die dadurch entsteht, sind um so schwerwiegender, weil der Mensch diese mit Leidenschaft begeht.

Der Mensch, der durch seine Sünde von Gott getrennt ist, kann stets zu ihm zurückkommen.

Der Chassidismus empfiehlt dem Menschen, sich durch seine Sünde nicht zur Verzweiflung bringen zu lassen, auch wenn diese sich verschlimmert und sich wiederholt. Der Mensch ist niemals in seiner Sünde gefangen, denn er kann immer den «unreinen Wunsch» in einen «reinen Wunsch» umwandeln. Die Meister des Chassidismus machen den Menschen auf die

Tatsache aufmerksam, daß das hebräische Wort *Cheth*, das «Sünde» bedeutet, mit dem Buchstaben *Alef*, «a», schließt, der «Meister der Welt» bedeutet, also *Alufo Schel Olam*. Das lehrt uns, so behauptet der Baal Schem Tow, daß der Mensch, der durch seine Sünde von Gott «getrennt» ist und «Gott verworfen» hat, stets zu ihm zurückkommen kann. Gott ist ihm stets nahe, denn Gott ist überall, so erklärt Rabbi Dow Bär, der Maggid von Mesiritsch (1704–1772). Es ist nur notwendig, daß der Mensch Gott sehen will, aber «derjenige, der den Ort (Gott) nicht an allen Orten sieht, sieht ihn an keinem Ort», so erinnert uns Rabbi Menachem Mendel von Kotzk. Gott ist dem sündigen Menschen gegenwärtig und bietet ihm seine Gnade an, damit er bewußt zu ihm durch die *Teschuwa* «zurückkehren» kann. Das ist das Paradox der Sünde, das die Weisen im Talmud schon hervorgehoben haben. Die Sünde, die leider von einer *Aweira*, einer «Übertretung» verursacht wird, kann zu einer Vollbringung einer Mizwa führen, insbesondere der wichtigen Mizwa der *Teschuwa*. Und wenn die *Teschuwa*, die «Rückkehr» zu Gott, vom Menschen mit einer aufrichtigen Liebe zu Gott verwirklicht wird, dann wird diese für ihn zum «Verdienst» und sogar zum Privileg. Nach den Meistern des Chassidismus erinnert dieses Privileg an die Bitte des Propheten Hosea: «Komm zurück Israel zum Ewigen, *deinem* Gott.» Der Mensch, der die *Teschuwa* voll verwirklicht, findet im Ewigen erneut *seinen* Gott. Und Gott, der seinen Sohn fehlgehen sieht, findet ihn wieder ganz in seiner Nähe. (Es ist wahr, daß der Mensch die *Teschuwa* in ihrem höchsten Grad verwirklichen kann, ohne von der Sünde dorthin gebracht worden zu sein. Dadurch folgt er seiner Bestrebung, zur Wurzel seines Seins zurückzukommen und somit die Wurzel der Wesenheit, Gottes, zu erreichen.)

*Der Mensch muß Gott ebenfalls durch seine physi-
schen Funktionen dienen.
«Die Gottesfurcht ohne Freude ist lediglich Melancholie.»*

Somit «war das durch die Sünde verursachte Böse irgendwie
eine Stütze des Guten», bemerkt der Verfasser des *Toldot...*
Das Böse vernichtet sich im Guten und das Gute allein bleibt.
Der *Baal Teschuwa,* der *Meister* der *Teschuwa,* entläßt die in
der Sünde gefangenen und an allen Orten zerstreuten «heiligen Funken». Er befreit sie und läßt sie zu den «göttlichen
Lichtern» «aufsteigen», von denen sie ausgegangen sind.

Und doch muß der Mensch Gott ebenfalls durch die *Ga-
schmiut,* durch die Materie, durch die «irdischen Elemente»,
durch seine physischen Funktionen dienen. Diese muß er nicht
fürchten, denn sie führen nicht notwendigerweise zur Sünde;
im Gegenteil, das Verdienst des Menschen besteht gerade
darin, diese im Dienste Gottes zu benutzen. Das ist die grundlegende Lehre der Meister des Chassidismus. Sie vertrauten
dem Menschen. Sie ermutigen ihn, alle diese Mittel, die der
Schöpfer ihm bietet, richtig und freudenvoll für den Dienst
Gottes einzusetzen. Somit kann der Mensch den «Hang zum
Bösen» in einen «Hang zum Guten» umwandeln. Doch wenn
der «Hang zum Bösen» sich in seiner Verweigerung einer
Wandlung «verstärkt» und «unrein» wird, kann der Mensch
diesen «läutern», das heißt, er kann dank der Befolgung der
Mizwot die in ihm enthaltenen «heiligen Funken» erwecken
und befreien. Denn wenn Gott «den Hang zum Bösen geschaffen hat, hat er auch das passende Heilmittel dagegen
erschaffen, nämlich die Thora». Die «heiligen Funken», die
der Mensch freisetzen muß, sind sogar in den Orten gegenwärtig, die wir «unrein» nennen; sogar in den unreinen «fremden
Gedanken», die uns erfüllen können, wenn wir beten; sogar in
den Gedanken der Atheisten. Der Chassid muß diese Funken
wieder zu ihrer leuchtenden Quelle «aufsteigen» lassen.

Dem Menschen stehen unzählige Weisen zur Verfügung,
auf die er Gott dienen kann. «Bemerkt ein Jude, daß sein
Nächster dabei ist abzugleiten (spirituell gesehen), so ist es

seine Pflicht, diesem zu helfen; er soll sich nicht sagen, daß es Gottes Beschluß sei, daß er falle, sondern sich bemühen, den Nächsten wieder aufzurichten», sagt Rabbi Jakob Isaak, der «Heilige Jude», von Psychkhe (1776–1813). Denn «in jedem Menschen gibt es etwas Kostbares, das sich nicht in einem anderen finden läßt», behauptet Rabbi Pinechas von Korz. Und Rabbi Levi Isaak von Berditschew (1740–1809) ruft aus: «Jeder Mensch ist von einem heiligen Lichterkranz umgeben, der vor allem zu dem Zeitpunkt erstrahlt, in dem er liebt», und wo er Gott liebt! Der Schöpfer hat dem Menschen die Gabe der Liebe geschenkt. Er hat ihm die Kraft zum Lieben «eingehaucht». Er hat somit den Menschen befähigt, auf Gottes Liebe für ihn zu antworten, denn Gott liebt ihn. (Wenn ich nur den größten Zaddik, den größten «Gerechten» in Israel lieben könnte, wie der Name, gesegnet sei er, den größten *Rascha,* den größten «Bösen» in Israel liebt!» ruft Rabbi Schelomo von Karlin (1738–1792) aus. «Seinen Nächsten lieben heißt seinen Schöpfer lieben», verkündet der Baal Schem Tow, «denn wenn man den Vater liebt, liebt man auch dessen Kinder.»

Die durch die Freude ausgedrückte Liebe erfüllt das Leben des Chassid.

Das Begehren, das den Menschen zur physischen, materiellen Liebe treibt, die eher eine Eigenliebe ist, führt auch zur Liebe zu Gott, die eine selbstlose Liebe für Gott ist. In dieser Liebe zu Gott gipfelt letztlich das Begehren.

Somit verbindet sich das Begehren, das aus der vegetativen «animalischen Seele» des Menschen entstammt, mit dem spirituellen Wunsch, der aus der «göttlichen Seele» kommt, und der auf die Liebe zu Gott ausgerichtet ist. Diese beiden Seelen, die eine einzige bilden, sind miteinander verbunden, so lehrt die Chabad. Sie streben gemeinsam auf die Einheit, auf die Seele der Seelen hin, und vereinigt wenden sie sich zu ihren Wurzeln, zur Liebe, die Gott ist, hin.

Der Chassid muß dazu kommen, in der Liebe und in der Gottesfurcht eine tiefe und zuversichtliche Freude zu empfinden.

Der Chassid drückt seinen Wunsch ohne Unterlaß durch folgende Worte aus: «Meine Seele sehnt sich, verbrennt sich, für den Tempel des Ewigen; mein Herz und mein Fleisch loben den lebendigen Gott.» Dabei hat er sich die Worte aus dem Buch der Psalmen zu eigen gemacht (84,2), in denen der König David die «Werke des göttlichen *Chassid*» (Ps. 145,17) feiert und den Glauben des menschlichen *chassid* preist. Mit diesen Hymnen verherrlicht der Sänger Gottes die *Chessed,* die «Gnade», mit der Gott den Menschen überschüttet und den *chessed,* die «Güte», mit der der Mensch seinem Nächsten begegnet.

In Wahrheit ist es das Buch der *Tehillim,* der «Lobpreisungen» des König David, das ohne Unterlaß die Seele des Chassid nährt. Dieses Buch ist *sein* Buch; es begleitet ihn überall hin und es tröstet ihn ständig. Durch dieses Buch spricht der Chassid mit Gott.*) Dank dieses Buches tritt der «Chassid in ein gutes Verhältnis zu seinem Schöpfer», *Chassid MitChassed Im Kono,* und bringt Gott seine Liebe dar.

Die Liebe des Chassid zu Gott gipfelt in der *Deweikut,* in der Kommunion mit Gott. Es stimmt, daß diese *Deweikut* den Gläubigen in bestimmten Augenblicken – und die Meister der Chabad bezeugen dies – ein vorübergehendes Gefühl der *Hit-Paschtut HaGaschmiut,* der «Entäußerung einer jeglichen Stofflichkeit», geben kann. Ein solches Gefühl kann sogar im Gläubigen «den Wunsch» wecken, «keine eigene Existenz mehr zu haben, sondern in Gott zu verschwinden», *Bitul HaMeziut.*

Doch gerade in diesem Augenblick, in dem seine Liebe für Gott am stärksten und seine Freude vollkommen ist, wird der Gläubige von Angst ergriffen, er fürchtet Gott!

Gottes Liebe läßt den Menschen in der Freude leben, in der

---

*) Ein Chassid klagte eines Tages seinem Rabbi, daß er sich einsam und verlassen fühle. Darauf sagte der Rabbi: «Wie kann sich ein Jude einsam fühlen? Er nimmt sein kleines Buch der Tehillim, liest darin, legt seinem Schöpfer sein Herz offen und dann ist er nicht mehr einsam und allein» . . .

«Ruhe», das ihm die unmittelbare *Nähe* seines Gottes vermittelt. Der persönliche Gott, der die Quelle seines Lebens ist und der ihn ganz besonders durch die *Deweikut* «belebt», enthüllt ihm, daß ihn eine unermeßliche Entfernung von Gott, dem *Ajin,* dem Unpersönlichen, *trennt* und daß er *weit* davon entfernt ist, das zu begreifen, was man seine Wesenheit zu nennen wagt. In dem Augenblick selbst, in dem der Mensch der *Deweikut* das spürt, was der König David spürte, als er sagte, daß «Gott allen denen nahe sei, die ihn anrufen» (Ps. 145,18), versteht der Mensch das, was der Prophet Jeremias (41,3) sagt: «Von *weitem* ist mir der Ewige erschienen.» Das hat ein Rabbi seinem Chassid mit den folgenden Worten in Erinnerung gerufen: «Wisse, auch wenn du von Gott weit entfernt bist, er dir doch nahe ist; aber wisse auch, wenn er dir nahe ist, du noch weit von ihm entfernt bist.» In Wahrheit ist «Gott weit vom Menschen entfernt, viel weiter als alles, was von ihm entfernt ist. Er ist dem Menschen nahe, viel näher als alles, was ihm nahe ist», schreibt Rabbi Jehuda Arie Leib von Gur (1847–1905) in seinem *Sefat Emet.*

Diese Doppelsituation des Menschen angesichts Gottes wird von dem König David in den beiden Versen der Psalmen (104, 34; 2,11) beschrieben. Die Nähe Gottes erfüllt den Menschen der *Deweikut* mit Freude: «Er erfreut sich in Gott.» Aber die Entfernung, die ihn von Gott trennt, erweckt in ihm die Furcht vor Gott: «Sein Fleisch erschaudert in der Furcht, die Gott ihm einflößt.» Und doch läßt sich in dieser Furcht selbst die Freude finden. Der König David feierte diese, indem er «sich in Gott mit *Schaudern erfreute*» (Ps. 119,120).

Nach dem Baal Schem Tow ist «die Gottesfurcht ohne Freude lediglich Melancholie» und unterscheidet sich dann nicht von der Angst. Eine solche Gottesfurcht ist «unrein». Derjenige, der Angst hat, vermeidet das Wesen oder die Sache, vor der er sich fürchtet. Er wird von einer «Angst ergriffen, die von Außen kommt», *Jira Chizonit.* Aber derjenige, der Gott mit «einer Furcht, die von Innen kommt», *Jira Penimit,* fürchtet und die das Gefühl der Gegenwart Gottes entstehen läßt, der spürt eine «heilige» Furcht. Die Nähe Gottes ruft diese Furcht hervor, die ihrerseits eine noch größere Nähe zuläßt. Diese «heilige» Furcht schaltet die Angst aus, deren ein Gläubiger unwürdig ist, und bringt die Freude. Sie ist eine «ehrerbietige Furcht», eine «Furcht», die den Geist «erhöht». Sie festigt den Charakter des Menschen, kräftigt seine Tugenden und bringt ihn zum *Handeln* nach dem Willen dessen, den er fürchtet (aber nicht aus Angst, bestraft zu werden, weil er Gottes Willen nicht tut). Sie ist die «Pforte», die dem Gläubigen ermöglicht, Gottes Liebe zu erreichen. Diese Liebe muß sich in der Befolgung der Mizwot Gottes konkretisieren, die dem Menschen Gott näherbringt. Und doch hat eine Mizwa, die nicht in der Freude vollbracht wird, die nicht von der Liebe Gottes inspiriert ist, keinen Wert: «Die *Schechina* wohnt nur in der Freude.» Diese Freude wird aus der Furcht geboren und ist die Freude der *Deweikut*. Die Thora selbst sagt uns im Buch des Deuteronomium (10,20): «Den Ewigen, deinen Gott, sollst du *fürchten,* ihm sollst du dienen; hange nur ihm an: *UBo TiDbak.*»

Der Chassid muß daher dazu kommen, in der Liebe und der Gottesfurcht eine tiefe und zuversichtliche Freude zu empfinden.

Die Gottesliebe und die Gottesfurcht müssen sich in der Verbindung ergänzen, die den Menschen mit Gott vereinigt. Die Liebe des Menschen zu Gott antwortet auf die Liebe Gottes für den Menschen. Doch ist die Liebe eine Gabe Gottes, während die Furcht vom Menschen allein ausgeht. Sie ist eine Mizwa, die im Gegenteil zur Liebe Gottes, nicht aus dem *Imitatio Dei* erwächst.

Die Liebe Gottes erlebt der Gläubige in der Freude, indem er Gott für diese kostbare von ihm erhaltene Gabe, nämlich für die Liebe selbst, dankt. Die Gottesfurcht empfindet der Gläubige in der Freude, indem er Gott für die von ihm erhaltene Gabe, nämlich für die Intelligenz, ihn zu fürchten, dankt. «Der Anfang der Weisheit ist die Furcht vor Gott» (Ps. 111,10; Spr. 9,11). Also ist sie der «Grundsatz» des ganzen Lebens des Gläubigen.

Die Emuna, der «Glaube», sollte die Taten und die
Gedanken des Menschen jeden Tag erneuern. Er
tut eine stets neue Emuna kund, indem er die
Mizwot befolgt.

Die *Emuna,* der «Glaube», beruht auf der Liebe und auf der
Gottesfurcht. Die Befolgung der Mizwot in «Furcht und
Liebe» ist das Fundament des *Awodat HaSchem,* des «Dien-
stes Gottes». «Doch das Fundament der Fundamente ist die
Emuna, der ‹Glaube›», bestätigt der Baal Schem Tow. Warum
hat die Thora nicht ausdrücklich die *Emuna* angeordnet?
Eben weil «ohne *Emuna* nichts ist», antwortet ein Zaddik.
«Alle deine Gebote sind nur *Emuna*», verkündet der König
David in seinen Psalmen (119,86). Ohne die *Emuna* gibt es
keine Mizwot. Und die Mizwot «erscheinen uns jeden Tag
neu».

Die *Emuna* sollte die Taten und die Gedanken des Menschen jeden Tag erneuern. Derjenige, der heute an Gott
glaubt, der ihm heute dient, muß sich ansehen, als habe er
noch niemals begonnen, an Gott zu glauben; er muß sich «vorstellen»*), daß er bis zu diesem Tage niemals Gott gedient
habe, sei es durch physische, materielle oder durch spirituelle
Taten wie durch das Gebet, das «das Herz des Dienstes» ist.
Der Mensch, der seine *Emuna* durch das Gebet ausdrückt (die
Emuna ist selbst *Tefilla,* «Gebet», so behauptet Rabbi Nachman von Brazlaw), muß sich ansehen, als sei er eben geboren
worden. Wenn er heute betet, so nicht, weil er gestern gebetet
hat. Heute lernt er erst zu beten ... Er glaubt, daß Gott heute
erst die Welt erschaffen hat, denn er sieht, daß «Gott in seiner
Güte alle Tage das erste Werk erneuert». Der Gläubige gehört
zu dieser Welt, und somit nimmt er an der Erneuerung der

---

*) Rabbi Nachman von Brazlaw (1772–1810) schreibt: «Die *Emuna* beruht auf der existentiellen Vorstellungskraft. Denn die *Emuna* ist nicht
auf das anwendbar, was der Verstand versteht. Sie setzt dort ein, wo
die Vernunft aufhört. Kann der Verstand dem Menschen beim Verstehen nicht mehr helfen, so muß er sich auf die *Emuna* berufen.» Und
nach der Meinung des Rabbi Menachem Mendel von Kotzk ist die
Emuna für den Menschen klarer als das Sehen von Dingen.

Welt teil. Er tut eine stets neue *Emuna* kund, indem er die *Mizwot* befolgt, die ihm «auch jeden Tag neu erscheinen, als seien sie ihm heute erst offenbart worden». «Heute» schenkt der Schöpfer dem Menschen erneut die Gabe der *Emuna,* der bereit ist, diese zu empfangen. «Heute» erneuert er diese Gabe, die er ursprünglich der Natur des Menschen aufgeprägt hatte. Gleichzeitig jedoch bittet er den Menschen, diese Gabe in sich selbst zu entdecken und diese auf die Begegnung mit dem «Licht der *Emuna*» hinzulenken, die erneut bis zu dem Menschen herabkommt.

Die *Emuna* geht also dank eines gegenseitigen «Vertrauens» von Gott und von dem Menschen aus. Gott läßt diese zum Menschen hinabsteigen und der Mensch läßt sie zu Gott hinaufsteigen. Der Mensch ist ein *MaAmin,* ein «Gläubiger», der jeden Tag seinen *Willen* zum Empfang der *Emuna* erneuert. Gott ist ein *NeEman,* ein «Treuer», der dem Menschen jeden Tag die Gnade erteilt, die *Emuna* empfangen zu *können* und der diese je nach Wunsch des Menschen wachsen läßt.

Der menschliche *MaAmin* und der göttliche *NeEman* nehmen beide am «Verdienst» der *Emuna* teil. Die Thora sagt dazu, indem sie die höchste Tugend Abrahams, die *Emuna*[*]), lobt: «Er glaubt an den Ewigen ... und hatte das Verdienst» (Gen. 15,6). Doch ist dieser Satz elliptisch; er sagt nicht genau aus, wer «das Verdienst hatte». Das wahre Subjekt sind Abraham und Gott zugleich. Beide «haben Verdienst». Abraham, indem er Gott für die «Gnade» der *Emuna* und für das Vermögen dankt, an ihn zu glauben (ein Vermögen, das er ganz und erneuert bei der «Vision» wiedergefunden hat, in der sich Gott «Abraham, der ihn liebte», gezeigt hat), und Gott, indem er Abraham für seine Tugend des Glaubens dankt. Diese beiden «Verdienste» treffen zusammen, identifizieren sich, und wie uns die Bibel sagt, sind sie dann nur noch «*ein* Verdienst».

Lange bevor Abraham zum «Vater der Gläubigen» wurde,

---

[*]) Rabbi Nachman von Brazlaw sieht in Abraham, der der *Rosch Ha-MaAminim,* der «Haupt der Gläubigen» ist, die Personifizierung der *Emuna.* Da Abraham die Personifizierung der *Chessed,* der menschlichen «Güte», ist, die der göttlichen «Gnade» entspricht.

hatte er Gott «erkannt». Er hatte ihn mit dem Verstand «erkannt». Er hatte «erkannt», daß Gott existiert, daß Gott die Welt erschaffen hatte und daß Gott der «Meister der Stadt» ist. Doch konnte *diese* «Kenntnis Gottes» aus ihm keinen Gläubigen machen und allein ihm die *Emuna* nicht vermitteln. Ausgerichtet auf den Unendlichen übersteigt die *Emuna* die Grenzen des Verstandes. Um die *Emuna* zu erreichen, muß der Mensch sein ganzes Wesen einsetzen, ohne dabei den Verstand außer acht zu lassen. Wenn der Mensch den Unendlichen erreicht und seine Gegenwart erfährt, glaubt er wie ein «Unwissender», wie ein «Kind», an Gott, ohne dabei seinen Verstand zu benötigen. Die *Emuna,* die er von nun an besitzt, ist für ihn die *Emet,* die «Wahrheit», denn sie ist *einfach* und daher ganz, rein und sicher.

> *Der Chassid befolgt die Mizwot nicht, um daraus*
> *Nutzen zu ziehen, sondern um «mit» ihm, mit dem*
> *zu sein, der die Mizwot gibt.*

Der Baal Schem Tow lobt den Gläubigen, den *Adam Paschut,* den «einfachen Menschen», der die *Emuna Peschuta,* den «einfachen Glauben» an Gott besitzt, der *Paschtut,* der «Einfachheit» ist. Der Vater des Chassidismus ehrt den *Am HaArez,* den Menschen der Erden, den «Unwissenden», der, wenn er gläubig ist, einen ganzen, unerschütterlichen Glauben besitzt. Ein solcher Mensch sucht nicht, seinen Glauben auf philosophischen Spekulationen oder wissenschaftlichen Beweisen aufzubauen, die vom Zweifel ausgehen und zum Zweifel führen. Der Baal Schem Tow ermutigt den *Am HaArez* zum Studium der Thora Gottes, die eine *Torat Emet* (vgl. Mal. 2,6), eine «Thora der Wahrheit» ist. Doch er hält ihn an, «um des Namens der Thora willen» zu studieren, ohne daraus Stolz zu schöpfen, wie bestimmte gelehrte Rabbiner es tun. Er ermutigt ihn auch dazu, die Mizwot Gottes, *Mizwotecha Emuna,* die «Mizwot des Glaubens» zu befolgen, ohne rationale oder nutzbringende Rechtfertigungen dafür zu suchen. Er ermutigt ihn zum Gebet, selbst wenn er den Sinn der hebräischen

Worte, die er ausspricht, nicht versteht. Er soll seinen Blick in die «Buchstaben» dieser Worte versenken, die ihn anlächeln. Er soll mit *Kawana,* mit einer reinen «Absicht», beten, ohne daraus irgendeinen Nutzen ziehen zu wollen. Er soll seinem Gott freudig danken, daß er es ihm erlaubt hat, vor ihn, dessen «Größe ohne Grenzen ist» (vgl. Ps. 145,3), zu kommen, und dessen «Nähe ihm näher ist als alles, was ihm nahe ist», und näher, als er sich selbst ist. Er soll «Gott mit aller Aufrichtigkeit des Herzens loben», wie es der König David tat, indem er sich als «armen» Chassid erkennt, der «einfach», doch «aufrichtig» vor Gott steht. Und Rabbi Nachman von Brazlaw, der Urenkel des Baal Schem Tow (vgl. 119,7), fügt hinzu, «daß *Joscher Lewaw,* ‹die Aufrichtigkeit des Herzens›, *Emuna,* ‹Glaube›, ist» und die «Emuna» ist *Tefilla,* «Gebet», und das Gebet vollzieht sich in der *Deweikut,* in der intimen Verbindung mit Gott.

In Wahrheit ist das höchste Ziel des Chassid die *Deweikut.* Er ist stets bestrebt, sich mit Gott zu «verbinden», ihm *nahe* zu sein»; er will *mit* Gott sein.

Wenn der Chassid die Thora studiert, dann nicht, um Kenntnisse zu erlangen, die wie in jeder anderen Wissenschaft von außen kommen, sondern er sucht sich durch das Studium der Thora mit dem «zu verbinden», der diese gegeben hat, der in ihr präsent ist und der dem gegenwärtig ist, der sie studiert.

Der Chassid befolgt die *Mizwot* nicht, um daraus Nutzen zu ziehen, sondern um *BeZawta,* «mit» ihm, mit dem zu sein, der die Mizwot gibt.

Der Chassid spricht die *Tefilla,* das «Gebet», weniger, um dadurch seine Wünsche befriedigen zu wollen (auch wenn er anerkennt, daß er es an den «Meister aller Dinge», an denjenigen richtet, von dem alles abhängt), als sich mit Gott «zu verbinden», denn das Gebet ist *Deweikut: NaFtulei Elokim NiFtalti...**)

Zu diesem Zeitpunkt wird die «Thora Gottes» *seine* Thora; die Mizwa Gottes *seine* Mizwa und das Gebet *sein* Gebet. Der Chassid selbst wird ein Gebet, und er kann wahrlich sagen, wie

---

*) S. Targum Onkelos zu Gen. 30,8.

der König David es tat: *WaAni Tefilla* (vgl. Ps. 109,4), «und ich, ich bin Gebet»: und damit bedeutet *Tefilla,* das «reine Gebet», die *Emuna.*

Diese *Emuna* ist «aufrichtig» und ganz, weil sie die «Aufrichtigkeit des Herzens» ist. «Ich lobe dich mit aller Aufrichtigkeit des Herzens!» ruft der König David aus.

Glaube und Zuversicht; Glaube und Zusicherung.

«Das Licht ist für den Zaddik, den ‹Gerechten›, ausgegossen und die Freude für diejenigen, die aufrichtigen Herzens sind», erklärt der König David (Ps. 97,11).

Diese *Emuna,* die die «Aufrichtigkeit des Herzens» ist, erlebt der Chassid in der *Freude,* der *Zuversicht,* dem *Frieden* und der «Zusicherung», der *Bitachon,* die die *Emuna* ihm eingibt. Denn «die *Emuna* und die *Bitachon,* der ‹Glaube› und die ‹Zuversicht›, der ‹Glaube› und die ‹Zusicherung› sind gemeinsam herabgestiegen». Der *MaAmin,* der «Gläubige», setzt seine «Zuversicht» in Gott. «Derjenige, der nicht ein *Baal Bitachon,* ein ‹Meister der Zusicherung›», der Zuversicht ist, ist kein *MaAmin,* kein Gläubiger. Daher ist die *Freude* auch ein Zeichen der *Liebe* Gottes und der Liebe für den Nächsten. Der Mensch, der liebt, ist in der Freude. Somit prägt die *Emuna* in ihrer Fülle die Beziehung des «Gläubigen» zu Gott *und* zu dessen Nächsten.

> *Der* Zaddik, *der «Gerechte», ist das Herz der chassidischen Gemeinschaft.*
> *«Jeder Mensch ist geschaffen worden, um eine Sache in dieser Welt wieder in Stand zu setzen. Die Welt braucht ihn daher ebenso, wie er die Welt.»*

«Diejenigen, die aufrichtigen Herzens sind, sind in der Freude.» «Das Licht ist für den Zaddik ausgegossen.» Aber der Zaddik, der «Gerechte», «gießt» dieses Licht für die anderen aus. Allen denjenigen, die zu ihm kommen, die ihn umgeben, denen er begegnet, schenkt er dieses Licht der *Zedaka*, der «Güte».

Innerhalb dieser demokratischen, volkstümlichen Gesellschaft, die eine chassidische Gemeinschaft ist, nimmt der *Zaddik,* der Heilige, der Rabbi, eine zentrale Stellung ein, durch die er jedoch nicht von seinen Gläubigen entfernt wird, welche ihn wiederum als ihren Zaddik, als Herz, ansehen, von dem für alle zusammen und jeden persönlich das Leben ausgeht.

Die *Chassidim* sehen in ihren «*Zaddik* das Fundament der Welt». Durch sein Gebet, durch die Studie der Thora und durch seine Befolgung der Mizwot verbindet er die untergeordnete Welt mit der übergeordneten. Der Zaddik läßt die göttliche Gnade, die *Beracha,* die «Segnung», auf sein Volk herabkommen. Und mehr noch, «er steigt selbst zu seinem Volk herab», wie Mose es tat (vgl. Exod. 19,25), er ist «mitten unter seinem Volk». Ja, er steigt zu diesem herab. Und wenn er Juden sieht, die in die Hölle der Sünde geraten sind, verläßt er die Reinheit der Höhen und «erniedrigt sich» aus Liebe für Israel und zögert nicht, vorübergehend seine Heiligkeit zu «trüben». Er steigt in die Abgründe, in die sich die «Bösen» gestürzt haben, um sie wieder zur Welt der Thora und der Mizwot heraufzuholen (vgl. Sam. I, 1,6). Er unterzieht sich «eines Abstiegs, indem er den Aufstieg vor Augen hat». «Er nimmt es auf sich, in das Grab hinabzusteigen, um die heraufsteigen» zu lassen, die sich dort eingeschlossen hatten. Gelenkt von der Liebe zu ihnen, findet er sie wieder. Er neigt sich über die dicken «Rinden», die sie bedecken; und er entdeckt die «heligen Funken», die diese versteckten (in einem jeden Juden sind «heilige Funken» versteckt). Er befreit sie und bringt diejenigen, die sie gefangen hielten, wieder auf den Weg der *Teschuwa,* der «Umkehr», zu Gott. «Niemand darf verstoßen werden» ...

Somit finden sich die Juden, die «von fern und nah» gekommen sind, in der Nähe des Zaddik «im Frieden» wieder zusammen. Sie scharen sich dicht um ihn und sind von dem Wunsch beseelt, mit ihm die Thora zu studieren, sein Gebet mit ihm zu teilen, ihre Seele an seinem inneren Feuer zu erwärmen, Tröstung in seinem Strahlenkranz zu finden und aus seiner *Emuna* zu schöpfen, denn «der Zaddik lebt durch seine *Emuna*» (Hab. 2,4).

Aber auch wenn die *Chassidim* um den *Zaddik* versammelt sind und sich seinem *Awodat HaSchem* anschließen, seinem inbrünstigen «Dienst Gottes», muß sich jeder Chassid die Lehre der Weisen vor Augen halten: «Jeder Mensch muß denken: es ist für mich, für mich beabsichtigt, daß die Welt geschaffen wurde.» Die Meister des Chassidismus haben diese Lehre vertieft, indem sie weiter hinzufügen: «Jeder Mensch ist geschaffen worden, um eine Sache in dieser Welt *wieder in Stand zu setzen*. Die Welt braucht ihn daher ebenso, wie er die Welt.»

Wenn jeder Mensch persönlich und alle Menschen gemeinsam diese Lehre beherzigen, wird die Welt ihre Harmonie wiederfinden und wieder zu ihrem Schöpfer aufsteigen können.

ERSTES KAPITEL

INWIEFERN IST DIE KABBALA EINE ERKENNTNIS?

Die Kabbala macht den Menschen auf das Mysterium aufmerksam, das in ihm ist und ihn umgibt.

HaSod Hu HaJesod: «Das Mysterium ist das Fundament», so bestätigt es der Sohar. Es ist das Fundament aller Dinge.

Jegliches jüdische mystische Denken beruht auf diesem Prinzip. Die Kabbala wird insgesamt *Chochmat HaNistar* genannt, «Weisheit dessen, das verhüllt ist», *Chochmat HaEmet,* «Weisheit der Wahrheit». Diese Benennungen bedeuten nicht, daß die Kabbala alles enthüllt hat, was verhüllt war, und sie nun die ganze Wahrheit besäße. Die «Männer des Geheimnisses», *Aschei HaSod,* teilen uns in ihren Werken ihre unaufhörlichen Bemühungen mit, um «durch die Fenster zu blicken und durch die Gitter zu beobachten», nach einer Ausdrucksweise, die sie aus dem Hohenlied (2,9) entnommen haben, um Schritt für Schritt den «Glanz», die «Klarheit» und die «Wahrheit», die in allen Dingen, die da existieren, verhüllt sind, zu entdecken. Sie wünschen brennend, ihre Seele damit zu erfreuen und denjenigen, die in der Heiligkeit leben und dessen würdig sind, das wenige zu übergeben, das weiterzugeben ist. Sie erkennen an, daß sie unfähig sind, «das Licht, das verhüllt ist», von Angesicht zu Angesicht zu sehen, und die Wahrheit, die unauslotbar ist, zu durchdringen. Und doch haben sie ihr Suchen ohne Unterlaß fortgesetzt. Die Offenbarung des Lichtes in seiner ganzen Klarheit und der Wahrheit in ihrer Gesamtheit wird in den Tagen des Messias, in den Tagen der feierlichen sichtbaren Einsetzung der Herrschaft Gottes, erfolgen. Dann wird «alles Fleisch das Licht sehen», das «Licht, das Gottes Schöpfung umgibt», und «wissen», daß nur «der Ewige, Gott, Wahrheit ist».

Um die Ufer des Heils zu erreichen, genügen Suchen und

«Arbeit» der Meister der Kabbala nicht. Diese Meister wissen, daß jeder Mensch, je nach seinen Kräften (nach den «Kräften und übergeordneten Wurzeln seiner Seele»), zum Anbrechen der Tage des Messias und zur Einsetzung der Herrschaft Gottes beitragen muß. Rabbi Nachman von Brazlaw (18.–19. Jh.) bestätigt, daß ein jeder nach seinen Fähigkeiten über den Teil des Messias zu wachen hat, der in ihm ist, und diesen gegen allen Schaden schützen muß sowie dem «Dienst Gottes» beizusteuern und diesen in das Reich Gottes einzugliedern hat.

Aus diesem Grunde geben sich die Meister der Kabbala nicht damit zufrieden, «sich mit den Wurzeln der Dinge» zu befassen, sie wachen auch darüber, daß die Zweige des Baumes wachsen und sich ausstrecken ...

Sie beginnen damit, den Menschen auf das Mysterium, das er in sich trägt und das ihn umgibt, aufmerksam zu machen. Sie erklären ihm, wie oberflächlich seine Kenntnisse und seine Feststellungen sind. Dann fordern sie ihn auf, seinen Blick auf das Innere der Dinge zu richten; denn das, was er sieht, berührt und weiß, ist nur der Schein dessen, was wirklich ist, dessen, was bekannt sein müßte. Sie sind bestrebt, ihm zu verstehen zu geben, daß das, was er wahrnimmt, nur «Rinde» dessen ist, was den «leuchtenden Kern» der «Sache» umschließt. Sie wünschen, daß sich der Mensch dadurch bewußt wird, daß er in einer unbekannten Welt lebt und daß er soweit kommt, um sich grundlegende Fragen zu stellen: «Wo komme ich her und wohin gehe ich?» Daß er sich über das «Wer» und das «Was» fragt. Dann wird der Mensch verstehen, daß alles Mysterium ist, daß das Leben in ihm und um ihn herum ein Mysterium ist, und daß dieses bis zum Mysterium Gottes, dem Leben des Lebens, reicht, aus dem alles Leben hervorgeht und in den alles Leben zurückkehrt. So ist wahrlich alles, was das Denken des Menschen übersteigt, ein Mysterium.

Der Gedanke der Kabbala wirkt sich auf die Dia-
lektik der «Innerlichkeit» und der «Äußerlich-
keit», des «Verhüllten» und des «Enthüllten» aus.

Der Sohar, wie jede jüdische mystische Literatur, betrachtet
alles, was ist, als «verhüllt und enthüllt», als «Innerlichkeit
und Äußerlichkeit», als «Licht und Gefäß», als «Seele und
Leib», als «Leib und Kleidung»...

Diese Gegenüberstellung, diese Ergänzung in der Einheit,
bildet den Mittelpunkt der Realität.

Das jüdische mystische Denken wirkt sich auf die Dialektik
aus, die durch diese Ergänzung hervorgerufen wird.

Doch das, was verhüllt ist, zeigt sich.

Um das beurteilen zu können, betrachten wir diese uns
ständig gegenwärtigen Realitäten: Gott, die Thora, die Welt,
der Mensch, Israel.

Gott ist der «Verhüllte der Verhüllten»; unsere Gedanken
können das nicht erfassen, was wir in unserer so armen und
begrenzten Sprache versucht sind, seine Natur, sein Wesen zu
nennen, und was wir nur mit Achtung und aus Entfernung mit
dem Wort «ER» bezeichnen können. Und doch zeigt sich Gott
selbst durch seine Werke: «Er umgibt und erfüllt diese.» «Er
ist allgegenwärtig», er ist in unserer Nähe und deswegen können wir unser Herz zu ihm hinwenden und ihm sagen:
«DU»!...

Dennoch ist «es des Ewigen Ehre, sich mit dem Mysterium
zu umgeben und die Dinge zu verbergen» (vgl. Spr. 25,2). Er
ist der *NeElam,* der «Verhüllte», von dem alles, was da existiert, «ausgeht», und der in seinem «Wesen» verhüllt bleibt.
Seine Werke – die Thora, die Welt, der Mensch, Israel –
«sprechen» uns von ihm. In ihnen versteckt sich sein Name.
Und doch sind wir noch nicht in der Lage, ihn zu «sagen», ihn
«auszusprechen». Bisher können wir ihn, der in der Materie
«eingeschrieben», in den Stein gemeißelt und auf Pergament
geschrieben ist, nur «lesen». Für uns Menschen, für uns Israeliten, ist sein Name noch *Alam,* «verhüllt». Doch «in den
kommenden Zeiten», in den messianischen Zeiten, können
wir ihn «sagen», denn dann werden wir ihn kennen, sein «We-

sen» erfassen, indem wir seine Herrlichkeit feiern. Der Name, so lehrt uns der Sefer HaBahir, offenbart das Wesen, die Seele (desjenigen, der ihn trägt). Und Ramban (13. Jh.) unterstreicht, daß der Name Gottes, *Elokim,* die Kräfte, die in der Welt am Werk sind, darlegt und regiert; denn der göttliche Name, so sagt uns Rabbi Jossef Gikatilla (13. Jh.), ist nicht nur eine einfache Bezeichnung für Gott, er ist die Realität Gottes.

«In den kommenden Zeiten», «wenn Gott wird König sein über alle Lande; zu der Zeit wird der Ewige der einzige sein und sein Name der einzige» (Sach. 14,9).

Mit diesen Worten kündigt uns der Prophet Sacharja die messianischen Tage an, in denen sich die Herrschaft Gottes über alle Lande ausbreiten und das Wesen Gottes und der Name Gottes in ihrer eigentlichen Einheit erscheinen wird und – wenn man es zu sagen wagt – in ihrer Identität.

Die Buchstaben der Thora erwarten unsere
Kommentare; diese können unbegrenzt sein.

Die Thora, die vor Erschaffung der Welt bestand, und die deren Charta ist, ist voll der Namen Gottes. «In der Thora gibt es kein Wort, das nicht den Namen Gottes enthält», bestätigt der Sohar. Durch den *Tzeiruf,* durch die «Kombination» der Buchstaben der Thora, hat Gott die Welt geschaffen. Diese Buchstaben sind der Leib, und die sie schmückenden «Punkte» und «Akzente» sind die Seele. In dem Originaltext der Thora wie in dem *Sefer Torah,* der «Thorarolle», die für das liturgische Lesen der Thora benutzt wird, sind die Buchstaben nicht «punktiert». Dadurch wird uns offenbart, daß ihre «Natur» nicht abgegrenzt, sondern unendlich ist; denn sie geht vom Unendlichen aus. Das lehrt uns auch, daß die Buchstaben unsere Kommentare erwarten und daß diese unbegrenzt sein können. So wird in der Überlieferung berichtet, daß die Buchstaben der auf dem Sinaï in Gegenwart von sechshunderttausend erwachsenen Israeliten offenbarten Thora sechshunderttausend Kommentatoren akzeptiert haben, und daß ein jeder von ihnen mit siebenzig Kronen gekrönt wurde. Derjenige, der ein Wort der Thora, die siebenzig Zweige und siebenzig Antlitze hat, durch einen «neuen» Kommentar bereichert, empfängt seinerseits siebenzig Kronen... Die nicht «punktierten» Buchstaben der Thora, die *Gufei Torah,* die «Leiber der Thora», erwarten, daß wir ihre *Neschama,* ihre «Seele», durch die *Nekudot,* die geeigneten «Punkte» und «Akzente» enthüllen. Sie rufen uns an: «interpretiert uns» und unsere Interpretationen können ins Unendliche gehen, ohne jemals aufzuhören, richtig zu sein; denn wenn unsere Intelligenz durch die Beachtung der Vorschriften der Thora gereinigt und erleuchtet ist, dann stimmt sie mit der höheren, unendlichen Intelligenz überein und ist mit dieser vereinigt.

«Die Thora Gottes ist vollkommen.» Niemand ist bisher zu ihrer «Innerlichkeit», zu ihrem «Wesen» vorgedrungen.

«Ich habe gesehen, daß alles ein Ende hat, aber dein Gebot bleibt bestehen» (Ps. 119,96).

Ein jedes Wort der Thora und ein jeder Buchstabe, der die Worte bildet, wurden bereits in ihrer «Innerlichkeit» von den «Weisen» überprüft. Sie haben daraus einen kostbaren Inhalt gezogen, und dennoch verbergen ein jedes Wort und ein jeder Buchstabe noch zahllose Reichtümer, die darauf warten, geerntet zu werden. Jedes Wort der Thora muß auf vier Ebenen der Bedeutung gelesen werden, indem von dem *Peschat,* dem «wörtlichen» Sinn, ausgegangen wird und der *Sod,* das «Geheimnis», zu erreichen ist.

Nachdem diese vier «Grade» durchlaufen sind, entdeckt man, wie der Gaon von Wilna (18. Jh.), daß der *Sod* den *Peschat* beinhaltet und daß der *Peschat* den *Sod* verbirgt. In ihrer «Innerlichkeit decken sie sich vollkommen und lassen sich nicht mehr voneinander unterscheiden. Sie bestätigen einander bis zu dem Maß, zu dem sie miteinander verschmelzen.

Ebenso wird die *Halacha,* das jüdische religiöse Gesetz, von der *Kabbala,* der jüdischen Mystik, bestätigt und erleuchtet, wie auch in umgekehrter Weise. Das Bestehen dieser Beziehung zwischen *Halacha* und *Kabbala* wurde von dem berühmten Kodifikatoren, Rabbi Jossef Karo (16. Jh.) und dessen Mitbürger, dem Ari HaKadosch, vermutet und verstanden. Viele Vertreter der verschiedenen kabbalistischen Schulen haben das gelehrt und aufgezeigt, wie es auch in modernen Zeiten durch Rabbi Nachman von Brazlaw (18.–19. Jh.) und Ben Isch Chai (19.–20. Jh.) noch der Fall ist.

Und dennoch bleiben die meisten der *Sitre Torah,* der *Rase Torah,* der «Geheimnisse der Thora», in dem «Inneren» der Thora, in ihrer *Penimiut* versteckt. Sie sind dort beinahe noch alle «im reinen Zustand» erhalten, was dem Baal Schem Tow (18. Jh.) erlaubte, die Worte des König David über die Thora aufzugreifen: *Torat HaSchem Temima,* «die Thora Gottes ist vollkommen» (Ps. 19,8). Niemand ist bisher zu ihrem Wesen vorgedrungen, und Sie wird bis zu den Tagen des Messias intakt bleiben. Dann, in jenen Tagen, wird die Thora vollkommen verstanden und ihre Vorschriften werden ganz und gar beachtet werden. In jenen Tagen wird der Jude schließlich die Erfüllung der Bitte erleben, die der König David auf seine Lippen gebracht hatte: «Öffne mir die Augen, daß ich sehe die Wunder deiner Thora» (Ps. 119,18).

Die Welt ist ebenfalls ein Mysterium. Derjenige, der uns «enthüllt» erscheint, heißt *Olam,* was «verhüllt» bedeutet. Wegen des «Verhüllten» heißt er *Olam* und dank demjenigen, der da «verhüllt» ist, besteht die Welt. Die Welt versteckt in ihrer Innerlichkeit die Gegenwart des *NeElam,* des «Verhüllten», der sie zum Leben anfacht. Die Welt wird *Olam* genannt, um uns zum *NeElam* zu führen, zur göttlichen Seele, die die Welt belebt, die ihr ihre *Chijut,* ihre «Vitalität», gibt. Die Seele erfüllt den Leib der Welt wie die Seele den Leib des Menschen füllt. Weder die eine noch die andere können gesehen oder lokalisiert werden. «Sie ist überall gegenwärtig und nirgends sichtbar.» Wie der Mensch nur Mensch durch seine Seele ist und ohne diese tot ist, ist die Welt nicht durch ihre Natur Welt, sondern durch ihre Seele, und ohne diese ist die Welt tot.

Das Mysterium des *Olam,* der «Welt», wird bis zu den Tagen des Messias bestehen bleiben. Dann wird sich das in der Welt Verhüllte enthüllen und sich zu einer perfekten Einheit verschmelzen. Das, was enthüllt ist, wird verhüllt sein, und das, was verhüllt ist, wird enthüllt werden. So beschreiben der Schela HaKadosch (16.–17. Jh.) und der Raw Kuk (20. Jh.) die Welt in den Tagen des Messias.

Die «offene» und die «geschlossene» Welt. Der
Mensch ist eine «kleine Welt». Sein «Bewußtes»,
und sein «Unbewußtes». Die Träume.

Die Welt scheint «offen» zu sein, doch bleibt sie in Wirklichkeit dem Menschen verschlossen, der selbst eine «kleine Welt» ist. Die Wissenschaftler unserer Zeit beginnen, diese Wahrheiten, diese Realitäten zu erkennen.

Der Mensch ist nicht nur unfähig, die Gedanken des Nächsten zu durchdringen, sondern auch, sich selbst voll und ganz zu erkennen. Er kann seinen eigenen Gedanken nicht an seinem Ursprung erfassen, denn dieser beschränkt sich nicht auf die kognitive Dimension. «In der Höhe seiner Tiefe und in der Tiefe seiner Höhe» entgleitet dem Menschen der eigene Gedanke. Als Objekt der vernunftmäßigen Erkenntnis ist der Gedanke nur ein Teil des ganzen Denkens. Ein großer Teil dieses bleibt im «Unbewußten» des Menschen verborgen, in den Tiefen seines Seins. Er ist im Zustand des Wachens nicht greifbar und erscheint nur flüchtig in dem «Unterbewußtsein». Das «Unbewußte» des Menschen ist manchmal stärker als sein «bewußter» Gedanke, und der Bereich des ersteren ist viel weiter gespannt als der kognitive Bereich des zweiten. Das «Unbewußte» kennt den Menschen in der Ganzheitlichkeit seines Wesens. In seiner Gegenwart, die sich aus seiner Vergangenheit ergibt und ihn mit seiner Zukunft verbindet, «sieht es, was der Mensch nicht sieht».

Aus diesem Grunde haben sich die Weisen des Talmuds und die Kabbalisten so häufig mit der Bedeutung der Träume befaßt. Sie haben das gesammelt, was das Unbewußte ihnen über

die menschliche Persönlichkeit offenbart, wenn es im Unterbewußtsein gegenwärtig geworden ist. Die in der Bibel wie-
dergegebenen Träume haben sie zu der Erkenntnis gebracht,
daß der Traum des Menschen wie ein blinder Spiegel der Tiefen seines Wesens ist, und daß der Inhalt, die Qualität und die
Reichweite eines Traumes von dem Wert des träumenden
Menschen abhängen. Die Kabbalisten haben daher den
«Traumzeichen» sehr viel Aufmerksamkeit gewidmet, indem
sie versuchten, diese zu entziffern und bestrebt waren, die
Bilder und die Worte zu analysieren, indem sie sie «interpre-
tierten». Die daraus gezogenen Wahrheiten und Lehren waren
sicherlich psychologischer Ordnung, doch vor allem religiöser
und moralischer Ordnung; denn die Kabbalisten erkannten
an, daß die psychische Welt des Menschen einer Hierarchie
unterstellt ist.

Das Mysterium des Menschen bleibt bestehen. Erst in den
Tagen des Messias, wenn Leib und Seele des Menschen nur
noch eines bilden, und der Leib «vergeistigt» und die Seele
«materialisiert» sein werden, dann wird das Mysterium des
Menschen «entdeckt» sein.

Israel wird Mensch geheißen, denn es inkarniert
das Mysterium des Menschen.

«Israel wird Mensch geheißen.» Wenn es Mensch geheißen
wird, so, weil es zur Berufung hat, in sich alles das zu erfüllen, was der Mensch zu sein hat, nämlich ganz so zu sein,
wie der Schöpfer es gewollt hatte, als er den Menschen
schuf. Aus diesem Grunde wird sich in den messianischen
Zeiten jeder Mensch im Menschen, in Israel, wiedererken-
nen können.

Doch wenn «Israel Mensch geheißen wird», so vor allem,
weil es das Mysterium des Menschen inkarniert: den sichtbaren Leib und die unsichtbare Seele, die auf wunderbare und
«mysteriöse» Weise durch den Schöpfer vereinigt sind (wie
der Rema [16. Jh.], es in seinem Kommentar über ein tägli-
ches Gebet hervorhebt»). Als Volk und als Person – denn der

70

Jude wird selbst auch Israel geheißen – personifiziert Israel das Mysterium des Menschen. Das Volk Israel, einzig unter den Völkern, personifiziert dieses Mysterium existentiell und historisch gesehen zum höchsten Grade.

Die Vertreter der verschiedenen historischen Schulen haben umsonst nach einer vernunftsmäßigen Erklärung des einzigartigen Phänomens des Fortbestandes des Volkes Israel gesucht. Keine ihrer Antworten ist triftig genug. Die Gesetzmäßigkeiten der Geschichte und der Soziologie können das «übernatürliche Phänomen» des Lebens, des Überlebens, des Volkes Israel, nicht erklären. Der *Sod Hakijum*, das «Geheimnis der Existenz», dieses Volkes bleibt – trotz aller Schicksalsschläge – intakt. Die Meister der Kabbala sagen uns, daß nur die besondere Beziehung, die zwischen dem, der das Mysterium der Mysterien ist, und seinem Volk – in dessen Namen er seinen Namen eingraviert hat: IsraEL – besteht das Mysterium des «abrahamischen Hinausgehen dieses Volkes über die Normen», seines Übersteigens der «natürlichen Ordnung», aufklären könne.

Das Mysterium des Volkes Israel wird erst in den Tagen des Messias «aufgedeckt» werden, wenn die «Völker der Erde» die vollkommene Vereinigung des Leibes und der Seele im Dienste Gottes in Israel anerkennen werden. Dann werden sie ausrufen: «Kommt, laßt uns hinauf zum Berge des Ewigen gehen und zum Hause des Gottes Jakobs, daß er uns lehre seine Wege und wir in seinen Pfaden wandeln, denn von Zion wird die Thora ausgehen und das Wort des Ewigen von Jerusalem» (Mich. 4,2).

Die «Tage des Messias». Erwartung und Vorbereitung.

Die Meister der Kabbala, die *Anschei HaSod*, die «Männer des Geheimnisses», verlegen nicht die ganze Offenbarung des Mysteriums und der sich daraus ergebenden Mysterien auf die Tage des Messias. Denn dann hätte der Mensch keinen Wunsch mehr, die Zeit dieser Offenbarung durch seine «Arbeit» beschleunigt herbeizuführen. Dann würde der Mensch nichts mehr unternehmen, nichts mehr planen und das moralische Leben sowie die Geschichte wären wie gelähmt. Dann wäre diese Offenbarung wie ein Ereignis, das «wir erwarten» und passiv erhofften, indem wir meinten, keinen Einfluß darauf zu haben. Doch zeichnet sich die jüdische Mystik, die Kabbala, durch ihren aktiven schöpferischen Geist, durch ihren konstruktiven Willen aus, den sie in geistigen und materiellen Bereichen, die für den «Dienst Gottes» und folglich für den Menschen und für die Welt vereinigt sind, aufzeigt.

Sicherlich werden die Tage des Messias «plötzlich» kommen, *BeHesach HaDaat*, «unvorbereitet», wenn man nicht daran denkt. Und doch werden sie eine Zeit der Erwartung und der Hoffnung krönen. Diese Erwartung und diese Hoffnung drücken sich durch das «Studium der Thora», durch die Einreihung der Zeit dieses Studiums in die ewige Zeit der Thora und durch die Intensivierung der moralischen Tätigkeit aus. Diese Tätigkeit, dieses moralische Leben, wird von der Thora und den Mizwot gelenkt und muß zur Konkretisierung der *Emuna*, des «Glaubens» an Gott, in der *emuna*, in dem «Vertrauen» in den Menschen, führen. *Chajei Olam*, das «ewige Leben» in der Thora verbindet den Juden mit Gott, vereinigt sich mit der *Chajei Schaah*, dem «Leben der Stunde», das den Juden mit seinem Nächsten verbindet; gemeinsam bereiten sie die *Chajei Olam HaBa*, das «Leben der da kommenden Welt», vor.

Das Mysterium und die Mysterien, die sich daraus ergeben, werden enthüllt werden, wenn «sich sein Reich bald zeigen wird». Die Weisen wünschen, daß dieser *Gilui Schechina*, diese Offenbarung der «göttlichen Gegenwart», der *Malchut*, des «Reiches bald, in unseren Tagen» stattfindet! Doch ob diese Offenbarung verzögert oder beschleunigt wird, hängt von der «Arbeit» des Menschen, von seiner Zusammenarbeit mit Gott, von der Beharrlichkeit des Juden ab, mit der er die Thora Gottes in aller Tiefe studiert und von der ernsthaften Beachtung der Mizwot Gottes.

Es ist dem Juden nicht nur erlaubt, sondern befohlen, eine

große Anzahl von Mysterien vor den Tagen des Messias zu durchdringen oder zumindestens wahrzunehmen. Die Meister der Kabbala ermahnen ihre Anhänger, in die Mysterien, die in ihnen und um sie herum sind, soweit wie möglich einzudringen. Dies wird ihnen gelingen, indem «sie sich durch das, was ihnen erlaubt ist», im täglichen Leben «heiligen». Für dieses Werk der Heiligung hat Gott dem Menschen die «Vernunft» gegeben und dieser Gabe («Bildnis Gottes»!) muß sich der Mensch mit Respekt bedienen.

Die reine Vernunft und die praktische Intelligenz führen zusammen zu *Daat*, zur «Erkenntnis». Der Messias selbst personifiziert zum höchsten Grade diese *daat*, denn sie ist die *Daat HaSchem*, die «Erkenntnis Gottes», die die Erde «in jenen Tagen» erfüllen wird, wie «die Wasser den Boden des Meeres bedecken» (Jes. 11,9). Doch der Mensch, der Mensch des «praktischen Ideals», der aufgerufen ist, für das Kommen jener Tage zu «arbeiten», ist nur durch die *Daat*, durch die «Erkenntnis», Mensch, so lehren es die Meister der Kabbala.

Die «Erkenntnis» ist nicht definierbar. Intellektuelle Fähigkeit und ethischer Wert.

Doch welches ist diese «Erkenntnis», die die Herrlichkeit des Menschen ausmacht?

Sie ist weder durch die Beziehung zum äußeren Objekt, das sie untersucht, noch durch die Beziehung zu sich selbst, wenn sie «sich denkt», definierbar. Die Erkenntnis vollzieht sich im Denken, das bezweckt, die Dinge zu erforschen; und doch sind die Dinge *in sich selbst* unerkennbar, wie bereits Spencer behauptete (und die gegenwärtigen Vertreter der Physik bestätigen diese Feststellung); und die «Erkenntnis» selbst, als ein Mittel für Untersuchungen und Erklärungen, bleibt ein Mysterium.

Die *Daat*, die «Erkenntnis», ergibt sich aus der *Jedia*, dem «Wissen». Und die Meister der Kabbala sagen, daß die *Jedia* selbst niemals vollkommen, niemals sicher ist; denn sie ist ein Wissen um die «Wahrscheinlichkeiten». (So drückt sich übrigens auch der berühmte Physiker unserer Zeit, Werner Heisenberg*), aus.)

Die *Daat*, zu der die *Jedia* führt, ist ein um so größeres Mysterium, da sie sich für «reines Denken» hält.

Und doch ist auch das Denken ein Mysterium (das auch von der zeitgenössischen Wissenschaft, die in der Erforschung des «wunderbaren» menschlichen Gehirns fortschreitet, nicht erfaßt werden kann).

Doch bleibt noch die «Selbsterkenntnis», zu der die Meister der Kabbala (und in ihrer Nachfolge auch die Meister der «moralistischen intellektualistischen *Mussar*-Bewegung, die im 19. Jahrhundert in Litauen entstand) den jüdischen Menschen auffordern. Diese Selbsterkenntnis hat tiefgreifende religiöse Auswirkungen und weitgehende moralische Anwendungen. Deshalb ist sie dem jüdischen Menschen durch die *Anschei HaSod*, die «Männer des Geheimnisses», dringlich empfohlen, die auch die *Jodei CheiN*, diejenigen sind, «die die Gnade kennen», die *Jodei Chochma Nistara*, «diejenigen, die die versteckte Weisheit kennen».

Sie werden zu Recht diejenigen genannt, «die die Gnade kennen»; denn für sie ist die Erkenntnis noch mehr als eine intellektuelle Fähigkeit, nämlich ein ethischer Wert. Sie «senkt die Weisheit in das *Herz* des Menschen». Indem wir anerkennen, daß der Ewige Gott ist, daß seine Thora höchste Weisheit ist, gelangen wir zu dieser Erkenntnis. Es steht geschrieben (Deut. 4, 39–40): «So sollst du nun heute wissen und zu Herzen nehmen, daß der Ewige Gott ist oben im Himmel und unten auf Erden und sonst keiner und sollst halten seine Gesetze und seine Gebote, auf daß es dir wohlergehen werde.» In Wahrheit ist die *Daat Torah*, die thoraische Erkenntnis, klar und sicher. Für die Meister der Kabbala, wie für Maïmonides, ist die *Daat* die Verbindung, die den Menschen an seinen Gott bindet; denn sie ist «eine Gnade, die Du», der Schöpfer, «die Du dem Menschen geschenkt hast», der es verdient.

---

*) Vgl. Alexandre SAFRAN, die Kabbala, Francke Verlag Bern und München, S. 289–296.

Die *Daat* heißt «Verknüpfung», Verbindung. *WeHaAdam Jada Et Chawa Ischto*, «und Adam erkannte Eva, sein Weib», und «Adam vereinigte sich mit Eva, seinem Weibe» (Gen. 4,1).

Die *Daat* zwischen den Menschen, zwischen Ehegatten, spiegelt die *Daat* wieder, die Gott mit dem Menschen und mit seinem Volk verbindet. Somit sagt Gott über Abraham: *Ki JeDatiw*, «ich habe ihn erkannt» (Gen. 18,19), «ich habe ihn in Liebe erkannt». *WaJeiDa Elokim*, «und Gott erkannte (die beklagenswerte Lage Israels in der ägyptischen Knechtschaft)» (Exod. 2,25). «Er wandte ihm sein Herz zu.»

Die *Daat* ist daher eine vernunftsmäßige und herzensmäßige «Erkenntnis». Für den Rationalisten Maïmonides, den Wissenschaftler, so wie für die mystischen Meister der Kabbala, hat die *Daat* eine ethische Reichweite und ein ethisches Ziel (dort, wo die moralische Absicht, also die Absicht, Gutes zu tun, fehlt, wird die Wissenschaft wahrscheinlich in denen, die sie kennen, zu einer «Intelligenz, um das Böse zu tun» führen).

Die *Daat*, die «Erkenntnis», ist daher keine perfekte intellektuelle Kategorie, sondern ein zu perfektionierender ethischer Wert, den der «Weise» suchen muß, ohne ihn jemals als Erlangen seiner eigenen Perfektion zu betrachten. Der Wert ist eine Tugend, die derjenige, der über die «Intelligenz» und den Wunsch verfügt, immer mehr zu wissen, zu erlangen, und durch seine *Daat HaSchem*, durch seine «Erkenntnis Gottes», zu aktivieren sucht. Indem er «Gott erkennt», wird er die Dinge besser kennen; sie werden in seinen Augen «transparenter» erscheinen, und er wird seinen Nächsten besser erkennen, der «sich» seinen Blicken «öffnen» wird.

Dank der *Daat HaSchem* wird sich der Mensch mit dem Schöpfer, dem Besitzer aller Dinge, «verbinden»; daher wird er sich auch mit seiner Schöpfung, mit seinen Geschöpfen «verbinden».

Er wird «Gott nachahmen». Und doch gibt es nur eine *Imitatio Dei*, die die Weisen Israels kennen und dem Menschen empfehlen; nämlich die Nachahmung der Güte und der Barmherzigkeit Gottes.

Natur und Gesellschaft. Die erste ist keine amorphe Materie und die zweite keine konventionelle Organisation. Der Mensch erweist dem Nächsten «die Güte», zu der er verpflichtet ist.

Die *Daat HaSchem*, die «Erkenntnis Gottes», «verbindet», «vereinigt» den Menschen mit demjenigen, der alles geschaffen hat und aus dem alles hervorgeht, mit demjenigen, der «in seiner Güte die Wunder seiner Schöpfung jeden Tag erneuert» und «in seiner Großzügigkeit alle Dinge leben läßt und speist». Dank dieser «Verbindung» mit Gott kann sich der Mensch mit einer veredelten Liebe, die allen Egoismus und jeder Eigenliebe entblößt ist, mit sich selbst, mit seinem eigenen Wesen, das die Wurzeln *in* dem Wesen seines Gottes hat, «verbinden», «vereinigen». Er kann sich auch mit allem, das besteht, mit einer erleuchteteren durchdringenden Liebe «verbinden», «vereinigen». Denn alles, was da ist, besteht durch Gott, der alle Geschöpfe transzendiert und in Gott, der in aller Kreatur immanent ist.

Der Mensch soll nicht bestrebt sein, die Natur zu beherrschen, auszubeuten oder zu besitzen. Er soll lediglich versuchen, sich dem, was Gott erschaffen hat, dem, das seinem Willen gehorcht, friedfertig zu nähern, indem er die unveränderbaren Gebote Gottes befolgt. Bei einer jeden Sache, die der Mensch in Angriff nimmt, wird er sich in der Tiefe seines Wesens daran erinnern, daß in allem, was besteht, die Göttlichkeit verborgen ist, mit der er sich selbst so verbunden fühlt und von der er weiß, daß sie in ihm wohnt. Er spürt, daß die göttliche Gegenwart, die *Schechina*, in ihm zu wohnen wünscht.

Der Mensch soll nicht versuchen, die Gesellschaft mit Feindseligkeit herauszufordern, doch soll er sich ihr auch nicht blind unterordnen. Er soll sich lediglich dem zugesellen, was Gott erschaffen hat und sich mit denen zusammentun, die

76

freiwillig Gottes Willen ausführen, indem er seine moralischen Gesetze «in Gerechtigkeit und Güte» (Mich. 6,8) achten, auf daß Gott «unter ihnen» wohne (vgl. Exod. 25,8).

In den Augen eines solchen Menschen ist die Natur daher keine amorphe Materie, sondern ein durch Gott belebter Organismus, der diesen geschaffen hat (der numerische Wert seines Namens: *Elohim*, «Gott», ist derselbe, wie derjenige des Wortes *HaTewa*, «die Natur», nämlich 86). Die Natur hat ihre Persönlichkeit, wie Jerusalem, hat ihren «Mittelpunkt», den «Thron Gottes».

Die Gesellschaft ist für diesen Menschen keine konventionelle Organisation, die künstlich von den Menschen gemeinsamen Interesses gebildet wird. Sie ist ein lebender kohärenter und von demjenigen regierter Organismus, der ihn gebildet hat und ihn belebt. Die Gesellschaft – die Nation – hat ihre Persönlichkeit, wie Israel, das «Herz der Nationen», das «Volk Gottes».

Dieser Mensch bewundert die Vielfalt der Elemente, aus denen sich die Natur zusammensetzt und die sich harmonisch zur Geltung bringen. Er dankt dem Schöpfer für die Reichtümer, die er ihm durch die Natur bietet, und die er mit Nachlässigkeit und im Frieden mit seinesgleichen nutzen soll.

Er schätzt die Gesellschaft, der er sich freiwillig zuordnet sowie deren Vielfalt in der Einheit. Die Kompagnie der Menschen, die die Gesellschaft bilden und sich gegenseitig vervollständigen, gefällt ihm. Indem er die «Identität» eines jeden Menschen achtet, lobt er den Schöpfer dafür, daß er einem jeden Menschen, diesem wunderbaren Wesen, einen Platz in der Gesellschaft gegeben hat. In der Gesellschaft «unterscheidet» sich jeder Mensch von demjenigen, der nicht nur «seinesgleichen» ist, sondern er steht auch vor dem gemeinsamen Schöpfer mit diesem auf gleicher Ebene. Er dankt Gott dafür, daß er jeden Menschen angehalten hat, seinesgleichen das zu bringen, was ihm «fehlt», denn somit kann und muß jeder Mensch Güte und Gerechtigkeit walten lassen. Gott «hat zahlreiche Wesen geschaffen», jedoch einen jeden mit einem «Manko» ausgestattet (und mit «seinen Bedürfnissen», die er durch seine Arbeit befriedigen muß – und im Gegensatz zum

Tier ist es eine Ehre des Menschen, mit der Hilfe seines Nächsten für seinen Unterhalt arbeiten zu müssen).*)

Ohne Ausnahme ist jeder Mensch somit angehalten, «dem Nächsten die Güte – die Gnade – zu erweisen, zu der er verpflichtet ist». Er muß ein *Gomel Chessed* sein. Der *Gomel Chessed* ist derjenige, der gegenüber seinem Nächsten eine Schuld der Nächstenliebe begleicht.

Abraham, der Hebräer, der Vater des Volkes Israel, der «erste Gläubige», der «Gott erkannte», und der «diesen der Welt bekanntmachte», hatte als bezeichnende Haupttugend die *Gemilut Chassadim*, die Tugend, «Gnaden zu begleichen». «So beginnt und schließt» die Thora Israels «zum Beispiel mit dem *Gemilut Chassadim*».

In der Gesellschaft, wie in der Natur, ist die gegenseitige Abhängigkeit zwingend. Doch in einer Gesellschaftschaft, in der die *Gemilut Chassadim* praktiziert wird, wird die menschliche Person für das gehalten, was sie hat und was sie nicht hat. Ein jeder Mensch – wer er auch immer sein mag – muß sich seinem Nächsten, und umgekehrt, zur Verfügung stellen. Diese gegenseitige Verantwortlichkeit wurde dem Wesen der menschlichen Gesellschaft von dem Schöpfer aufgeprägt. Er wollte, daß der Mensch zugleich derjenige ist, der da empfängt und der da gibt.

In einer solchen Gesellschaft wird der einzelne weder von der Masse ausgelöscht noch erdrückt. Jeder kann sich moralisch gesehen entfalten und seine materiellen Bedürfnisse in einem angemessenen Maße befriedigen. Die materiellen und politischen Interessen einer Minderheit werden nicht auf Kosten der Mehrheit gewahrt. Jeder hat seinen Platz, und niemand versucht, ihm diesen abspenstig zu machen. Ein jeder kann sich sagen: «Ich bin ein Geschöpf (Gottes), und mein Nächster ist auch ein Geschöpf (Gottes).» Durch das Wesen und die Bedingung, die der Schöpfer einem jeden Menschen

---

*) Gott hat diese Welt und die übergeordneten Welten erschaffen, die alle wunderbar sind; doch hat er diesen absichtlich «ein Manko» hinterlassen, damit der Mensch das Privileg hat, dieses zu decken, es zu «reparieren» und sein *Tikkun* herbeizuführen.

gegeben hat, ist er «Fremdling und Einheimischer» zugleich
(vgl. Gen. 23,4). «Denn die Erde ist des Herrn und was darinnen ist» (Ps. 24,1). «Gottes ist die Majestät und Gewalt, die
Herrlichkeit, der Sieg und die Hoheit. Er ist erhöht zum
Haupt über alles» (Chron. I, 29,11). «Was ist der Mensch, daß
du seiner gedenkest?» (Ps. 8,5).

Der Mensch und die Natur. Ökologische Erfordernisse.

Der König David wußte um die Zerbrechlichkeit der menschlichen Existenz, und er fragte sich ängstlich: «Was ist der
Mensch, daß du seiner gedenkst?» Und doch war er alsbald
über die Ehre entzückt, die der Schöpfer dem Menschen er-
wiesen hat, indem er ihm die Welt anvertraute. Von der Bewunderung hingerissen, hat der König David in seinen Psalmen ausgerufen: «Und doch mit Ehre und Herrlichkeit hast
du ihn gekrönt. Du hast ihn zum Herrn gemacht über deiner
Hände Werk, alles hast du unter seine Füße getan: Schafe und
Rinder allzumal, dazu auch die wilden Tiere, die Vögel unter
dem Himmel und die Fische im Meer und alles, was die Meere
durchzieht. Herr unser Herrscher, wie herrlich ist dein Name
in allen Landen!»

Der Mensch darf sich durch die Macht, die er vom Schöpfer
erhalten hat, nicht trunken und nicht stolz machen lassen.
Ganz im Gegenteil regt sie ihn dazu an, demütig zu bleiben,
und der Schöpfer setzt ihm selbst dafür ein Beispiel: «Dort,
wo seine Größe ist, wirst du seine Bescheidenheit finden.»

Demütig angesichts seines Schöpfers und dankbar für alle
seine Wohltaten betrachtet der Mensch die Natur mit Respekt. Er nähert sich ihr, ohne ihr irgendeinen Schaden zuzu-
fügen. Er betrachtet sie mit Bewunderung als das herrliche
Werk seines Schöpfers: «Groß sind *deine* Werke, o Ewiger!»

Die Achtung, die der Mensch vor der Natur hat, hat er auch
gleichzeitig vor seinem Schöpfer. In der Natur achtet er alles,
was sich dort bewegt und was dort lebt sowie auch den Plan
des Urhebers selbst, nämlich «die wunderbaren Gedanken»,

die den Ausgang seines Werkes bilden. Er achtet das Werk des Künstlers, seine Anordnung, seinen Inhalt und seine «Arten», «eine jede in ihrer Form». Er hat sie alle mit Weisheit geschaffen.

Er hat nichts Unnützes geschaffen. Während der Mensch dieses Wunderwerk betrachtet, hört er dennoch die Warnung seines Schöpfers: «Siehe, wie schön mein Werk ist! Alles, was ich erschaffen habe, habe ich für dich erschaffen. Hüte dich, zu sündigen und meine Schöpfung zu beschädigen; denn wenn du sündigst, wenn du sie beschädigst, kann nach dir keiner sie mehr instandsetzen!»

Deswegen schenken die Meister der Kabbala den biblischen und talmudischen Vorschriften, die den Juden anhalten, die Natur zu achten – und zwar in ihrer Gesamtheit und in ihrer gesamtheitlichen Persönlichkeit, wie in der Persönlichkeit einer jeden ihrer Arten und ihrer Elemente, besondere Aufmerksamkeit.

Aus diesem Grunde sind die Meister der Kabbala sehr um die Verbote in der Thora hinsichtlich der Kreuzungen von Pflanzen und Tierarten besorgt. Sie sehen in der Mischung von Pflanzen und in der Kreuzung von Tieren zweierlei unterschiedlicher Arten eine ernste Sünde. Denn dadurch wird die Integrität eines jeden «Wesens» beeinträchtigt (im Inneren eines jeden, wie «einer jeden Sache», ist ein Funke der Göttlichkeit verborgen, und vor allem ist dadurch ihr Schöpfer außer sich; denn er hat sie alle nach «ihrer Art» erschaffen).

Wenn die Meister der Kabbala ein so schwerwiegendes Urteil gegen die naturwidrige Kreuzung von Pflanzen und Tieren fällen, so nur, weil sie der Ansicht sind, daß alle die «Elemente», aus denen sich die Natur zusammensetzt und die diese bevölkern, eigentlich im Menschen vorhanden sind. Der Mensch vertritt und inkarniert diese. Er ist für sie verantwortlich, denn er ist aufgerufen, diese, ein jedes in seiner individuellen Integrität, zu ihrem Schöpfer zurückzuführen.

Nimmt der Mensch diese naturwidrigen Kreuzungen bei Pflanzen und Tieren vor, so schädigt der Mensch sich daher indirekt selbst und nicht nur direkt diejenigen, die er wie Dinge manipuliert und von denen er meint, er könne sie nach seinem eigenen Gutdünken behandeln. Solche Manipulationen beeinträchtigen den Menschen, deren Objekt er ist, in seiner Ehre, doch können diese ihn auch dann in seinem tiefen Wesen, in seinen erblichen Tiefen, schädigen, wenn die Manipulationen zu verheerenden genetischen Experimenten führen, so wie zu den praktischen Versuchen mit Menschen. Die Meister der Kabbala haben diese Folgen vorausgesehen und sich vor ihnen gefürchtet.

Die modernen Biologen nehmen sich das Recht heraus, zu versuchen, die Grundstrukturen des Menschen zu verändern und geben sich genetischen Manipulationen hin, die auf medizinischem Gebiet einige Vorteile bringen können; die jedoch – wenn sie die Grenzen dessen überschreiten, «was von dem Schöpfer erlaubt ist» – das menschliche genetische Erbe schwerwiegend schädigen können. Diese Manipulationen gefährden das prekäre psychosomatische Gleichgewicht des Menschen dadurch, daß sie es umwerfen und diesem Risse zufügen. Somit können sie die Urteilskraft des Menschen zerstören und ihm die freie Verfügbarkeit über sich selbst absprechen.

Das einer Person zugefügte Unrecht ist mit dem einer Sache zugefügten Schaden verwandt.

In der halachischen sowie in der mystischen Literatur spielen das Prinzip des «Schadens» sowie dessen Grundlage und Auswirkung, eine wichtige Rolle. Die halachischen Vorschriften und deren juristische Motivierungen werden durch ein inneres Band mit den mystischen Betrachtungen und deren ethischen und philosophischen Rechtfertigungen verbunden. In der einen wie in der anderen Literatur ist das einer Person zugefügte Unrecht mit dem Schaden, der einer Sache, einem Objekt zugefügt wird, verbunden. Nach den Meistern der Kabbala fügt der Mensch seinem Nächsten dann einen Schaden zu, wenn er ihn in seinem Geist «verachtet», ihn als eine gefühllose «Sache» betrachtet; wenn er den *Davar*, das «Wort», das sein Nächster an ihn wendet, das «Wort», das dessen Spiritualität, dessen Einzigartigkeit, dessen Seele und der Achtung würdigen Intelligenz ausdrückt, als ein *davar*, eine amorphe «Sache», aufnimmt. Und der Mensch schädigt eine Sache, wenn er diese in seinem Geist als nicht belebt betrachtet. Das, was zu Unrecht «belebtes Wesen» und «unbelebte Sache» genannt wird, gehört zu derselben kosmischen Realität, die ganz und gar durch den göttlichen Hauch, der sie durchweht, belebt ist. Dieser Hauch zeigt sich klarer beim Menschen als beim Tier, in dem Tierreich klarer als in dem Pflanzenreich und in dem Pflanzenreich klarer als in dem Mineralienbereich. Doch bilden alle diese Reiche eine kohärente Einheit, in der die verschiedenen Elemente eng miteinander verbunden sind.

Die gegenwärtige wissenschaftliche Auffassung deckt sich mit der kosmologischen wissenschaftlichen Auffassung der Kabbala. Denn die gegenwärtige wissenschaftliche Philosophie ist – da sie von der klassischen dogmatischen Bestimmtheit befreit ist, und die Rolle der Energie, nämlich des unendlich kleinen bis zum unendlich großen, ohne welche die sogenannte Materie nicht bestehen kann, hervorkehrt und dadurch die schrittweise Freiheit auf allen Ebenen der physischen Realität anerkennt – der wissenschaftlichen Philosophie der Kabbala sehr nahe.

Sich auf die gesetzlichen Vorschriften in der Thora und im Talmud stützend, verbinden die Meister der Kabbala die der Natur, ihrer «Person» und ihrer «Güter», zugefügte Verschlechterung mit dem Unrecht, das dem Nächsten, seiner Person und seinen Gütern, widerfahren ist. Das Verhalten des Menschen gegenüber der Natur wird ebenso ernsthaft beurteilt wie dessen Verhalten gegenüber seinem Nächsten.

Durch Beschädigung der Natur verschlechtert der Mensch das «Werk Gottes»; durch einen Schlag gegen den Nächsten «beeinträchtigt» er das Bildnis Gottes.

Schließlich gibt es im Verhalten des Menschen gegenüber Gott, «dem Schöpfer der Welt», «dem Meister aller Dinge», noch einen anderen Aspekt.

Durch Beschädigung der Natur verschlechtert der Mensch das «Werk Gottes»; durch einen Schlag gegen den Nächsten «beeinträchtigt» er das Bildnis Gottes. Wenn er den Zorn, den er gegen seinen Nächsten hegt, durch das «Zerbrechen eines Gegenstandes» zeigt, verstößt der Mensch gegen das Gebot: «nicht zu zerstören»: *Bal Taschchit*, er «macht sich der Vergeudung schuldig». Er ist wie ein Götzendiener, der gestern die Gegenstände sorgfältig verehrte und hütete und sie heute zerstört... Wirft der Mensch Nahrungsmittel fort und vernachlässigt er sogar, «die Brotkrumen» zu sammeln und für diejenigen aufzubewahren, die sie brauchen könnten, macht sich der Mensch der Vergeudung und des «Verstoßes gegen die Nahrungsmittel» schuldig: *Bizui Ochel (Bizajon BeOchlin)* und dadurch bringt er «denjenigen in Zorn», der alle «speist und erhält, der das Überleben der Wesen gewährleistet, die er geschaffen hat».

Die Wichtigkeit des Baumes im Denken der Kabbala.

Das religiöse Gesetz sowie das jüdische mystische Denken gründen das Verbot, irgend jemanden – sogar sich selbst – zu schädigen und irgend etwas zu verschlechtern, auf den Bibelvers: «Du sollst die Bäume nicht verderben...» (Deut. 20, 19–20).

Der Baum, der Freund des Menschen, symbolisiert das Leben. Er ist der «Baum des Lebens». Er stellt das Leben im weitesten Sinne des Wortes dar, indem er die belebten und unbelebten Dinge einbezieht. Die Achtung vor einem jeden Wesen, einer jeden Sache hat als Vorbild die Achtung, die wir vor dem Baum haben sollen. Vor dem Baum, der in der Kabbala Gott selbst personifiziert, den Schöpfer und dessen schöpferischen Kräfte; nämlich den sefirotischen Baum.

Aus diesem Grunde ist unter allen Elementen der Natur – die zu Unrecht «unbelebt» genannt werden – der Baum derjenige, mit dem sich die Thora, die Weisen und die Kabbalisten insbesondere befassen. Sie sorgen sich um den Schutz der ganzen Natur, sind entschlossen gegen ihre Verschlechterung und sinnlose Ausbeutung; doch versuchen sie, den Baum mit besonderem Nachdruck zu schützen. Und dies nicht nur in Friedenszeiten, sondern sogar in außerordentlichen Umständen, wie sie durch den Krieg entstehen. Die Bibel selbst sagt ganz klar: «Wenn du vor einer Stadt lange liegen mußt..., so sollst du ihre Bäume nicht verderben – *Lo Taschchit* – und mit Äxten umhauen, denn du kannst davon essen, darum sollst du sie nicht fällen; denn der Baum auf dem Felde ist der Mensch selbst» (Deut. 20, 19–20).

Die Kabbalisten bestehen auf der Pflege, die wir dem Baum angedeihen lassen sollen, auf der Verantwortung, die uns für dessen Leben obliegt. Rabbi Jehuda HeChassid, «der Fromme» (12.–13. Jh.), verbietet formell jedes Fällen von Obstbäumen und rät stark davon ab, sogar sterile Bäume – *Ilanei Serak* – umzulegen, außer es sei im Falle eines großen Bedürfnisses des Menschen; denn das Leben des Menschen ist mit demjenigen des Baumes verbunden.

Der Mensch lebt mit dem Baum. Der Mensch der Kabbala spricht mit dem Baum. Mit seinen Lippen richtet er das Wort an ihn; mit seinen Ohren lauscht er dem Rauschen seiner Blätter, und mit seinen Augen folgt er den schwankenden Linien seines Stammes. Er «segnet» ihn, er nimmt ihn in sein Gebet auf. Er freut sich mit ihm, wenn er wächst; er leidet mit ihm, wenn er abstirbt. Aus diesem Grunde empfindet der Mensch der Kabbala eine große Rührung beim gewaltvollen Tod eines Baumes, wie er sie auch beim Tod eines Nächsten spürt. Dieser Mensch erfährt, daß «es Augenblicke gibt, in denen Stimmen die Welt von einem Ende zum anderen durcheilen, ohne, daß man es gewahr wird; nämlich in dem Augenblick, in dem ein Obstbaum gefällt und in dem Moment, in dem eine Seele den menschlichen Leib verläßt» ...

Der Baum und der Mensch. Ihr gemeinsames Schicksal.

Wegen der Ähnlichkeit, die die Kabbala zwischen dem Baum und dem Menschen sieht, widmet sie dem Baum eine besondere Aufmerksamkeit. Mehr noch als eine Ähnlichkeit, sieht die Kabbala zwischen der Krone der Pflanzenwelt, dem Baum, und der Krone der Tierwelt, dem Menschen, eine echte Verwandtschaft. Diese Verwandtschaft zwischen den Vertretern dieser beiden befreundeten Welten findet ihren Ausdruck durch deren Aspekt und deren Berufung.

Beide stehen «aufrecht», sind «Träger von Früchten», und beide bieten ihren Schutz denen, die dieses Schutzes bedürfen. In vertikaler Stellung blickt der Baum gen Himmel, und der Mensch «steht vor Gott» und «erhebt seinen Blick zu den Höhen». Der Baum nährt und tröstet den Menschen dank seiner Früchte, und der Mensch, und insbesondere der Zaddik, der «Gerechte», hilft und stärkt seinesgleichen durch seine Früchte, die seine «guten Werke» sind, denn so sagt die Bibel: «Der Gerechte empfängt seine Frucht» (Ps. 55,12), und «die Frucht der Gerechtigkeit ist ein Baum des Lebens» (Spr. 11,30). Durch seinen Schatten beschützt der Baum den Menschen vor der sengenden Sonne, und der Mensch, und insbesondere der Zaddik, der «wie ein Palmenbaum grünt» (Ps. 92,13), «schützt» seine Anhänger, seine Zeitgenossen, seine «Generation», vor «dem Sengen der Leidenschaften»; er reinigt und erfrischt den «Hauch ihres Lebens».

Ja, die Bibel bestätigt, daß «der Baum der Felder der Mensch selbst ist». Der Maharal (16. Jh.) beobachtet dabei einen Unterschied, denn der Baum hat seine Wurzeln im Erdreich und reckt seine Zweige zu den Höhen auf, während der Mensch seine Wurzeln im Himmel hat und seine Zweige nach unten richtet...

Und dennoch bildet sich eine gewisse Schicksalsgemeinschaft zwischen dem Baum und dem Menschen. Letzterer spürt dies, und daher zeigt er, daß er sich mit dem Baum verbunden fühlt. Der Jude bringt das zum Ausdruck, indem er außer dem Neujahr des Menschen, *Rosch HaSchana LaScha-*

nim («Kopf des Jahres für die Jahre»), das Neujahr des Baumes, *Rosch HaSchana LaIlan* (oder *LaIlanot*) («Kopf des Jahres für den Baum» oder «für die Bäume») feiert.

Rosch HaSchana LaIlanot erfreut sich bei den Menschen der Kabbala einer großen Gunst. Für dieses «Fest» haben sie einen *Tikkun* gebildet, ein besonderes Ritual der Gebete, und haben für diesen Freudentag den Genuß von Früchten, und insbesondere von Früchten, die Erez Israel, die Erde Israel, hervorgebracht hat und auf die sie stolz ist, vorgeschrieben.

Das Neujahr der Jahre und das Neujahr des Baumes unterscheiden sich voneinander durch die Saison, in der sie gefeiert werden. Das Neujahr der Jahre wird im Herbst und das Neujahr des Baumes im Frühling begangen. Der Herbst erinnert den Menschen an seine Endlichkeit und an die begrenzte Dauer seines Lebens. Der Frühling bietet ihm die «Wiedergeburt» des Baumes, die Erneuerung des Lebens. Somit wird dem Menschen einerseits bewußt, daß er sterblich ist und andererseits ist der Baum, in dem er wiederersteht, ein Zeichen für den Menschen dafür, daß sein Tod nicht endgültig sein könnte.

Nach einem jeden *seiner* «Tode» – die sich wiederholen (wie jedes Phänomen in der Geschichte der Natur) – bezeugt der Baum seine «Wiedererstehung». Er zeigt sie jetzt, denn sie vollzieht sich unter unseren Augen. Er kündigt sie an, indem er zum Leben zurückkehrt und stets derselbe bleibt. Aber «in den kommenden Zeiten, wird er in Erez Israel alle Tage Früchte tragen» . . .

Der Mensch muß die «kommenden Zeiten» abwarten, um so «wiederzuerstehen», wie er auf Erden war. Nach einem einzigen Tod muß sein Leib zunächst beinahe ganz vergehen, in der Erde «gereinigt» werden und verbunden sein «mit der Erde, aus der er erstanden ist» (Gen. 3,19). Erst nach der «Aussaat», nach «dem kleinen Knochen», der nachgeblieben ist, kann der Mensch «wiedergeboren» werden, «sich zum Leben aufschwingen» und auf der Erde erscheinen, so wie er war, als er auf ihr lebte. Er wird beinahe aus dem Nichts wiedergeboren werden.

Somit ist die Gegenwart des Baumes auf physischer Ebene

ein Unterpfand für die Zukunft des Menschen auf physischer und metaphysischer Ebene.

Der durch die Felder streifende Jude «*sieht*» mit seinen leiblichen Augen das Wehen der Blätter, «die blühenden Bäume» oder die «guten Obstbäume», und er «segnet» Gott, er dankt ihm für seine Güte, «so gute Obstbäume geschaffen» zu haben, «damit sich der Mensch daran erfreue»; er lobt Gott, weil «es so in Gottes Welt *ist*».

Betritt der Jude ein «Feld» der Toten, einen Friedhof, so «segnet» er Gott, «daß er die Menschen erschaffen und sie aus dem Kreise der Lebenden entfernt hat, um sie später zum Leben zurückzurufen»; er «segnet» und lobt Gott, der «jetzt die Toten wieder leben *läßt*».

Mit seinen geistigen Augen sieht der Jude in seinem Glauben, in seiner Gewißheit, jetzt, sogar heute, die künftige Wiedererstehung der Toten. Diese Wiedererstehung der Toten wird durch die Wiedererstehung des Baumes, dem bedeutenden Element der Natur, angekündigt. Der Jude sieht außerdem «die Erneuerung der ersten Werke», der Schöpfung der Welt, die Gott durch seine Güte jeden Tag vornimmt. Das gegenwärtige, heutige, tägliche Wunder der erneuten Schöpfung der ganzen Natur, die gestern «tot» war, kündigt das *künftige* Wunder von morgen an, die «Wiedergeburt der Toten», die diese Welt im Laufe von unzähligen «Gestern» verlassen haben.

Das Leben und die Wiedererstehung des Baumes sind daher ein Beweis für Leben und Wiedererstehung des Menschen.

Gott selbst ist das Fundament, der Bürge für die Verwandtschaft zwischen Baum und Mensch und deren gemeinsames Schicksal. Und dies durch Gottes Namen, die ihn als Schöpfer der Welt und Meister der Geschichte bezeichnen. Die Anhänger des Ari HaKadosch haben hervorgehoben, daß der numerische Wert des hebräischen Wortes *Ilan* (= 91) und derjenige des «Baumes» derselbe ist, wie derjenige des wesentlichen göttlichen Namens, *HaWaJaH*, der Gott als Schöpfer bezeichnet und der zu dem numerischen Wert des persönlichen göttlichen Namens: *Adonaï*, «mein Meister», hinzugefügt werden muß. Und der numerische Wert des hebräischen Wortes *Adam* (= 45), «Mensch», ist mit demjenigen des göttlichen Namens *EHJeH*, «ich werde sein», verbunden, der Gott als Ursprung des Schöpfungsgedankens der Welt bezeichnet sowie den Menschen bei seiner *künftigen* «Rückkehr» zu Gott, bei seiner *Teschuwa* zu der nicht bestehenden Zeit vor der Zeit der Schöpfung der Welt («als» die *Teschuwa* entworfen wurde)... Dieser numerische Wert wurde zu demjenigen des göttlichen Namens, des Tetragramms, *HaWa JaH*, hinzugefügt, der Gott am Ursprung der Schöpfungs*tat* der Natur und seinen Eintritt in die Geschichte des Menschen bezeichnet. Dennoch übersteigt der numerische Wert der Worte *EHJEH* und *HaWaJaH* (= 47) die beiden Einheiten, die die Zahl *Beit*, «zwei» bilden, die Anzahl 45, den numerischen Wert des Wortes *Adam*, «Mensch». Und dies, weil diese göttlichen Namen dem Menschen, der es verdient, innewohnen. Sie sind dank des göttlichen «Bildnisses» *in* ihm, welches der Schöpfer ihm eingepflanzt hat und die er durch sein Verhalten hervorzuheben hat. Diese göttlichen Namen sind *in* dem Menschen, der dessen würdig ist, *BaAdam* (*Ba* = 2), «*in* dem *Menschen*».

Adam, der Name dieses «Menschen», läßt *IsraEL*, in dessen Namen Gott seinen Namen: *EL*, «Gott», eingeschrieben, «einzigartig hat werden lassen», vorausahnen.

Gott, Thora und Israel werden «Baum» geheißen

Gott, der seinen Namen in denjenigen des Volkes Israel gesenkt hat, erklärt: «Denn die Tage meines Volkes werden sein wie die Tage eines Baumes» (Jes. 65,22).

In Wahrheit «erneuert sich» das Volk Israel ähnlich wie der Baum. Dieser erneuert sich nach einem Winter, und so wie dieser blüht, so blüht auch das Volk Israel, nachdem es rauhe und düstere Winterzeiten durchstanden hat. Es «ändert» sich, indem es dasselbe bleibt.

Dieses Volk, das auf der Ebene seiner «natürlichen» *Existenz* dem Baume gleicht, ist auf Ebene seines historischen spirituellen *Lebens* mit der Thora verbunden, die selbst auch «mit einem Baum verglichen wird», denn sie ist «ein Baum des Lebens allen, die sie ergreifen» (Spr. 3,18).

Die Thora des Lebens «ist Israel gegeben worden», um sein Leben, seinen Fortbestand zu gewährleisten; denn es ist das Werk des Ewigen, der Ausdruck seines Willens. Somit *lebt* Israel im «Schatten des Glaubens» an denjenigen, der «Quelle des Lebens», der der «große Baum», der Gott ist.

Daher kann der Sohar Chadasch bestätigen (indem er sich auf die Hinweise stützt, die die Bibel ihm gibt): «Drei Grade (der Realität) sind miteinander verbunden: Der Heilige, gesegnet sei er, die Thora und Israel, und alle drei werden *Eiz*, «Baum», geheißen!

Der Baum Israel muß in die Erde Israel eingepflanzt werden

Doch verbinden sich diese drei Stufen, Gott, Thora und Israel wiederum – jede auf ihre Weise und alle gemeinsam – mit der «Erde der Heiligkeit», mit der «königlichen Wohnung».

In Wahrheit ist diese Erde die Erde, auf der «Gott König ist» und die er «gewählt» hat, um sie Israel, seinem «erwählten Volke», zu «versprechen», damit dieses dort die Thora erfülle. Es ist die Erde des Studiums und der Beachtung der Thora, und dadurch sogar die Erde der *«Erkenntnis Gottes»*, der *Daat HaSchem*. Denn Gott ist «König in Zion», sein Volk Israel ist das «Volk in Zion»; seine Thora ist «die Thora in Zion».

Diese Erde wurde im Garten vorausgeplant und verwirklicht, «den der Ewige, Gott, in Eden anlegte, und in den er den Menschen stellte und in dem er alle Arten der *Bäume* keinem ließ, die herrlich zu schauen und gut zu essen sind, und den Baum des *Lebens* inmitten des Gartens und den Baum der *Erkenntnis* des Guten und des Bösen» (Gen. 2, 8–9).

Gott *pflanzte* . . . Daher ist Israel, dem gerufenen Menschen, gesagt, «sich» mit Gott «zu verbinden», indem er Gott nachahmt: «Somit hat Gott bei der Erschaffung der Welt zunächst gepflanzt, wie es geschrieben steht; ‹Und der Ewige, Gott, pflanzte einen Garten in Eden› und auch ihr, Israel, wenn ihr in das Land kommt, pflanzt ihr zunächst, wie es geschrieben steht (Lev. 19,23): ‹Wenn ihr in das Land kommt und allerlei Obstbäume pflanzt›» (Lev. 19,23)... (Was die «Väter» damals getan haben, das haben die «Söhne» in unseren Zeiten getan. Die *Haluzim*, die «Pioniere», haben das Wiederherstellungswerk des Landes Israel in Angriff genommen, indem sie die Wüste aufgeforstet haben...)

Der Baum Israel muß in die Erde Israel gepflanzt werden. Mose bat Gott inständig, das «Volk, das er aus der ägyptischen Sklaverei befreit hatte», zu «führen» «und es zu pflanzen auf dem Berge seines Erbteils» (Exod. 15,17). Und er bat die Ausgesandten, die er geschickt hatte, um das verheißene Land zu erkunden, zu sehen, «ob da *Bäume* sind oder nicht» (Nu. 13,20). («Bäume», sagen die Weisen im doppelten Sinne des Wortes: Pflanzen und *Zaddikim*, «gerechte» Menschen).

Der Baum der Erkenntnis des Guten und des Bösen und der Baum des Lebens

In der Optik der Kabbala spielt das Symbol des Baumes, angefangen vom sefirotischen Baum, eine besonders wichtige Rolle für die Entwicklung des Schicksals des Menschen, Israels und der Menschheit.

Die Haltung, die Adam, der erste Mensch, gegenüber dem «Baum der Erkenntnis des Guten und des Bösen» bezog, zeigt zunächst den Willen, Gott gegenüber ungehorsam zu sein. Gott hatte ihm verboten, (Früchte) dieses Baumes zu essen, und ihm befohlen, sich mit dem zufrieden zu geben, was er ihm in Fülle bot, indem er ihm erlaubte, ihn sogar bat, «(Früchte) aller Bäume im Garten zu essen» (Gen. 2, 16–17; 3,3,6), mit der einzigen Ausnahme des «Baumes der Erkenntnis des Guten und des Bösen». Doch ist die Haltung Adams, des ersten Menschen, auch ein Angriff auf die «Persönlichkeit» dieses Baumes, den der Schöpfer dem persönlichen Schutz des Menschen anvertraut hatte.

Diese Verhöhnung, die der Mensch dem Baum der Erkenntnis des Guten und des Bösen angedeihen ließ, hatte den Fall Adams zur Folge. Dieser führte zur «Verdammung» der Erde, die den Menschen mit ihren Früchten in aller Fülle ernähren sollte. Der Fall Adams war ebenfalls die Ursache der Verurteilung des Menschen zum «Tode», nicht zu jenem Tode, der für ihn vorgesehen war, der vom Menschen als «höheres Gutes» betrachtet und sogar akzeptiert worden wäre (wie der Tanna Rabbi Meir [2. Jh.] sich ausdrückte), sondern zum Grauen des Todes.

Der Durst nach Genuß, der Machtwille, der ehrgeizige Wunsch nach der zugleich intellektuellen und sensuellen «Erkenntnis» des Guten und des Bösen, haben weder dem ersten Menschen (noch der «vermessenen Generation der Anmaßung, des Turms von Babel») die physische, materielle, intellektuelle Befriedigung gegeben, die er suchte. Im Gegenteil, sein unbezähmter Wunsch nach Besitz, nach Konsum, nach Wachstum ohne Grenzen hat im Menschen nur «Sorge», Pein und Qual hervorgerufen. Die Versuchungen, die übertriebenen Anmaßungen des Menschen, machen ihm den «Tag des Todes» nur noch unannehmbarer, und daher kommt es zu dem Zwang, seiner Habsucht Einhalt zu gebieten, seine Vorteile, seine Güter anheimzustellen und sein physisches Leben zu verlassen, nämlich zu sterben. Und «der Mensch stirbt, ohne daß die Hälfte seiner Wünsche erfüllt worden ist...»

Zur Stunde seiner «Sünde» mußte Adam, der Mensch, sich jedoch nicht unter dem Gewicht einer unwiderruflichen Verdammung, einer endgültigen Verurteilung beugen... Der göttliche Tadel, der der menschlichen Sünde folgt, beinhaltet bereits den Keim der göttlichen Gnade. Er öffnet dem Menschen den Weg, der ihn zu seiner Wiederaufrichtung und sogar zu seiner Erhöhung führen kann. In Wahrheit ist jeder Mensch aufgerufen, selbst wenn er keine schwerwiegenden Sünden begangen hat, einen Prozeß des *Beirur*, der «Klärung», zu durchlaufen, der sich während seines Lebens ständig vertieft; das heißt, daß, falls er wach genug ist, um es zu wollen, er stets «die Mischung von Gut und Böse», die ihn umgibt, mehr «klären» kann. Ist er «intelligent» genug, kann er das Gute vom

Bösen «unterscheiden», es voneinander trennen; das Gute im «Inneren» des Bösen unterscheiden, es herausziehen und es in das Gute verwandeln, das unaufhörlich wächst. Somit ist der Mensch in der Lage, frei und klar mit dem Verstand das «Gute», das «Leben», zu wählen, wie er es getan hätte, bevor er sich zum Fehlgehen in der Verwirrung verleiten ließ, welche die «Mischung von Gut und Böse» in ihm hervorruft. Denn das Böse besteht nicht «in reinem Zustand»; es gibt nicht einmal vom ontologischen Standpunkt aus gesehen das absolute, definitive, unabhängige Böse. Das Böse befindet sich potentiell im Zustand der «Vermischung» mit dem Guten. Im Menschen, der dazu aufgerufen ist, das Böse herauszuschälen, *besteht* das Böse bei seiner Geburt nicht, denn, so sagt der Maharal, bestände es, so müßte es von seiner Geburt aus an handeln, und das ist nicht der Fall. Das Böse zeigt sich «mit Anbruch der Jugend» des Menschen, wenn er durch seine Wünsche, seine Leidenschaften zu dem gedrängt wird, das böse werden kann. Und doch sind die Wurzeln dessen, das böse werden kann, rein und heilig. Ursprünglich facht das Gute die Wünsche, die Leidenschaften an, und wenn er sie recht nutzt, können diese den Menschen zum Guten, zur Heiligkeit führen. Außerdem sind diese zur Verwirklichung des Guten notwendig, so bemerken die Weisen, denn «wenn es keinen bösen Instinkt (wie er genannt wird) gäbe, würde der Mensch kein Haus bauen, sich nicht verheiraten, keine (Kinder) zeugen und keinen Handel betreiben».

Somit *besteht* – nach der Lehre der Meister des Chassidismus – das Böse im Menschen *nicht*, sondern eher «Grade des Guten». Handelt der Mensch gut, ist das vermutete Böse gut; Eifer und Begeisterung sind dem Menschen unentbehrlich, um wahrhaft und voll das Gute zu tun. Handelt der Mensch schlecht, wird das vermutliche Böse wirklich zum Bösen, und Eifer und Begeisterung lassen das somit vom Menschen begangene Böse schwerwiegend schädlich werden.

Die Sünde und der Tod

Die Geschichte des Baumes ist die Geschichte des Menschen; die Geschichte seines Falls und seiner Aufrichtung. Sie ist die Geschichte Israels, seiner *Galut* und seiner *Geula*, seines Exils und seiner Erlösung.

So hat die mit der Verachtung der Art des «Baumes der Erkenntnis des Guten und des Bösen» verbundene Sünde Adam, den Menschen, aus «dem Garten Eden» vertrieben. Durch die Übertretung des Verbotes, von der Frucht des Baumes zu essen, zu der er durch «die Mischung des Guten und des Bösen» getrieben wurde, und welche den *Sam Maweth*, das «Gift des Todes», enthielt, wurde Adam zum Exil verurteilt.

Die mit der Verachtung der Art des Baumes der Thora, des «Baumes des Lebens», verbundene Sünde hat Israel, den Menschen, aus dem «Garten Eden», aus der Erde Israel, verjagt. Indem es die Gebote der Thora, dieses Baumes, übertreten hat, welcher das «Elixier des Lebens» enthält, ist Israel zum Exil verurteilt worden.

Doch sind diese Exile nicht endgültig. Die Sünde des Menschen, Adam, gegen den «Baum der Erkenntnis des Guten und des Bösen», hat diesen in das Exil geführt; die Sünde des Menschen, Israel, gegenüber des «Baumes des Lebens», des Baumes der Thora, hat dieses in das Exil geführt.

Und dennoch «siehe, es sind die *Tage*, die da kommen», in denen es dem Menschen gelingen wird, das Gute vom Bösen «intellektuell» zu «unterscheiden» und ihre Mischung zu «entwirren» und diese «praktisch» voneinander zu trennen, wie wir bereits erwähnt haben. Es wird dem Menschen gelingen, das Böse in Gutes zu verwandeln (die Finsternis in *Licht*, die Nacht in den *Tag*), und er wird diese Umwandlung krönen, indem er den «Baum der Erkenntnis des Guten und des Bösen», «den Baum des Todes», in den «Baum des Lebens» (Gen. 2,9) umwandelt und er sich von diesem Baum ernähren wird, wie es Rabbi Mosche Gordovero (16. Jh.) lehrt. In der Zukunft, im «Garten Eden», werden diese beiden Bäume nur noch «einen Baum», *Eitz echad*, bilden (Bild, das in der Vision Hesekiels, 37, vorkommt), und dieser Baum wird der «Baum des Lebens», «der Baum der Thora», sein. Die Welt, die sich aus einer Mischung von Gut und Böse zusammensetzt, wird in die Thora umgewandelt werden. Die Welt wird Thora sein. Die Materie wird vergeistigt, durchscheinend und einfach werden. Sie wird lebendig sein.

Der Sieg des Menschen über die Sünde wird ein Sieg über den Tod sein (denn «ohne Sünde gibt es keinen Tod»). Gott «wird den Tod auf immer vernichten», wie es der Prophet Jesaja vorausgesehen hat. Der Mensch wird in seiner ganzen Schönheit, in seiner ganzen Würde, wieder erscheinen. Der Tadel des Todes wird abgeschafft sein. Die Empörung, die der Tod in ihm hervorgerufen hat, wird verlöschen; die «Schande», die der Tod, dem Volk Gottes, Israel, zugefügt hat, wird sich verflüchtigen, denn «es ist der Ewige, der so spricht».

Der Baum, der bei dem Fall des Menschen, Israels, gegenwärtig war, wird zur Stunde der Aufrichtung des Menschen, Israels, präsent sein.

Die Propheten Israels bezeugen das, und die Kabbala räumt diesem Zeugnis großen Raum ein.

«Siehe, es kommt die *Zeit*, spricht der Ewige (. . .), denn ich will die *Gefangenschaft* meines Volkes Israel wenden (. . .). Denn ich will sie in ihr Land *pflanzen*, daß sie nicht mehr aus ihrem Land ausgerottet werden, das ich ihnen gegeben habe» (Amos 9, 13–15). «Du Menschenkind – *Ben Adam* – nimm dir einen *Baum* und schreibe darauf (. . .) So spricht Gott, der Ewige: Siehe, ich will die Kinder Israel herausholen aus den Nationen, wohin sie gezogen sind, und ich will sie von überall her sammeln und wieder in ihr Land bringen (. . .) Und sie sollen wandeln in meinen Rechten und meine Gebote halten und danach tun (. . .), und mein Knecht David soll für immer ihr Fürst sein» (Hes. 37,16–26). Und David ist der Messias!

Die «Tage des Messias»

Diese Tage, an denen der «Baum wiedergepflanzt» werden wird, kündigen die «Tage des Messias an». Sie gehen diesen voraus, bereiten diese vor und bedingen diese. Die Weisen erinnern uns daran, indem sie schreiben: «Wenn du einen Baum pflanzt und man dir sagt: ‹Siehe, der Messias kommt!›, dann unterbrich dein Pflanzen nicht. Du wirst auf ihn zugehen und ihn grüßen, wenn dein Baum gepflanzt sein wird.» So inkarniert der gepflanzte Baum in der Tat den Messias, von dem der Prophet Jesaja sagt (11,1): «Und es wird ein Reis hervorgehen aus dem Stamm Isais und ein Zweig aus seiner Wurzel Frucht bringen.»

Der Messias ist ein Reis... Der Baum, von dem dieses Reis ausgeht, wird weniger wegen seiner äußeren «Schönheit» bewundert werden, als für die «Nahrung», die er den Menschen (vgl. Gen. 3,6) gibt, für die «Früchte», die er den Menschen bieten wird. Denn «die Früchte des *Zaddik*, des ‹Gerechten›, sind dessen gute Taten»...

Das Licht des Messias. Göttliche Offenbarung der «Macht»; göttliche Offenbarung des «Wortes».

Die «*Tage* des Messias» werden von dem «*Licht* des Messias» begleitet. Dieses bricht aus dem Ort aus, an dem Gott es am ersten Tag der Schöpfung der Welt «versteckt» hatte, und zwar «für diejenigen, für die *Zaddikim*, die ‹Gerechten›, die ihre Kräfte der Thora widmen (indem sie diese tiefgreifend studieren und indem sie deren Mizwot in der Furcht und der Liebe desjenigen einhalten, der diese befohlen hat)».

Das Licht des «ersten Tages» war dazu ausersehen, das Licht «desjenigen Tages», der «letzten Tage», zu erreichen.

Dieses Licht des «ersten Tages», «das Licht der Thora», erhellt die «Absicht» des Schöpfers, die er hegte, als er die Welt erschuf, und das Ende, das er für seine Schöpfung ausersehen hatte. Diese Absicht, dieses Ende, hat er so ausgedrückt (Jes. 43,7): «Ich habe zu meiner Ehre – *LiChwodi* – geschaffen.» Die höchste Endbetimmtheit der Schöpfung ist die Offenbarung der göttlichen «Herrlichkeit». Die Kabbala lehrt uns, daß der *Kawod*, die «Herrlichkeit» Gottes, die *Malchut*, die «Königlichkeit» Gottes, bezeichnet. Seine «Herrlichkeit» wird endgültig kommen, seine «Königlichkeit» wird endgültig eingesetzt sein, wenn das «Licht der Thora» (der vereinigten Thora, der himmlischen und der irdischen) das «versteckte» Licht seine Fülle erreicht haben und voll sichtbar und zugänglich geworden sein wird. Die Thora, die Charta der Schöpfung der Welt, wird der Einsetzung des Reiches Gottes in die Welten vorstehen (die vereinigten Welten: die untergeordneten und die übergeordneten).

Die erste Offenbarung Gottes durch das Licht des «ersten Tages» war die Offenbarung seiner «Macht». Sie wurde durch den entsprechenden göttlichen Namen, *Elohim*, bezeichnet. Doch dann war der Mensch noch nicht gegenwärtig. Somit war diese Offenbarung noch nicht einem Gesprächspartner «mitgeteilt» worden. Der Gesprächspartner Gottes in dieser Welt ist der Mensch. Zu ihm spricht Gott, damit dieser seinerseits das bekanntmachen kann, was ihm gesagt worden ist. Aus diesem Grunde sagte Gott bei der Erschaffung der Welt: «Es werde Licht.» Er bezeichnete in diesem Licht Abraham, den «großen Mann», der Gott in der Welt bekannt machte. Die göttliche Offenbarung wird somit zum «Wort». Gott offenbart sich dem Menschen durch den Namen *Elohim* und durch den *Schem HaWaJaH*, den Namen des Tetragramms, um ihm zu «offenbaren», daß er erschaffen hat und daß er alles erschaffen hat. Gott offenbart sich ebenfalls durch den Namen *Adonai*, um dem Menschen verstehen zu geben, daß er sein «Meister» ist.

Durch den Namen *Adonai* – so bemerkt Rabbi Elijahu, der Gaon von Wilna (18. Jh.) – hat Gott dem Menschen das «Ziel» der Offenbarung bekannt gemacht; nämlich die Annahme der Souveränität, der Einrichtung – mit Hilfe des Menschen – des Reiches Gottes. Denn zum Regieren braucht der König ein Volk: «Es gibt ohne Volk keinen König.»

Um seine Souveränität auszuüben, hat Gott Israel erwählt und dieses zu einem «Volk» gemacht. Er erklärt es am Fuße des Berges Sinai zum Volk Gottes. Gott offenbart sich diesem durch sein Wort. Dieses ist das moralische Gesetz, das er in die Herzen seines Volkes gesenkt hat, indem er somit dem Gesetz, das er der Natur aufgeprägt hatte, vervollständigte und diesem einen Sinn gab. Die Offenbarung des göttlichen Wortes bestätigt und rechtfertigt die Offenbarung der göttlichen Macht. Die Offenbarung des Wortes wendet sich an den Menschen; sie muß von ihm erlebt werden. Israel, der Mensch, empfängt die Offenbarung; er ist aufgerufen, diese in die Welt zu tragen: er soll die göttliche Offenbarung offenbaren. Somit nennt die Kabbala den Menschen wahrhaftig: «offenbarende Grundlage in den Welten».

Der Mensch, indem er eine gewisse vom Schöpfer gegebene Freiheit genießt, kommt jedoch nicht mit aller Treue seinem Rufe nach, der darin besteht, die göttliche Offenbarung des Wortes zu verbreiten. Die Natur bezeugt dagegen treu und ohne Unterlaß die göttliche Offenbarung der Macht. Die Herrlichkeit und die Herrschaft Gottes «warten» nur darauf, «verwirklicht» zu werden. Doch muß diese «Erwartung» eine «aktive Erwartung» sein. Es gilt mit Umsicht das Kommen der *Tage* des Messias vorzubereiten, an denen sich die Herrlichkeit Gottes zeigen und er sein Reich einrichten wird.

In dieser Welt, die «Welt der Handlung» genannt wird, handelt der Mensch, Israel, indem er mit Gott zusammenarbeitet, um das Kommen der Tage des Messias zu beschleunigen. Ihr Kommen wird das Kommen der «letzten Tage» erreichen. Diese «letzten Tage» werden «die ersten Tage» einer neuen Ära sein. Nämlich diejenigen der Herrlichkeit und der Herrschaft Gottes.

Der Messias personifiziert das «Mysterium der Erkenntnis». Sehen und Hören.

Es wird also in den Tagen des Messias, des Menschen, sein, in denen die Menschheit ihre Reife durch die vollkommene Achtung der Offenbarungen der Macht und des Wortes Gottes erreichen wird. Das Zeichen dieser Reife ist die Fähigkeit, die Herrlichkeit Gottes zu sehen und seine Königlichkeit zu erleben.

So werden also die Tage des Messias sein. In der Lehre der Kabbala personifiziert der Messias den *Sod HaDaat*, das «Mysterium der Erkenntnis». Und gerade durch die *Daat*, durch die «Erkenntnis», wird der Messias den *Gilui*, die «Offenbarung» dieses Mysteriums verwirklichen. Bei der Offenbarung auf dem Berge Sinai erhielt Mose den *Matane Torah*, die «Gabe der Thora». Mose ließ den Messias vorausahnen, er war ein *Isch HaDaat*, ein «Mensch der Erkenntnis». Die Offenbarung der «Zeit der Verkündigung der Thora» läßt die «Zeit des Messias» vorausahnen. Und die Offenbarung auf dem Berge Sinai tut sich durch Sehen und Hören hervor. Während dieses Ereignisses, so berichtet es die Bibel: «hörte das ganze Volk Stimmen». Und die Meister der Kabbala umrissen es wie folgt: «Der *Gilui HaDaat*, die «Offenbarung der Erkenntnis», ermöglicht, zu sehen, was man hört.»

Der *Gilui Sod HaDaat*, die «Offenbarung des Mysteriums der Erkenntnis» durch den Messias, kündigt den *Gilui Schechina*, die «Offenbarung der göttlichen Gegenwart», an.

Somit wird das «Mysterium der Mysterien», Gott, durch seine Thora gesehen und gehört, mit der Gott ein Einziges bildet. In «jenen Tagen», wie am Tag, an dem er sich durch seine Thora auf dem Berge Sinai offenbarte, «wird man das sehen, was man hören wird». Das Sehvermögen – körperlich und gefühlsmäßig gesehen – wird mit dem Hörvermögen – geistig und intellektuell gesehen, ein Einziges bilden.

Dann werden wir die «Worte» Gottes, die durchscheinend geworden sind, mit allen ihren Tiefen sehen. Dann werden wir Gottes «Gebote» mit allem, was diese bedeuten, in all ihrer Klarheit verstehen. Dann werden wir sie nicht nur «hören», nicht nur wie von außen kommend «hören», sondern wir werden sie durch unsere *Daat*, durch unsere «Erkenntnis», bestätigen. Wir erleben diese Erkenntnis so sehr in unserem Verstand wie in unserem Herzen, denn sie durchdringt die Innerlichkeit unseres ganzen Wesens.

Außerdem wird die *Daat* vor unserem geistigen Auge die Gründe aller uns betreffenden Handlungen Gottes offenbaren; diejenigen, die wir angenommen haben und sie für gut erachtet, und diejenigen, die wir ertragen und sie für schlecht gehalten haben. Für alle die uns betreffenden Handlungen danken wir Gott, der der «Gute ist und das Gute tut».

Wenn man die verschiedenen Teile eines *Ganzen* «betrachten» kann, indem man diese in ihrer inneren Ausdrucksweise entdeckt und diese «erkennt», dann erscheint uns dieses *Ganze* als gut. Der Mensch, «indem er mit Gott lebt», versteht dann den Sinn der biblischen Worte, die die Erzählung der Schöpfung der Welt krönen: «Und Gott *sah an alles*, was er gemacht hatte, und siehe, es war *sehr gut*» (Gen. 1,31). Gott gab uns zu verstehen, daß *alles gut* war und sogar *sehr gut* . . . Wie Adam vor seiner Sünde, wird der Mensch der «Tage des Messias» in der Lage sein, «die Welt einem von einem Ende zum anderen zu erblicken», diese mit einem Blick zu erfassen, indem er in seinem Geist die verschiedenen Teile, aus der sie sich zusammensetzt, vereinigt. Denn der Blick des Menschen, «der mit Gott», dem Ewigen, «lebt», klärt sich und «erleuchtet sich in Gottes Licht» (vgl. Ps. 36,10). Und dieses Licht macht das *einheitliche Ganze* sichtbar; die scheinbaren Widersprüche werden darin aufgelöst. Die Einheit erscheint in all ihrer Einfachheit. In dieser Höhe ist das Licht über dem Licht und das im Vergleich zur Dunkelheit gesehen wird. Das Licht erscheint in sich selbst und bezieht sich lediglich auf sich selbst. Denn «hier ist das ganze Licht einheitlich». «Hier (in ihm, in der Quelle der Göttlichkeit) ist alles in der Einheit. Man unterscheidet weder Barmherzigkeit noch Strenge (die Aufzeigungen der Göttlichkeit); man sieht das Licht nicht, als ob es aus der Finsternis hervorbräche, denn hier gibt es keine Finsternis, gibt es keine Strenge». So hat der Tanna, Rabbi Schimeon bar Jochai (2. Jh.) diesen höchsten letztlichen Zustand beschrieben, in dem das reine Licht herrscht.

«In der Zukunft . . .», in den Tagen des Messias, in der Zeit, in der die Offenbarung des Wortes Gottes gänzlich erfüllt sein wird, wird dieses Licht, das das Licht der «Endgültigkeit», das Licht in sich selbst, sein wird; dieses Licht *in* Gott, dem Licht des «Anfangs» überlegen sein, das Gott am ersten Tage erschaffen hatte, das «Licht», mit dem er sich umgeben und von dem er sich bei der Offenbarung seiner Macht getrennt hatte. Das Licht des «ersten Werkes» hat die Finsternis, das Nichts, ersetzt, wie es am Anfang des Buches der Genesis heißt: «Und es war finster auf der *Tiefe* . . . und Gott sprach: Es werde *Licht*!, und es ward Licht.»

Wenige Menschen erreichen diesen hohen Grad, um das Überlicht erfassen zu können. Der große Mystiker, Rabbi Schimeon bar Jochai, hat es erreicht, und er selbst bestätigt: Ich habe die ‹Kinder der Aufrichtung› gesehen (die Menschen, die in der Lage sind, sich geistig gesehen sehr hoch aufzuschwingen), aber diese sind wenig zahlreich (‹diejenigen, die es verdienen, das Antlitz der *Schechina* zu empfangen›).

Doch in den messianischen Zeiten sollen – nach den Worten des Propheten Israels (Jes. 60, 21; 40, 5) «Und dein Volk sollen lauter Gerechte sein», «denn die Herrlichkeit Gottes soll offenbart werden und alles *Fleisch* miteinander wird es *sehen*; denn des Ewigen Mund hats *geredet*»; und nach der Vision des Rabbi Mosche Chajim Luzzatto (18. Jh.) soll «die erhöhte Kraft der Seele die dunklen Nächte der Materie geschwächt haben und der menschliche Leib durchscheinend geworden sein, denn dann kann sich der Mensch, der Klarheit ausstrahlt, bis zum höheren Licht aufschwingen». In dem «Garten Eden», aus dem er vertrieben worden war, zu sich selbst, zu seiner Wurzel, von der er getrennt worden war, zu Gott zurückgekehrt, von dem er sich nach seiner Sünde, nach seiner Unkenntnis der Thora, entfernt hatte, wird der Mensch «sich mit dem Baum des Lebens» (Spr. 3,18), mit der Thora, verbinden. Dann wird er sein echtes Leben beginnen, denn von nun an wird er «mit der Quelle des Lebens, mit dessen Licht er das Licht *erblicken* wird», leben (Ps. 36,10). Dieser Mensch wird die «Erkenntnis Gottes» erfahren, desjenigen, der das «Leben des Lebens ist». In Wahrheit «ist die Erkenntnis das Leben», *HaDaat Hi Hachajim*, so lehren die Meister der Kabbala. Die *Chijut*, die Vitalität, ist das Wesen des Lebens, wie es der Gaon von Wilna zum Ausdruck bringt. Und das Leben ist die Einheit, die sich aus der Harmonisierung der verschiedenen und wiederstrebenden Kräfte ergibt, die es beleben. Wie der Maharal bemerkt, steht das hebräische Wort *Chajim*, das «Leben» bedeutet, ein Leben in seiner Einheit, in der Mehrzahl.

Das Prinzip des Widerspruches und das Ideal der Einheit

Dem Menschen gelingt diese Harmonisierung der Kräfte, die sein Leben beleben, indem er die Vorschriften der Thora befolgt. Die Thora ist «eine Thora des Lebens». Ihre Vorschriften bringen denen, die sie beachten, die Fröhlichkeit, die der König David in seinen Psalmen besingt (19,9): «Die Befehle des Ewigen sind richtig und erfreuen das Herz. Die Gebote des Ewigen sind lauter und erleuchten die Augen.» Indem der Jude, der Mensch, die Mizwot der Thora einhält, gelingt es ihm, die Widersprüche zu beherrschen, sie zu vermindern, sie zu vereinfachen und schlußendlich diese auszumerzen. Freigelassen ist der Widerspruch abträglich, er muß vom Menschen beherrscht und kontrolliert werden.

Wenn es gut vom Menschen verstanden wird, steht somit das Prinzip des Widerspruches, das der Schöpfer dem Menschen aufgeprägt hat, ihm ihn zur Waltung seines freien Willens anzustacheln und zur «Wahl» aufzurufen, seiner Entfaltung vor.

Die messianische Ära, die von dem Studium der Thora und der Befolgung der Mizwot vorbereitet wird, ist die Ära der perfekten Einheit und folgedessen im Menschen lebendig.

Diese Einheit wird durch die guten Kräfte belebt, die das menschliche Wesen durchziehen.

Wieder eingepflanzt im «Garten Eden», wo der «Baum der Erkenntnis des Guten und des Bösen» sich von nun an mit dem «Baum des Lebens» vermischt, hat der Mensch in sich und um sich den *Widerspruch, das heißt das Böse, den Tod*, besiegt, so bestätigt es Rabbi Nachman von Brazlaw (18.–19. Jh.). Denn «das Böse ist ein Widerspruch» des Guten; der Tod ist ein Widerspruch des Lebens. Das Böse des Todes, so fügt Rabbi Nachman hinzu, ist «Widerspruch» des menschlichen Willens. Es ist Widerspruch des reinen einheitlichen Willens, der von dem Schöpfer der Wurzel selbst der Widersprüche aufgeprägt ist, die den Menschen unter Beweis stellen sollten. Diesen Willen ist der Mensch aufgerufen zu «beweisen» und frei geltend zu machen.

Das Böse ist der Widerspruch des Guten; der Tod ist der Widerspruch des Lebens. Das Buch Deuteronomium sagt uns dies ganz klar: «Siehe, ich habe vor dir Leben und Gutes gestellt, den Tod und das Böse, aber du, Mensch, du mußt das Leben *wählen*, damit du lebst.» Es ist daher am Menschen, diesen Widerspruch zu überwinden, den der Schöpfer dem Herzen der menschlichen Bedingung aufgeprägt hat; doch wird der Mensch nicht ohne Gottes Hilfe siegen.

Wenn somit der Widerspruch überwunden sein wird, wird Gott das «Böse», die Gewalt (vgl. Jes. 11,9) ausmerzen. «Er wird den Tod verschlingen auf ewig. Und Gott, der Ewige, die Tränen von allen Angesichtern abwischen...» (Jes. 25,8). Das salzige Wasser der Tränen, so fügt Rabbi Nachman hinzu, wird sich in «ein frisches Wasser der Erkenntnis Gottes» verwandeln, wie es der Prophet Jesaja (11,9) versprochen hat, der die Ausschaltung des Bösen und die Vernichtung des Todes ankündigte: «Die Erde wird erfüllt sein von der *Erkenntnis* des Ewigen, wie die Tiefen des *Meeres*, das diese bedeckt.»

Das Böse wird seine Wurzel wiedergefunden haben, die das Gute ist. Der Tod wird seine Wurzel wiedergefunden haben, die das Leben ist.

All dieses wird dank der «Erkenntnis Gottes» gelingen, der der Einzige ist. Und in dem Einzigen gibt es keinen Widerspruch, so bestätigt es Rabbi Nachman, der Einzige ist daher vollkommen gut. Das Böse, so fährt Rabbi Nachman fort, kommt (beim Menschen) von seiner Abkehr von Gott, dem Einzigen. Und er schreibt weiterhin, indem er die Gedanken unserer Weisen – ihr Angedenken sei gesegnet – erinnert: «‹Und der Ewige wird der Einzige sein und sein Name der Einzige› (Sach. 14,9). Das heißt (Er wird uns erscheinen, wie er ist): völlig gut, als derjenige, der das Gute gemacht hat› », denn in dem Einzigen gibt es kein Böses. Daher wird «in der Zukunft, die sich nähert, das Böse zerstört, der Widerspruch ausgeschaltet sein und das, was da geschrieben steht, wird sich verwirklichen: ‹Wahrhaftiger Mund besteht immerdar, aber die falsche Zunge besteht nicht lange› (Spr. 12,19); denn die Wahrheit ist *eine*, sie gilt auf ewig, aber die Lüge ist vielfältig, sie besteht während eines Augenschlages.»

Verschlechterung und Restaurierung der Schöpfung Gottes durch den Menschen.

Aus der herrlichen Beschreibung «jener Tage», die uns einer der hervorragendsten Meister des Chassidismus, Rabbi Nachman von Brazlaw, hinterlassen hat, ergibt sich, daß in den «Tagen des Messias», dank der «Erkenntnis Gottes», alle Dinge in ihrem Wesen gut erscheinen werden, ohne daß das Böse, das dem Guten natürlicherweise entgegengesetzt ist, überlebt. Alle Dinge werden uns in ihrer Erscheinung als rein erscheinen, ohne daß die Unreinheit, die natürlicherweise der Reinheit als entgegengesetzt gesehen wird, überlebt. Alles wird uns transparent erscheinen.

Die «vereinigte» Schöpfung wird auf ihre ursprüngliche Quelle zurückgeführt werden, wo sie sich vor der «Trennung», der «Emanzipation», der «Entfernung» von ihrem Schöpfer, befand; bevor sie sich auf die «Spaltung», auf die «Abtrennung», auf den «Bruch» hat hinleiten lassen; bevor sie sich durch den ontologischen «Bruch», der im Kosmos durch «das Zerbrechen der Gefäße» und durch den moralischen «Bruch», der im Menschen durch seine «Sünde» entstanden ist, geteilt hat. Dann wird lediglich das Gute in den befriedigten Welten, in der den Menschen umgebenden Welt sowie in der inneren Welt des Menschen bestehen. Das heißt, daß lediglich die Wahrheit vorherrschen wird. Die Wahrheit, dessen Wurzel alles das enthält, das da sichtbar und unsichtbar kommen wird.

Die «Verschlechterung», die «Degradierung» der Schöpfung wurde vom Menschen verursacht, aber ihre «Reparierung», ihre «Wiederherstellung», ist ebenfalls Werk des Menschen. Unter der Leitung des Menschen, von Israel, wird die Schöpfung zu ihrer Quelle «zurückkehren»; von nun an wird sie in ihrer Transparenz beschaut werden. Denn der Prozeß der «Reparierung», der Wiedereinsetzung, der Welt ist nach der Kabbala ein Prozeß des *Beirur*, der «Klärung», die vom Menschen vollzogen wird. Ist diese Klärung einmal erfolgt, «wird sich die Herrlichkeit des Gottes offenbaren» und «sein Reich eingesetzt werden». Eine perfekte Einheit wird sich zeigen; eine Einheit zwischen Seele und Leib (zwischen den

Orot, den «Lichtern», und den *Keilim*, den «Gefäßen»); zwischen dem «Geschlossenen» und dem «Enthüllten», zwischen der «Innerlichkeit» und der «Äußerlichkeit»; zwischen der «Phantasie und dem Verstand», zwischen der Poesie und der Wissenschaft; zwischen dem Vorgestellten und der Wirklichkeit (der Mensch kann sich nur vorstellen, was möglich und eigentlich wirklich ist, so bemerkten der Rationalist Maimonides (12. Jh.) und der Mystiker Raw Kuk (19.–20. Jh.).

Folglich kann sich das Verhüllte enthüllen und außen erscheinen; während das Enthüllte sich verhüllen und in seine Innerlichkeit zurückziehen kann.

«Der Mensch, den Gott geschaffen hat, damit er recht sei, wird nicht (mehr) auf zahllose Tricks zurückfallen», ein Vorgang, den der König Salomo in dem Buch der Prediger verurteilte (7, 29). Dem rechten Menschen ist alles recht.

Der Jude, der die Schrift befragt und biblische Tiefen bis zum *Sod*, bis zum «geheimen» Sinn, auslotet, versteht die Warnung des Gaon von Wilna: er wird die Schrift nicht durchdringen, nicht einmal auf ihrer Oberfläche, und den *Peschat*, den «einfachen» Sinn, erreichen können, ohne das dem *Sod* und dem *Peschat* innewohnende Übereinkommen gesucht und gefunden zu haben; denn sie vervollständigen und bedingen einander. So auch der Wissenschaftler, der die Natur auf ihrer Oberfläche erforscht und versucht, ihre Geheimnisse zu durchdringen, der das sofort Wirkliche erforscht und sich bemüht, dort die Eigenschaften und die Gesetze zu entdecken, die der Schöpfer ihr gegeben hat, und die Beziehungen zu durchdringen sucht; dieser Wissenschaftler unserer Zeit kann sich diese Aussage des Gaon von Wilna zu eigen machen (was seine Vorgänger vor kaum einem Jahrhundert nicht gewagt hätten) (er, der im Bereich der Kabbala und im Bereich der exakten und naturwissenschaftlichen Fakultäten hervortrat): «Derjenige, der nicht an das ‹Verhüllte› glaubt, glaubt auch nicht an das ‹Enthüllte›.» Denn das «Verhüllte» und das «Enthüllte» verbinden sich miteinander. Sie bilden eine Einheit.

Alles läuft in der Tat auf die Einheit hinaus. Die Thora, die für die Welt geschaffen ist, bildet eine Einheit in sich selbst; die Welt, die von der Thora gelenkt wird, bildet eine Einheit in sich selbst. Die Thora und die Welt bilden zusammen eine Einheit, in der eine jede sich mit der anderen solidarisch erklärt. Sie nähern sich einander durch den Menschen, durch Israel, der eine Einheit bildet und der gemacht ist, um gleichzeitig mit Thora und Welt, die vereinigt sind, zu leben. Die Einheit aller, die Einheit eines jeden und aller Dinge geht von der Einheit Gottes, des Einzigen, aus, und sie ist bestrebt, zu Gott, dem Einzigen, zurückzukehren und sich in Gottes Einheit wiederzufinden.

Begegnung zwischen der Kabbala und der Wissenschaft

Die Kabbala hat in ihrer Einheitsdoktrin die Lehre über die Einheit der Kabbala und der Wissenschaft eingefügt. Letztere nimmt in ihr sogar einen zentralen Platz ein. Die Kabbala ist bestrebt, die *Rasei Torah*, die «Mysterien der Thora», in der Thora zu entdecken, die sie aufmerksam durchforscht, und die in den Tiefen der Thora verborgenen *Rasei Olam*, die «Mysterien der Welt», zu enthüllen. Denn zwischen der Thora und der Welt besteht eine enge Beziehung, eine innere Verbindung: die Thora war der Plan der Schöpfung der Welt, und solange die Welt besteht, muß die Thora für deren Bewohner, und insbesondere für Israel, ein Schutzengel, die grundlegende Verfassung, sein, nach der sich deren Verhalten richtet. Die Kabbala, der höchste Ausdruck der Thora, ist bestrebt, «die Innerlichkeit», das Wesen der Realität, zu betrachten. Sie durchdringt den unsichtbaren Kern der Realität. Die Wissenschaft untersucht die «Äußerlichkeit» der realen Welt und überprüft ihre sichtbare «Schale». Also, die «Innerlichkeit» und die «Äußerlichkeit», der «Kern» und die «Schale» dessen, was existiert, bilden eine Einheit.

Die gegenseitige Ergänzung von Kabbala und Wissenschaft tritt besonders hervor, wenn die Thora, das Forschungsobjekt der Kabbala, ihre inneren Geheimnisse preisgibt; während die Wissenschaft über die Oberfläche der stofflichen Welt, direktes Objekt ihrer Untersuchungen, hinausgeht und versucht, bis zur unsichtbaren unstofflichen Realität vorzudringen. Heute begegnen Kabbala und Wissenschaft einander, sie vermischen sich und lassen ihre Harmonie für jene durchblicken, die dessen würdig sind und dieses erfassen können. Sie bestätigen somit ihre Einheit, denn sie nehmen an derselben Realität teil, die der Schöpfer dem Intellekt und der Intuition des Menschen als Forschungsobjekt bietet.

Am Ursprung dieser Begegnung liegt die Annahme der Kabbala von seiten der Wissenschaft, die zugibt, im Prinzip nichts gegen die Wissenschaft zu haben. Ganz im Gegenteil, wenn die Wissenschaft in ihrer Grundlagenforschung des Realen fortgeschritten sein wird, dann wird sie anerkennen, daß die Kabbala und sie selbst aus derselben göttlichen Quelle schöpfen und sich auf dasselbe vom Schöpfer gesetzte ethische Ziel zubewegen, indem sie parallele Forschungswege und Untersuchungsmethoden befolgen.

Solche Begegnungen zwischen der Kabbala und der Wissenschaft haben sich im Laufe ihrer langen Geschichte zugetragen. Doch ist keine eine echte Begegnung gewesen, weil sich die Weltanschauungen der Kabbala und der Wissenschaft grundlegend voneinander unterschieden haben.

Nach Auffassung der Kabbala hat der Schöpfer der Welt, die er frei erschaffen hat, ein deterministisches System gegeben, das durch die von ihm erlassenen Gesetze den regelmäßigen, «normalen», «natürlichen» Ablauf der Welt gewährleistet. Doch hat der Schöpfer in dieses deterministische System einen «Psychismus» eingebaut, der allem, was da existiert, vom Staubkorn bis zum entfernten Planeten, von der Fliege bis zum Menschen, eine gewisse besondere «persönliche» «Freiheit» gibt. Diese Freiheit zeigt sich in allen Graden der Existenz, von der unbelebten Materie bis zum Menschen.

Nach Auffassung der Naturwissenschaft, der Physik, herrscht von ihrem griechischen Ursprung bis zum Anfang dieses Jahrhunderts ein absoluter allmächtiger Determinismus in dieser Welt, der weder Anfang noch Ende hat. Letztere regiert sich durch ein System unveränderlicher Gesetze, das sie sich selbst gegeben hat und das strikt alles, was existiert, regelt. Der Mensch entgeht diesem System nicht, denn er ist kaum mehr als ein «physischer Faktor»; seine «Freiheit» ist nur ein Glied in der Kette des allgemeinen Determinismus. Der Mensch ist daher nur eine unbedeutende Parzelle der Materie (oder auch ein anonymes Teilchen einer sozialen Anordnung).

Es galt, den jetzigen Augenblick abzuwarten, um den Anfang einer Übereinstimmung zwischen der Kabbala und der Wissenschaften, insbesondere der Physik, festzustellen. Eine solche Übereinstimmung könnte sie auf harmonische Art zu einem Übereinkommen über das Wesentliche des wissenschaftlichen Denkens führen.

Die Kabbala lehrt, daß es «Momente» gibt, die die göttliche Vorsehung «wählt», um gewisse Wahrheiten in ihrer Lehre zu enthüllen. Diese «Momente» bezeugen eine Vertiefung der «Mysterien der Thora», ein stärkeres Durchdringen der «inneren Weisheit» der Thora, von seiten derjenigen, die sich dieser in der Heiligkeit widmen: die *Anawim*, die «Demütigen», die *Anijim*, die «Armseligen» (diese beiden hebräischen Wörter spiegeln zwei Tugenden wider, die sich bei den *Zenuim*, den «Keuschen», ergänzen, die somit dem Ruf Gottes «folgen»). Diesen *Zenuim*, diesen «Keuschen», gelingt es durch ihren Fleiß beim Studium der Thora, durch ihre gewissenhafte Befolgung der Mizwot, die «Mysterien der Thora» zu durchdringen. Einmal an die Oberfläche «gelangt, ohne den anderen enthüllt zu sein», «erwecken diese Geheimnisse bei den anderen», bei den nicht Eingeführten, ein wachsendes Interesse für die Werte der Kabbala, und das bei den Juden wie bei den Nichtjuden. Ein solcher Erfolg könnte zwischen der wissenschaftlichen Auffassung der Kabbala und derjenigen der Kosmologie führen, in dem – ist die Idee der *Schöpfung* der Welt erst einmal zugegeben (eine freie und *ex nihilo* Schöpfung) – eine Philosophie der Wissenschaft und der Ethik entstehen könnte, in der beide Auffassungen miteinander vereinigt werden.

«Privilegierte Momente» in der Geschichte der Kabbala. Deren eschatologische Bedeutung.

Solche «privilegierten Momente» in der Geschichte der Kabbala werden von den Kabbalisten selbst bezeichnet und sie laden ein, daraus die Lehre, die diese beinhalten, zu ziehen.

Der erste große Moment war derjenige der «Offenbarung», der Erscheinung des *Sefer HaSohar*, des «Buches der Herrlichkeit», das von dem Heiligenschein des Rabbi Schimeon bar Jochai, dem Tanna, der im zweiten Jahrhundert in Galliläa lebte, gekrönt war. Die «Offenbarung», das heißt die Verbreitung dieses grundlegenden Buches der Kabbala, erfolgte in Spanien (13. Jh.).

Der zweite große Moment war derjenige der «Offenbarung», der Erscheinung des Rabbi Jitzchak Luria, des *Ari HaKadosch*, des «heiligen Löwen», des Vaters der jüdischen Mystik, in Galliläa (16. Jh.).

Der dritte große Moment war derjenige der «Offenbarung», der Erscheinung des Rabbi Jisrael Baal Schem Tow, des «Meisters des Namens», des Vaters des Chassidismus, in der Ukraine (18. Jh.).

Der Sohar selbst zeugt von der Bedeutung des ersten großen Moments, von seiner eschatologischen Bedeutung. Er bestätigt, daß «in der Zukunft», «in den Zeiten des Königs Messias», «Israel von dem Baum des Lebens, der der Sohar ist, kosten wird und in dem der Heilige, gesegnet sei er, die tiefen Mysterien der Thora versteckt hat. Und dann wird Israel diese entdecken». «Dank diesem wird Israel die Galut, das Exil, in Begleitung der göttlichen Gnade verlassen». «Das eingehende Studium des Sohars wird die letzte Erlösung begünstigen.»

Der Anhänger des *Ari HaKadosch*, Rabbi Chajim Vital, zeugt von der messianischen Reichweite des zweiten großen Momentes. Er bestätigt, daß dank der Kommentare, die Rabbi Jitzchak Luria dem Sohar angefügt hat, dieses «heilige Buch» denjenigen zugängig geworden ist, die es durch ihre Heiligkeit verdienen, und die für die Herrlichkeit Gottes und die Erlösung Israels sowie der Welt arbeiten.

Rabbi Mosche Chajim Epharïm von Sudylkow, der Enkel

108

des Rabbi *Israel Baal Schem Tow* und Kommentator seiner Lehre, zeugt von der messianischen Reichweite des dritten großen Momentes. Er schreibt in seinem *Degel Machane Ephraim*, daß die messianische Zeit dann anbrechen wird, wenn sich «die Quellen» der Lehre des *Baal Schem Tow* «außerhalb», in der Welt, «ergießen» werden. (Der Chassidismus des *Baal Schem Tow* wertet den ethischen Aspekt und die Praxis der abstrakten Lehre des Rabbi Jitzchak Luria auf und macht diese gemeinverständlich).

Diese drei großen Momente entsprachen einer Vertiefung und einer «Enthüllung» der «Mysterien der Thora». Somit haben sie zu einem Ausgießen der *Daat HaSchem*, der «Erkenntnis Gottes», beigetragen; sie haben das Kommen der messianischen Zeiten vorbereitet, sie haben die Zeiten der Erlösung beschleunigt. Die berühmten Meister des kabbalistischen Denkens und insbesondere Rabbi Jeschajhu Horowitz, der *Schela HaKadosch* (16.–17. Jh.) und Rabbi Schenur Salman von Liady (18.–19. Jh.) lieben es, sich über die historische Bedeutung dieser großen Momente Gedanken zu machen.

«Mysterien der Thora» und «Mysterien der Welt».

Die *Daat HaSchem*, die «Erkenntnis Gottes», ist als Schöpfer der Welt und Geber der Thora letztlicher Ausdruck aller Erkenntnis. Um diese zu erreichen, ist es notwendig, die *Daat*, die «Erkenntnis» der göttlichen Thora, zu erfassen, indem diese die wissenschaftliche Erkenntnis der göttlichen Erschaffung der Welt einschließt, klärt und lenkt. In der Bibel wird Gott, *El Deot HaSchem*, «der Ewige ist der Gott der Wissenschaft» (Sam. I, 2,3), genannt. Und die Weisen fügen hinzu: «Die Wissenschaft ist groß, wenn sie zwischen die beiden Namen Gottes gestellt wird»: *El HaSchem* (indem so aufgezeigt wird, so erklärt der Sohar, daß «die beiden göttlichen Namen eine Einheit bilden: zwischen ihnen gibt es keine Trennung»). Gott zu erkennen, heißt, ihn als den einzigen Gott zu erkennen, der die Welt erschaffen hat, und der, indem er vor dem

Menschen herschreitet, diesen für sich selbst und für seinen nächsten verantwortlich macht.

Seit Daniels Zeiten bis hin zu Maïmonides, seit Maïmonides Zeiten bis hin zu Raw Kuk, indem über alle jüdischen Mystiker und Rationalisten hingegangen wird, erfolgt das «Wachstum» der *Daat*, der «Erkenntnis», insbesondere dasjenige der Wissenschaften unter der Schirmherrschaft der *Chochmot*, der «Weisheiten» der Thora, die von der Kabbala vertieft werden. Die *Chochmot* spiegeln die *Torah Ilaah*, die «übergeordnete Thora», die «Thora von Oben», und die *Torah Seira*, die «untergeordnete Thora», die *Torah Tataah*, die «Thora von Unten», wider. Die *Torah Ilaah* beinhaltet die *Rasei Torah*, die «Mysterien der Thora»; die *Torah Seira* beinhaltet die *Rasei Olam*, die «Mysterien der Welt». Die erste umfaßt die zweite, die mit der Wissenschaft verbunden ist. Die Gesamtheit dieser «Mysterien» untersteht dem Zeichen des ethischen praktischen Ideals, das von der Thora bestimmt wird.

Auf theoretischer *sefirotischer* Ebene verbindet die *Daat* die *Chochma* mit der *Binah*: Die erste könnte einer induktiven Argumentation, einem synthetischen geistigen Vorgang, beigeordnet werden; die zweite einer deduktiven Argumentation, einem analytischen geistigen Vorgang. Die *Daat* verbindet diese, offenbart diese und stellt deren Krönung dar. Diese muß religiös und moralisch sein, das bedeutet also in der Perspektive der Propheten Israels *Daat*; insbesondere in der Perspektive von Jesaja und Jeremia führt eine *Daat* zu einer *Daat HaSchem*, wie der Sohar und Maïmonides verlauten lassen. Die *Daat HaSchem* wird Israel und mit ihm die ganze Menschheit zu der letztlichen Erlösung aus der Galut, aus dem materiellen und geistigen Exil, führen, wie sie damals Israel zu seiner ersten Erlösung aus der Knechtschaft in Ägypten geführt hat. Ein Vers aus dem Buch Exodus (6,7) bezeugt dieses, so bemerkt Rabbi Nachman von Brazlaw. Es ist der folgende Vers: «Ich will euch annehmen zu meinem Volk und will euer Gott sein, daß ihrs erkennen sollt, daß ich der Ewige bin, euer Gott, der euch wegführt von den Lasten, die euch die Ägypter auflegen» . . .

Das «physisch Reale» öffnet sich auf eine metaphysische Realität hin.

Die Übereinstimmung der Kabbala mit der Wissenschaft hat zu einem «auserwählten Moment» stattgefunden, als sich letztere – die Wissenschaft des Lebens, die Physik, die experimentale Wissenschaft – in ihrer grundlegenden Auffassung der wissenschaftlichen Auffassung der Kabbala annäherte; als die Wissenschaft sogar bereit zu sein schien, eine solche Auffassung in ihrer Vision der *erschaffenen* Welt, in ihrer Art des Verstehens der Realität, zu ihrer eigenen zu machen.

Der heutige Wissenschaftler ist vor dem «Mysterium des Lebens», *Sod HaChajim*, vor seinem Ursprung und vor seinem Ende und insbesondere vor dem «Mysterium des Denkens», *Sod HaMachschawa*, also vor dem «*Mysterium* des Menschen», geblendet. Das Wesen des Menschen, so bestätigen die Meister der Kabbala, ist die *Jedia*, die «Erkenntnis»; und diese ist *nicht erkenntlich*. Der Mensch kann diese nicht erfassen, wie er «nicht das Wesen seiner eigenen Seele erfassen» kann. Der zeitgenössische Wissenschaftler erkennt an, daß das Erkenntliche unendlich klein gegenüber der ungeheuren Größe des Unkenntlichen ist. Er gibt zu, daß das Erkenntliche, Sichtbare, Greifbare unermeßliche, unsichtbare und für unsere Wahrnehmung unzugängliche Zonen umfaßt. Er geht davon aus, er stellt sich sogar vor, daß über dem phänomenalen Realen hinaus unsichtbare Realitäten verborgen sind. Seine Forschungen führen ihn dazu, eine Meinung zu vertreten, die in der Kabbala grundlegend ist und in der verschiedene Ebenen in der Realität unterschieden werden. Das *«physisch Reale»* öffnet sich im klassischen Sinne dieses Begriffes auf eine metaphysische Realität hin.

Der heutige Wissenschaftler weiß bereits eindringlich, daß die physische Stofflichkeit selbst ohne die unstoffliche energetische Kraft – die diese durchdringt – nicht das ist, was sie ist. Er ist daher nicht weit davon entfernt, die grundlegende These der Kabbala annehmen zu können, nach der «sich in einer jeden Sache ein interner ‹Punkt› befindet, der diese belebt und der die Vitalität darstellt, die der Schöpfer ihr zugestanden» hat und den Gott erhält und «belebt». Dieser «Punkt» stellt «die Kraft Gottes dar, die in jenem am Werk ist, der Gottes Handlung erträgt». Die *Orot*, die inneren «Lichter», verstekken sich hinter den *Orot*, den äußeren «Häuten». (Das hebräische Wort *Orot*, das «Lichter» bedeutet, beginnt mit dem Buchstaben *Alef*, der den *Alufo Schel Olam*, den «Meister der Welt», bezeichnet. Und das hebräische Wort *Orot*, das «Haut» bedeutet, beginnt mit dem Buchstaben *Ajin*, das den *Olam*, die «Welt», bezeichnet!) Nach den Meistern der Kabbala, existiert die «Natur» nicht wirklich. Das, was wirklich besteht, ist die *Chijut*, die «Vitalität», die die Natur von innen belebt; ohne die *Chijut* würde das, was uns von außen her erscheint, nicht existieren. Die *Chijut* spiegelt das Leben dessen wider, der der *Chai HaChajim*, das «Leben des Lebens», ist. Dieses wohnt in dem, das da «versteckt» existiert, indem es auf den Menschen, insbesondere den Juden, wartet, um es durch die Befolgung der Mizwot zu enthüllen.

Der lebendige persönliche Gott offenbart sich somit als verhülltes Leben, das das Leben aller Dinge, die existieren, speist. In allen Dingen gibt es eine Art Seele, geistige *Chijut*. Eine jede Sache umschließt eine Besonderheit, indem sie durch wachsende Intensität einen Teil der Freiheit erscheinen läßt. Die *Chijut* erinnert an die «Buchstaben» des «Wortes Gottes» (Ps. 33,6); denn die Welt «wurde durch das Wort Gottes gemacht», denn die Welt wird jetzt durch das Wort Gottes «gemacht», so läßt der Baal Schem Tow verlauten. Die *Chijut* aktualisiert die «zehn Worte, durch die die Welt erschaffen wurde» und durch die alles lebt, was existiert, und uns belebt oder unbelebt erscheint. Der transzendierende, unsichtbare, unstoffliche, die «Welt umgebende» Gott zeigt sich somit durch seine belebende immanente Widerspiegelung der «Welt, die er erfüllt», indem er ihr ihren Inhalt und ihr Leben gibt.

Insbesondere durch die Kabbala ist das Judentum also bestrebt, die *Penimiut*, die «Innerlichkeit» der Dinge, zu entdekken und den wesentlichen Sinn der Dinge zu finden. Der Hellenismus, dessen Geist die Wissenschaftler durch die Jahrhunderte geformt hat, hat sich darauf beschränkt, die sichtbaren

Dinge zu entfalten und diese «in Schönheit» zu ordnen. Doch hat der Wissenschaftler unserer Tage keine «hellenistische» mechanistische Anschauung der Welt mehr, einer Welt, die zuvor als unbeweglich und statisch betrachtet wurde. Nach dem Beispiel der Meister der Kabbala erkennt der Wissenschaftler von heute den dynamischen Charakter der Welt und ihre Bewegung auf eine Öffnung hin an. Die «Relativitätsprinzipien» Einsteins und die «Ungewißheitsprinzipien» Heisenbergs stellen den heutigen Wissenschaftler in eine «ungewisse Realität». Er wird sich daher bewußt, daß sich seine geistigen Überlegungen und die sich daraus ergebenen Handlungen in einer «ungewissen Realität» abspielen...

Die «Gewißheit», die die Wissenschaftler stolz während Jahrhunderten, in denen sie die Welt mit Hilfe ihres Verstandes untersuchten, vertreten haben, weicht nunmehr einem bescheidenen Urteil der «Wahrscheinlichkeit». Sie fällen nur noch dieses Urteil, nachdem sie die Welt untersucht und das erforscht haben, was sie «das Reale» nennen. Das Reale kann nicht mehr mit Genauigkeit umrissen werden, wie es zuvor der Fall war. Die reale Welt transzendiert auf eine «irreale» Welt hin, die die Wissenschaftler nicht mehr beschreiben können. Der Mensch kann nicht das analysieren, was er nicht mit der Vernunft erfassen kann. Er ist nicht in der Lage, das zu definieren, was er nicht verstehen kann. Die Vernunft ist daher nicht der einzige Weg, der zur Erkenntnis der Realität führt.

In der zeitgenössischen Wissenschaft wird der absolute Determinismus in Frage gestellt. Die neue Physik holt somit die Kabbala ein.

In eine «ungewisse Realität» gestellt, die diejenige der «Wahrscheinlichkeiten» ist, wagt es der Wissenschaftler unserer Zeit nicht mehr, stolz zu sein, wie es seine Vorgänger waren, und auch nicht mehr hochtrabend und verächtlich zu bestätigen, daß in der Natur, in der er sich befindet, und die er leicht erforschen kann, alles voraussehbar und daher erkenntlich ist. In *Wirklichkeit* sahen die Wissenschaftler im Ursprung aller Dinge eine feste unbewegliche *Ursache*, die die *Entwicklung* der Dinge unflexibel beherrschte. Und gegenwärtig werden die absolute Kausalität und der absolute Determinismus ernsthaft in Frage gestellt. In der neuen Physik gewinnt der Indeterminismus die Oberhand über den Determinismus, ohne sich jedoch von diesem zu trennen. Die neue Physik verbindet sich somit *grosso modo* mit der Kabbala, die eine unpersönliche, feste, zwingende, ewige Kausalität, die die Welt unbeirrbar beherrscht, nicht anerkennt.

Die Kabbala beleuchtet voll und ganz die Schöpfung: die Schöpfung der Welt, der der Schöpfer frei und freiwillig vorausgegangen ist, die er in die Zeit hat eingehen lassen und die er mit einem «Anbeginn» gekennzeichnet hat. Der Schöpfer, «Ursache der Ursachen», «Wurzel der Wurzeln», ist das Wesen über dem Wesen, der persönlich über sein «erstes Werk» wacht, das unaufhörlich an seinem Anfang steht und dem Menschen «verhüllt» ist. In seiner Güte erneuert Gott dieses jeden Tag, damit der Mensch es erfassen, es «sehen» kann.

Die Kabbala verkennt in der sichtbaren Welt die präzisen Gesetzmäßigkeiten des Determinismus nicht, die der Schöpfer selbst eingesetzt hat und die er unaufhörlich aufrecht erhält. Aber in dieser sichtbaren Welt und vor allem in der unsichtbaren Welt, läßt Gott dem Indeterminismus einen großen Platz.

Die Kabbala erkennt somit auch eine «Entwicklung» in der Welt an, jedoch nicht die Entwicklung, die von der klassischen wissenschaftlichen Anschauung dargestellt wird, nämlich die einwegige Entwicklung, die automatisch von der «Ursache» zur «Wirkung» führt. Die Entwicklung, die von der Kabbala anerkannt wird, ist eine *Hischtalschalut*, eine «Verkettung» wie ein freiwilliger «Abstieg», der von einem freiwilligen «Aufstieg» gefolgt wird: sie ist eine «Entfernung» von der «Wurzel» und eine «Rückkehr», eine *Teschuwa*, zu der «Wurzel». Die *Sefirot*, indem sie den Menschen vertreten, zeugen von dieser Entwicklung. Diese doppelte «Bewegung» seiner Schöpfung, seiner Geschöpfe, die von dem Schöpfer gewollt ist, hat der Mensch mit seiner Wissenschaft und seinem Willen entdeckt, denn diese Bewegung muß ihn zu seinem Ende führen.

Da die Wissenschaft unendlich ist, ist sie im
Unendlichen unerreichbar.

Die Wissenschaftler unserer Zeit nähern sich dank ihrer wachsenden Demut den Meistern der Kabbala, die, wenn ihr Geist einen hohen Grad der Klarheit erreicht, ausrufen: *WeHa-Chochma MeAjin TiMaze*! Die Denker der Kabbala heben diesen Vers aus dem Buch Hiob (28,12) aus seinem engen wörtlichen Rahmen heraus («Wo will man aber die Weisheit finden?«) und geben ihm eine weitgefaßtere Interpretation, indem sie in ihm eine Bedeutung von großer philosophischer Reichweite gefunden haben. Sie kommentieren ihn wie folgt: Die Weisheit – die Wissenschaft – die vom *Ajin*, vom «Nichts», kommt, die dem *Ein Sof*, dem «Unendlichen», gleich ist, sollte mit einer größeren Demut von dem Weisen, von dem Wissenschaftler, aufgenommen werden. Die Wissenschaft kann dort «gefunden» werden, wo derjenige, der sie sucht, sie als in das «Nichts» getaucht erkennt. Er muß sich daher selbst als ein *ajin*, als ein «Nichts», betrachten und seine Wissenschaft als ein «Nichts» angesichts der Wissenschaft, die alles ist, die alles umfaßt, beurteilen. Denn in Gott bildet die Wissenschaft Eines mit Gott, während die menschliche Wissenschaft nicht Eines mit ihrem Subjekt bilden kann. Gott, der Erkenntnis ist, erkennt sich selbst und erkennt alles, was da existiert, denn alles, was da existiert, existiert durch ihn, so bestätigt Maïmonides es, und in Gott, so sagen die Kabbalisten. Und er, der *Ein Sof*, der «Unendliche», steht über allen göttlichen Namen, durch die er mit den Menschen spricht, er hat keinen Namen, so schreibt Josef Gikatilla (13.-14. Jh.). Es ist *Ajin, Ein Sof*. Die Wissenschaft, die von dem Unendlichen ausgeht und die sich auf das Unendliche ausdehnt, hat auch keinen Namen, so bemerkt der Gaon von Wilna; denn je mehr eine Sache erhöht ist, desto weniger kann sie einen Namen tragen. Um die Wissenschaft des Unendlichen auszudrücken, erkennen die Wissenschaftler unserer Zeit an, daß sie keineswegs über semantisch zulängliche Mittel verfügen, und nicht einmal die mathematische Sprache reicht aus, um das Unendliche auszudrücken. Sie sind daher nicht in der Lage, dem

Unendlichen «Namen zu geben»; denn solche Bezeichnungen fehlen ihnen.

Sie erkennen an, daß die Wissenschaft, da sie unendlich ist, in der Unendlichkeit unerreichbar ist. Da sie sich auf immer mehr für die Wahrnehmung des Menschen unzugängliche Bereiche erstreckt, entgeht sie dem Geist des Menschen. Die Wissenschaftler erklären, daß sie unfähig sind, die Unendlichkeit auf eine begreifbare Weise zu erfassen. Und das erklären sie, sogar wenn sie dabei sind, die Höhen der Erkenntnis, der technischen Verwirklichungen zu erreichen, die ihre Vorgänger nicht einmal erträumt haben.

«Die Vernunft selbst läßt uns ihre Grenzen sehen»

Da die Wissenschaft unendlich und daher in der Unendlichkeit unerreichbar ist, geben ihre eminentesten gegenwärtigen Vertreter zu, daß sie unfähig sind, den Anforderungen einer echten Wissenschaft nachzukommen, das heißt das Reale in seinem Wesen zu erreichen, dieses in seiner Gesamtheit zu erfassen und es in einer angemessenen Sprache auszudrücken und daher ihre Einheit mit Präzision zu formulieren. Und doch wäre dieses das letztliche Ziel der Wissenschaft.

In allen Zeiten ist die Vernunft in der Welt der Wissenschaft als einziger Weg anerkannt worden, auf dem dieses Ziel zu erreichen wäre, von welchem die Forscher meinten, es wäre in ihrer Reichweite. Aus diesem Grunde feierten sie die intellektuelle, absolute, exklusive Allmacht der Vernunft. Sie verkündigten deren reine, «desinteressierte» und von aller persönlichen oder konjunkturellen Beeinflussung freien Objektivität. Seit einiger Zeit wird die «unpersönliche» Objektivität der Vernunft jedoch bezweifelt: Die Tendenzen, die Vorurteile und der Charakter des Menschen erlauben der Vernunft nicht, sich völlig frei zu entfalten. Es wird zugegeben, daß ein gewisser Subjektivismus in die Ausübung der Vernunft, in deren Annäherung an die Realität und in deren Verständnis der Wesen, eingreift; eine gewisse Spaltung trennt das Subjekt vom Objekt: das Objekt ist dasjenige, das vom Subjekt erwünscht wird... Der Mensch versteht, daß seine Vernunft ihm nicht helfen wird, seinen Wunsch, so gerechtfertigt er auch sein mag, zu erfüllen und eine globale und klare Sicht der Realität zu erhalten. Bei der Kritik der Systeme, die darauf abzielen, die Realität zu erklären, erscheint der Wert der Vernunft nicht mehr unbestreitbar, zwingend und äußerst wichtig. Die Vernunft erfreut sich nicht mehr der Unfehlbarkeit, die ihr vorher zugeschrieben wurde; ihre Universalität wird von nun an bestritten.

Wie für die Griechen vorher, gab es für die Wissenschaftler bis zum letzten Jahrhundert kein Kriterium der Wahrheit ohne vernunftsmäßige Äußerung und ohne experimentalen Beweis. Doch in unseren Tagen vervielfältigen und nuancieren sich die auf die Wahrheit, die Vernunft, den Beweis, die Erfahrung bezogenen Hinterfragungen ohne Unterlaß. Definitive Antworten auf philosophische und wissenschaftliche Probleme, denen sich die Forscher gegenübersehen, bleiben aus.

Dadurch werden die Forscher gezwungen, den Wert, der herkömmlich der Vernunft zugeschrieben wird, in Frage zu stellen. Ihre Vorgänger schrieben der Vernunft die Macht zu, alle Dinge zu erklären, die großen materiellen und technischen Verwirklichungen hervorzubringen und somit zur Wahrheit zu führen. Doch kann die Vernunft die Forscher nicht bis zum Ende ihrer Untersuchungen führen. Indem die Wirksamkeit der Vernunft und die Gültigkeit, deren Ergebnisse in Frage gestellt wird, sprechen eminente Philosophen der Wissenschaft von einer «Krise der Rationalität». Andere zögern nicht, von ihrem «Konkurs» zu sprechen. Doch ein berühmter Denker und Wissenschaftler gibt sich damit zufrieden, eine «Überarbeitung der Rationalität» vorzuschlagen und einen neuen Ansatzpunkt zu empfehlen.

Somit entdeckt der gegenwärtige Wissenschaftler den Sinn des Mysteriums!

Die Kabbala unterschätzt weder den Wert noch die Funktion der Vernunft. Sie räumt dieser eine wichtige Rolle in der intellektuellen wissenschaftlichen Forschung sowie in dem religiösen moralischen Verhalten des Menschen ein. Dennoch hat die Kabbala der Vernunft im Bereich der Wissenschaft niemals den ersten Platz eingeräumt, wie es die Griechen getan haben. Die Kabbala spricht ihr jedoch nicht allen Wert ab, wie es einige Wissenschaftler und Denker unserer Zeit tun.

Die Kabbala schätzt die Vernunft als «Gabe, die Gott den Menschen gegeben hat», um diesen zu helfen, seine Schöpfung zu verstehen und sein Universum zu pflegen, in dessen Mitte er den Menschen gestellt und für das er ihn verantwortlich gemacht hat. Der Mensch der Kabbala vergißt nicht, daß die Vernunft ihn bei der Erfüllung seines «Gottesdienstes» und daher im Dienst am Menschen erhellt. Er muß der Vernunft Aufmerksamkeit schenken, denn wenn er diese vernachlässigt, ist er noch mehr der «Sünde» ausgesetzt. «Der Mensch sündigt nicht» gegen Gott und geht nur dann gegen seine Mitmenschen fehl, «wenn ein Hauch der Torheit in ihn einzieht».

Und dennoch muß der Mensch sich nicht exklusiv der Vernunft anvertrauen und dies weder bei seinen intellektuellen wissenschaftlichen Forschungen noch bei seinem religiösen moralischen Verhalten; denn die Vernunft könnte ihn zum Fehlgehen verleiten.

Ein Jahrhundert, bevor sich die Kritik an der Vernunft in den philosophischen und wissenschaftlichen Kreisen hören ließ, bestätigte ein Meister des Chassidismus, Rabbi Zewi Elimelech von Dynow (19. Jh.), daß «die Vernunft selbst uns ihre Grenzen sehen läßt»; sie zeigt uns den Weg, der uns über sie hinaus führen kann, der uns «über die Vernunft» heraushebt, doch sagt sie uns auch, daß die «Übervernunft» – die weit entfernt ist, dieser zu widersprechen – diese vervollständigt.

Wie auf der intellektuellen wissenschaftlichen Ebene, so auch auf religiöser moralischer Ebene, hat der *Seichel*, die Vernunft, den Auftrag, uns zur *Daat*, zur intellektuellen-ethischen «Erkenntnis» zu führen. Diese Erkenntnis hat wiederum den Auftrag, uns zur *Daat HaSchem*, zur «Erkenntnis» Gottes, der Quelle der «Wissenschaft des Hirns und des Herzens», zu führen.

Der Wissenschaftler von heute entdeckt den Sinn des Mysteriums. Doch kann er uns noch nicht sagen, wohin uns das Mysterium führen muß. Raw Kuk, der den Beginn der «wissenschaftlichen Revolution» dieser Zeit erlebt und sich über deren materielle, moralische und soziale Folgen Gedanken gemacht hat, umreißt den Sinn dieses Mysteriums. Er schreibt: «In dem Maße, in dem die Wissenschaft voranschreitet und sich in ihrer Entwicklung festigt, nähert sich der Mensch dem göttlichen Licht.»

Die Verbindung, die die Wissenschaft mit der Ethik vereinigt.

Der Wissenschaftler von heute öffnet sich also der Transzendenz. Doch ist die Transzendenz von der Ethik unabtrennbar.

Die Kabbala fordert vom Menschen, die «verhüllten Dinge» vom religiös-ethischen Standpunkt aus zu betrachten, denn die «verhüllten Dinge» sind mit den «enthüllten Dingen» verbunden. Die letzteren müssen vom Menschen in der Optik der Thora und deren Mizwot gesehen werden. Die Kabbala fußt diese Lehre auf den Vers des Buches Deuteronomium (29,28): «Was verborgen ist – *HaNistarot* – ist des Ewigen, unseres Gottes, was aber *offenbart* ist – *HaNiGlot* –, das gilt uns und unsern Kindern ewiglich, daß wir tun sollen – *LaAssot* – alle *Worte* dieser Thora.»

Zwischen den «verborgenen Dingen», *HaNiStarot*, und den «offenbarten Dingen», *HaNiGlot*, besteht eine Verbindung. Der Mensch ist aufgerufen, diese Verbindung der Welt durch die religiöse und ethische *Tat* aufzuzeigen: *LaAssot*. Durch diese *LaAssot* offenbart der jüdische Mensch der Welt, daß die «verborgenen Dinge» und die «offenbarten Dinge» keinen zwei unterschiedlichen Ordnungen, zwei getrennten Welten, angehören, sondern einer einzigen und derselben Welt. Diese erwartet, daß ihre Einheit durch das Studium der Thora und die Befolgung der Mizwot aufgezeigt werde. Der jüdische Mensch und das jüdische Volk müssen für die volle Aufzeigung des *JiChud*, der «Vereinigung» dieser Welt, «arbeiten», die *scheinbar* in zwei Welten getrennt ist.

In der Empfehlung an den jüdischen Menschen, in Übereinklang mit den Mizwot zu «machen», zu «handeln» – *LaAs-*

sot –, tröstet die Thora diesen über seine «*Unwissenheit*», über seine Unfähigkeit, die Mysterien der *HaNiStarot* zu durchdringen, hinweg. Sie bestärkt den Menschen in seinem «Wissen», in seiner Fähigkeit, die Erkenntnis der *HaNiGlot* zu entwickeln. In Wahrheit besteht der *Olam HaMachschawa*, die «Welt des Denkens», der reinen Spiritualität, und ist ganz und gar undurchdringlich; doch empfängt der Mensch von ihr die «Funken der Thora», die ihm helfen, den *Olam HaAssija*, die überlegte getrennte «Welt der Aktion» zur Entfaltung zu bringen, die seine Welt, die Welt ist, die ihm in ihrer Gesamtheit vorbehalten wurde.

Je mehr der Mensch in den *Olam HaAssija*, in der Übereinstimmung mit den Mizwot der Thora, handelt, um so mehr vergeistigt er sich. Die Reinigung seines Leibes und die Verfeinerung seines Geistes erhöhen seinen intellektuellen Scharfblick, festigen sein kognitives Vermögen und befähigen ihn, das zu «sehen», was ein normales «Auge nicht erschauen darf».

Als «Gott seinem Volk auf dem Sinai die Thora gab, rief Israel aus: ‹Wir werden – *NaAsse* – alles tun, was der Ewige gesagt hat, und wir werden hören – *WeNiSChma!*› »

Und die Weisen kommentieren diesen Vers des Buches Exodus (24,7), indem sie sagen: «Zur Stunde, da Israel den *NiSchma* des *NaAsse* vorgehen ließ (wo es zunächst sagt: *NaAsse*, ‹wir werden machen› und dann: *NiSchma*, ‹wir werden hören›), wurde ein (göttliches) Echo laut, das fragte: ‹Wer hat daher meinen Kindern dieses *Raz*, dieses Mysterium, enthüllt, dem die Engel angehören, wie es geschrieben steht (in den Psalmen 103,20): ‹Lobet den Ewigen, ihr seine Engel, seine starken Helden, die ihr seinen Befehl *ausrichtet – Ossei –* sein Gebot, daß man es *höre – LiSchmoa –* auf die Stimme seines Wortes?› Zunächst *Ossei* (diejenigen, die «*machen*») und dann *LiSchmoa*, ‹hören› (diejenigen, die *hören*).»

Zunächst «machen» und dann «verstehen». Mit welchem Ergebnis, mit welcher Belohnung? Wenn der *Assija*, das «Machen», die Handlung, der *Schemia*, dem «Gehör», dem Anhören, vorausgeht, kann der Mensch nach dem Sohar seine intuitive Fähigkeit walten lassen, die es ihm erlaubt, in die Welt der reinen, «engelhaften» Spiritualität einzutreten, damit er dort die «Mysterien» entdecke. Unter den Kabbalisten haben die «Demütigen» manchmal die Erfahrung gemacht, auf die sich der Sohar bezieht...

Der Wissenschaftler von heute kann den Einfluß des Transzendenten auf ihn, auf sein Bewußtsein, insbesondere auf seine außerordentliche Verantwortung in einer Welt, in der Wissenschaft und Technik der Menschheit so viele Verheißungen der Entfaltung und so viele Drohungen der Vernichtung liefern, nicht mehr leugnen.

Vor weniger Zeit noch verweigerte der Wissenschaftler ganz und gar eine Verbindung, eine jegliche Übereinstimmung zwischen Wissenschaft und Ethik. Er meinte, daß das, was er reine Wissenschaft nannte, nicht mit der Ethik verbunden werden könne, ohne dabei ihre Souveränität zu verlieren. Nach ihm zu schließen, genügte sich die reine Wissenschaft ihrer selbst und war nicht in der Lage, sondern im Recht, den moralischen Forderungen zu entsprechen, die sich aus ihrer Objektivität ableiten ließen. Also kann die exakte, autonome Wissenschaft aus sich selbst nicht die moralischen Werte hervorbringen. Beweis dafür ist die zeitgenössische Welt, in der die Wissenschaft den ersten Platz einnimmt und in der der ungeheure wissenschaftliche Fortschritt nicht nur keinerlei geistigen, moralischen Fortschritt mit sich bringt, sondern, im Gegenteil, mit einer unheilvollen Regression auf moralischer und spiritueller Ebene verbunden ist, die katastrophale Folgen hat.

Heute scheint es, da die wissenschaftliche Objektivität in Frage gestellt ist und die Subjektivität des Wissenschaftlers nicht mehr geleugnet werden kann, daß langsam die wahre Verbindung, die die Wissenschaft und die Ethik vereinigt, zugegeben wird (die innere Verbindung, die mehr als disziplinär ist, zwischen dem, was man exakte Wissenschaften und Humanwissenschaften nennt). Alle beide sind in dem *Mysterium* des Unendlichen eingeschlossen.

Angesichts des Wissenschaftlers von heute, der sich schrittweise auf die *Mysterien* des Unendlichen öffnet, erscheint der profane Mensch im allgemeinen noch gleichgültig, wenn nicht feindlich gegenüber der Welt des *Mysteriums* zu sein. Und dennoch ist der Mensch – mißbraucht von dem materialistischen Rationalismus und einem erstickenden Technizismus – erpicht, sich von seinen Zwängen zu befreien. In der Jugend zeichnet sich bereits eine aufrichtige Suche nach der Spiritualität ab. Diese Suche, die noch verworren ist, führt dazu, daß einige Jugendliche in einem krankhaften Obskurantismus vegetieren, während andere die Gärten einer wahrhaftigen Spiritualität entdecken und die ersten Düfte dieser kosten...

Der Wissenschaftler, der bereit ist, in der unitarischen Welt der Wissenschaft und der Ethik zu leben, könnte den Jugendlichen helfen (von denen viele nach Wissenschaft und Glauben dürsten), aus deren Verworrenheit herauszukommen. Er könnte diese «erleuchten», also in ihnen das hervorbringen, was die Kabbala den *Beirur*, die «Klärung», nennt. Diese Klärung ist notwendig und sogar heilbringend, um die «Trennung» von Gott, sich selbst und dem Nächsten zu überwinden und um die «Wurzeln» des wahrhaftigen Lebens zu entdecken.

Annäherung von zwei wissenschaftlichen Auffassungen: derjenigen der Kabbala und derjenigen der zeitgenössischen Wissenschaft. Die «Modernität» der Kabbala.

Die zeitgenössische Welt der Wissenschaft und folglich die ganze Welt mit dieser, befindet sich an einem entscheidenden Wendepunkt: Ihre Auffassung der Wissenschaft neigt dazu, sich mit derjenigen der Kabbala zu verbinden. Und die wissenschaftliche Auffassung der Kabbala ist auf religiöser und philosophischer Ebene von ihrer Auffassung der Ethik untrennbar. Sie durchdringen einander und bilden Eines.

Heute begegnen sich die wissenschaftliche Auffassung unserer Zeit und diejenige der Kabbala aller Zeiten. Heute offenbart sich die tiefgreifende Verwandtschaft ihrer hauptsächlichen Ausrichtungen.

Ist es ein Zufall? Ganz und gar nicht. Warum findet diese

Begegnung gerade in den Tagen statt, in denen die Wissenschaft – nachdem sie ihr Voranschreiten wie nie zuvor beschleunigt hat – mit einer erstaunlichen Schnelle beeindruckende Gipfel erreicht hat? Sie hat sich beinahe mit einem Mal auf eine erstaunliche Weise und in einer sehr kurzen Zeitspanne im Vergleich zu ihrer langen Geschichte an Ideen, an Erfindungen, an Entdeckungen und an technischen Verwirklichungen bereichert. Warum ergibt sich erst jetzt diese Fruchtbarkeit an Phantasie, die Explosion von Ideen, die Revolution der Technik?

Im Lichte der Kabbala erscheint diese Übereinstimmung zwischen ihrer eigenen wissenschaftlichen Auffassung und der stets in Bewegung befindlichen Auffassung der zeitgenössischen Forscher nicht zufällig, sondern ganz im Gegenteil. Sie drängt sich unserer Überlegung auf und fordert, erklärt zu werden.

Im Lichte der Kabbala ist diese Begegnung zwischen der Vertiefung und der Verbreitung ihrer Lehre und der wissenschaftlichen «Erläuterung», die einzigartig ist, von der Vorsehung, von der *Haschgacha*, gewollt. Sie rechtfertigt das, was man «Modernität» der Kabbala nennen könnte. Dieser Begriff war nicht vom wissenschaftlichen und philosophischen Standpunkt aus auf keine «Zeitgenössigkeit», die zwischen die wissenschaftliche Auffassung der Kabbala und diejenige der Wissenschaft geschoben wurde, anwendbar.

Die Übereinstimmung zwischen diesen beiden Auffassungen erscheint zu einem Augenblick, zu dem der Sohar erklärt, es müsse durch die «demütigen» Kabbalisten eine Vertiefung, eine «Enthüllung» der *Rasei Torah*, der «Mysterien der Thora», und ein wachsendes Interesse an der Kabbala und insbesondere an dem Sohar in den zahlreichen intellektuellen Kreisen hervorgerufen werden.

Dieser «Augenblick» der Begegnung, die nach dem Sohar eine eschatologische Bedeutung hat, wird von ihm an das Ende des 6. Jahrtausends (von der Zeit der Schöpfung der Welt) gesetzt. Dieses Datum entspricht nach dem jüdischen Kalender den gegenwärtigen Zeiten! So sagt der Sohar aus, «haben sich die Pforten der *Chochma*, der «Weisheit von

Oben» und die Quellen der *Chochma*, von unten, geöffnet (dieser Begriff umfaßt die Auffassung einer untersuchenden Vernunft, indem diese zu religiös-moralischen Werten führt). Somit bereitet sich die Welt vor, in das siebente Jahrtausend (das sabbatische, messianische) einzutreten. Dennoch ist es der «Willen des Heiligen, gesegnet sei er, nicht den Söhnen Adams (den Menschen) (die Zeiten) des messianischen Kommens zu enthüllen». «Doch wenn die Tage des Messias nahe sein werden, können sogar die Kinder das Ende berechnen.»

Wir wollen die so häufig von unseren Weisen formulierten Gebote nicht übertreten, wir enthalten uns «der Berechnung des Endes» und wollen nicht vorgeben, daß wir in den heiligen Texten die Zahlen und die numerischen Kombinationen herausfinden können, die die «Berechnung des Endes» des Augenblicks der Ankunft der messianischen Zeiten erlauben. Weit von uns gewiesen sei eine solche Kühnheit! Diejenigen, die glaubten, «rechnen» zu können und eine solche heikle arithmetische Operation zu bewerkstelligen, «sind fehlgegangen». (Es stimmt, daß die «Zuckungenen» der gegenwärtigen Zeiten mit den vormessianischen «Zuckungen» verglichen werden könnten, wie es von unseren Weisen vorausgesagt worden ist!)

Wie wir bereits erwähnt haben, entspricht dieser Wendepunkt, den wir in der Geschichte der Wissenschaft erleben, einer nicht zu verleugnenden Annäherung zwischen den beiden wissenschaftlichen Auffassungen, nämlich derjenigen der Kabbala und derjenigen der zeitgenössischen Wissenschaft.

Diese Annäherung findet auf der Ebene der Theorie sowie auf derjenigen des wissenschaftlichen Denkens wie auf der Ebene der ethischen, historischen, religiösen Folgesätze statt, die sich notwendigerweise daraus ergeben, wie man jetzt zu erkennen beginnt. Heute ist die Wissenschaft in der Lage, entweder einen *Sam Chajim*, ein Elexier des Lebens, oder einen *Sam Maweth*, ein Elexier des Todes für den Menschen, für die Menschheit, für die Welt hervorzubringen.

Die Kabbala hebt diesen Folgesatz mit Nachdruck hervor. Sie verbindet den Ausgang Israels aus der Galut, dem Exil, mit dem (messianischen, eschatologischen) Sieg der «Erkenntnis», der *Daat* (Begriff, der die Auffassungen der Wissenschaft und der Ethik umfaßt). Und die Galut Israels, des Menschen, symbolisiert die innere Galut aller Menschen und das geistige Exil der ganzen Menschheit. «Die ganze Welt ist in der Galut!», ruft Rabbi Mosche Cordovero aus und mit ihm so viele andere Meister der Kabbala bis in unsere Tage hinein. Die Erlösung Israels aus seiner Galut wird die Erlösung der Menschheit aus ihrer Galut und den Anbeginn der messianischen Zeiten bezeichnen.

«Der Messianismus ist in seinem Wesen ein Wert, der aus Israel stammt (ein Wert, der dem Volk Israel offenbart wurde, und das diesen der Welt übergeben hat). In diesem Volk sind das himmlische Reich und das irdische Reich lediglich eines», so schreibt Raw Kuk. Aus diesem Grunde trägt das Volk Israel, der Wächter der Thora, eine große Verantwortung in der Welt; eine Verantwortung, die in sich außerordentlich ist: der *Tikkun*, die moralische und religiöse «Einsetzung» der Welt hängt von der moralischen religiösen «Einsetzung» des Volkes Israel ab, so lehrt Raw Aschlag (20. Jh.), indem er der Lehre des Rabbi Chajim Attar (18. Jh.) folgt.

Israel wird fähig sein, diese «Einsetzung» zu erhalten, wenn es den höchsten Grad der *Daat*, der «Erkenntnis», erreicht haben wird. Und die *Daat* ist perfekt, wenn sie – weit entfernt von der Erreichung auf menschlicher Ebene – zu der *Daat HaSchem*, der «Erkenntnis Gottes», reicht.

Die *Daat HaSchem* ist von Maïmonides als *Chochma Amitit*, als «wahre Weisheit», formuliert worden. (Dadurch unterscheidet der berühmte Philosoph und Rationalist sich nicht von den großen Denkern der Kabbala). Vom religiösen Standpunkt aus gesehen, hat diese höchste Weisheit gerade eine ethische und menschliche Reichweite. Dies wird von Maïmonides bestätigt, der sich auf diese Worte des Propheten Jeremia (9, 22–23) bezieht: «So spricht der Ewige: Ein Weiser rühme sich nicht seiner Weisheit! Wer sich rühmen will, der rühme sich dessen, daß er klug sei und mich *kenne*, daß ich der Ewige bin, der Barmherzigkeit, Recht und Gerechtigkeit übt auf *Erden*; denn solches gefällt mir, spricht der Ewige.»

Wie sich die Weisheit, der *Chochmat HaEmet*, der «Weisheit der Wahrheit» rühmen?, fragen sich die Meister der Kabbala. Wir wissen, daß *die* Wahrheiten, die wir bestätigen, von *der* Wahrheit entfernt sind und daß unsere «wissenschaftlichen Wahrheiten» einander häufig widersprechen. Die Geschichte der Wissenschaft ist reich an Beispielen der als wahr und einzig wahr dargestellten Theorien, die sich, ohne sich zu ähneln, folgen, ersetzen und auslöschen. Aber die gegenseitige Wissenschaft, die die Wissenschaft aller Zeiten ist, seit den Griechen bis zu unseren Tagen, ist bestrebt, *die* Wahrheit, die einzige Wahrheit zu erkennen, denn die Wahrheit kann nur Eine sein.

Dieses *letztliche* Ziel der Wissenschaft ist niemals dem Menschen zugängig; es bleibt ihm «verborgen». Und dennoch muß der Mensch es ohne Umriß suchen; denn das ist seine Berufung.

Aus diesem Grunde schließt die Kabbala, daß die *Wahrheit* unerkenntlich, unerreichbar ist. Trotzdem muß der Mensch diese stets suchen, sich auf sie zubewegen, indem er allenfalls weiß, daß ihr Wesen ihm unzugänglich bleibt.

Wo befindet sich denn die *Wahrheit*? Sie ist in Gott und nur in Gott. So hat es Jeremia (10,10) verkündet: «Der Ewige, Gott, ist Wahrheit». Dieses Wort des Propheten Israels ist mit Demut und Gewißheit von den Meistern der Kabbala, den Gläubigen Israels, wieder aufgenommen worden. Für sie führen *Emet* und *Emuna*, «Wahrheit» und «Glauben» (die dieselbe Wurzel haben), den Menschen gemeinsam zur *Daat HaSchem*, zur «Erkenntnis Gottes». Und doch erinnert uns der weise König Salomon daran, daß es «Gottes Ehre ist, eine Sache zu *verbergen*»... (Spr. 25,2).

Der Sohar lädt uns ein, dieses Kapitel mit demselben Wort abzuschließen, das er uns erlaubt hat, an den Anfang zu stellen: *HaSod Hu HaJesod*, das «Mysterium ist die Grundlage». Es ist die Grundlage aller Dinge, und alles ist Mysterium.

ZWEITES KAPITEL

WODURCH IST DIE KABBALA EINE WEISHEIT?

Die Weisheit bildet das Wesen der Lehre der Kabbala und deren Zweckbestimmtheit. Die Weisheit hat ihre Wurzeln in dem göttlichen Willen und Denken, die sich in der Thora «konzentrieren».

Die Weisheit ist nicht lediglich einer der Werte der Kabbala; sie bildet nicht nur einen der Aspekte ihrer Doktrin, sondern sie bildet das eigentliche Wesen ihrer Lehre, ihrer Zweckbestimmtheit, denn sie liegt ihrem Ursprung zugrunde.

Die Weisheit ist Kabbala.

Um welche Art von Weisheit handelt es sich also?

Der Lauf des jüdischen mystischen Denkens, das meditativ, kontemplativ und sogar spekulierend ist, entfaltet sich wie ein Fluß des Lebens. Betriebsam bietet uns dieses Denken ein besonderes Modell der Weisheit, also ein überlegtes moralisches Verhalten des einzelnen und der Gesellschaft. Die orientalischen, christlichen und muslimischen Mystiker legen ebenfalls Prinzipien der Weisheit fest und bauen ebenfalls ethische Systeme auf, indem sie sich auf einen höheren moralischen Willen beziehen und indem sie eine asketische Lebensform begünstigen. Die jüdische Mystik ist jedoch in ihrer Form wie in ihrem Inhalt einzigartig. Sie ist bereits durch den hebräischen Begriff, der sie mit *Kabbala* bezeichnet, einzigartig. Dieser Begriff, der «Rezeption» bedeutet, lehrt uns, daß die Kabbala in ihrer Theorie auf der hebräischen Thora fußt, die auf dem Sinai offenbart und «von Mund zu Mund» «weitergegeben» wurde, damit durch ihre Interpretation in ihre «Mysterien» eingedrungen werden kann.

Sie ist auch noch einzigartig wegen ihrer praktischen Anwendung, die ebenfalls auf der Thora beruht.

Theorie und Praxis der Thora vereinigen sich in der

Chochma, aus der diese hervorgehen und auf die diese zulaufen. *Chochma* heißt im Hebräischen «Weisheit».

Die *Chochma*, die Weisheit, ist am Ursprung «höchste» *ilaa*, denn sie hat ihre «Wurzeln» in dem göttlichen «Willen» und dem göttlichen «Denken», bevor diese sich offenbaren, und sie liegt nach deren Offenbarungen ganz nahe an dem Gipfel, an der «Krone», der ersten göttlichen «sefirotischen» Bekundungen.

> *Der Schöpfer hat den Menschen in den Mittelpunkt des Universums gestellt; er hat ihm die Verantwortung für das Schicksal der Welt übertragen.*

Diese ersten Bekundungen des Schöpfers führen zur Erschaffung der Welt, die die Schöpfungsarbeit des Menschen vollendet. Der Schöpfer stellt dieses Geschöpf, dieses außergewöhnliche Wesen, in den Mittelpunkt des Universums. Er macht ihn für die ganze Welt und für alles, was darinnen ist, verantwortlich. Er hat den Menschen absichtlich aus allen spirituellen und materiellen Elementen geformt, die diese Welt bilden und aus allen Elementen, die die anderen Welten formen, indem sie unserer Welt entsprechen (Welt der geistigen «Ausstrahlung», Welt der «Schöpfung», Welt der «Entstehung»). Diese Welten spiegeln sich in dieser Welt und diese in ihnen wider. Diese Welt ist das materielle Ziel der höheren Welten, in die sie sich integrieren muß. Der Mensch, den der Schöpfer auf die Erde gesandt und in dem er die Elemente aller Welten angesammelt hat, ist für deren Kohäsion verantwortlich. Er ist in der Lage, auf diese einzuwirken. Aber der Mensch ist nicht nur Hüter ihrer Ordnung und für deren Unordnung verantwortlich. Er hat auch die Berufung, die Welt, in der er lebt und die die Welt der «Aktion» ist, über die höheren Welten zur Wurzel selbst der Welten, in den *Chai Olamim*, in denjenigen, der «stets lebendig ist», in denjenigen, der «den Welten das Leben gibt», zurückzuführen. Die Aufgabe des Menschen besteht darin, die «Entgleisungen», die sich aus der Unterschiedlichkeit und aus der Auffächerung der ursprünglichen Welt in mehrere Welten ergeben könnte, zu «beheben», indem er sie wieder in der einheitlichen Fülle ihres Lebens in denjenigen der der *Chai HaChajim,* das «Leben der Leben», der Einzigartige Eine, ist, «zurückführt», bevor die Zahl Eins erdacht, gedacht und erfunden sein konnte.

«Was ist der Mensch, daß du seiner gedenkst?» Wie konnte diesem zerbrechlichen Wesen eine so enorme Aufgabe anvertraut werden? Wie konnte er mit einem so erstaunlichen Auftrag betraut werden, daß von ihm gesagt wird: «Du hast ihn wenig niedriger gemacht als Gott»? (Ps. 8,6).

Gott fordert vom Menschen nicht, daß er seine Kräfte übersteige. Er bittet ihn zu handeln «nach Maß seiner Kräfte», die er ihm eingegeben hat. Und er hat ihm ausreichend Kraft gegeben, um eine solche Aufgabe ganz zu erfüllen, auch wenn der Mensch versucht ist, dieser zu entgehen, indem er meint, er sei unfähig, eine so schwere Bürde, eine kosmische Last zu tragen und dem nach menschlicher Sicht «Unmöglichen», Unvorstellbaren gegenüberzutreten.

Der Schöpfer hat die Thora, die göttliche Lehre,
und die Mizwot, die göttlichen Gebote, dem Men
schen zur Verfügung gestellt, damit dieser seiner
Berufung im Universum nachkommen kann. Is
rael, Bewahrer, Wächter und Erfüller der Thora
und der Mizwot.

In Wahrheit ist der Mensch in der Lage, seiner ihm von Gott erteilten Berufung nachzukommen. Angesichts der Erfüllung einer solchen Berufung hat Gott die Thora, die Charta der Welt, erschaffen. Er hat sie vor der Welt erschaffen und «indem er sie ansieht», indem er sich nach ihr richtet, ist er zur Einrichtung des Universums übergegangen. Dieser Plan der Welt ist eine «Lehre», eine Thora, zum Gebrauch des Menschen; denn durch diese wird er wiederum gelenkt werden, um die Existenz der Welt zu sichern und um dort den «Willen» und das «Denken» seines Schöpfers zu achten und um sie dort respektieren zu lassen.

Aus diesem Grunde hat der Urheber der Thora diese mit den Mizwot, den «Geboten», also mit Pflichten ausgestattet, die der Mensch erfüllen muß, um die Ordnung in der Welt aufrechtzuerhalten, und mit Verboten, die der Mensch beachten muß, um die Welt vor der Unordnung zu bewahren. Dank der Mizwot kann der Mensch Harmonie zwischen den Welten walten lassen.

Aber «zu Anfang» hat Gott, indem er die Thora ansah, den Ausdruck seines Willens und seines Denkens für den Menschen – um die Welt zu erschaffen – einen Partner, einen Bewahrer, einen Wächter, einen Erfüller ausersehen, der auch «zu Anfang seines Denkens» erschienen ist, nämlich Israel. Somit wirken die Thora, die «Anfang» genannt wird, und Israel, das «Anfang» genannt wird, in den Händen des Schöpfers an dem «Anfang» der Schöpfung der Welt mit. In der Thora und in Israel plant Gott seit dem Anfang die Entwicklung der Welt. Ihnen hat er die Zweckbestimmtheit der Welt aufgeprägt und in ihnen bereits die eschatologische Verbindung zwischen «Anfang» und «Ende» der Welt vorgezeichnet. Folglich wird die Geschichte der Welt einen Prozeß darstellen, der sich zwischen zwei Polen, der «Ursprünglichkeit» und der «Messianizität», abspielt, die aufgerufen sind, «an diesem Tag», «am Ende der Tage» ineinander aufzugehen. Die Geschichte der Welt ist also ein ständiger und schwieriger Prozeß der messianischen Eingebung und Ordnung. Der ursprüngliche *ADaM* findet sich im letzten *ADaM* wieder. An der Schwelle der Geschichte erkennt sich Adam in David, dem Mittelpunkt der Geschichte, und dieser vollendet sich im Messias, dem Ende der Geschichte.

Nach dem Plan seiner Vorsehung läßt Gott die Welten, «Werk seiner Hände», in ihre ursprüngliche Höhe «hinabsteigen»; indem er sie belebt, gibt er ihnen den Wunsch ein, zu ihm, zum Schöpfer, zum Gesetzgeber, zum Erlöser zurückzukommen. Sie werden bereichert und dank des freien und gerechten Gebrauchs, den der Mensch von dieser Welt gemacht, und dank der guttuenden Tätigkeit, die er auf dieser Welt der «Aktion» entfaltet hat, die sich auf die anderen Welten ausgewirkt haben, zu ihm «zurückkehren».

Somit handelt, «macht» der Mensch, indem er die Welten erneut macht, indem er sie zu ihrer anfänglichen «Perfektion» zurückführt, welche durch ihre historische menschliche Erfahrung bereichert worden ist. (Die menschliche Seele, die in der spirituellen Welt verankert ist sowie in den Leib gesandt wurde und also bestimmt ist, in die materielle Welt «hinabzusteigen», wird ebenfalls bereichert zu ihrer Quelle «zurückkehren», aber nur wenn sie es verdient und nachdem sie ihre irdische Berufung erfüllt hat, also nachdem sie den Leib, dem sie innegewohnt, «gezähmt» und vergeistigt hat.)

Der Jude ist aufgerufen, in der Thora zu «leben» und durch die Mizwot zu «leben». Er trägt somit zur Festigung der Welt bei.

Der Mensch, jeder Mensch ist aufgerufen, darauf zu achten, daß sich die Welten – im Laufe ihrer Geschichte – nicht voneinander «trennen» und sich nicht verfälschen. Er muß sich um ihre Festigung kümmern, damit sie unzertrennbar miteinander «verbunden» bleiben.

Der Mensch – Israel – Person und Gemeinschaft – ist jedoch auf eine noch besonderere Art für die Erfüllung dieses universalen, kosmischen Werkes, dieses Heilswerkes, weil es eben ursprünglich ist, dieses «Ende des Werkes, das am Beginn in dem Denken» erschien, verantwortlich. Er ist bestimmt, «Partner des Heiligen, gesegnet sei er, beim Werk des Beginns» zu werden.

Ist das unmöglich? Nein. Denn Gott hat ihm die Gabe der Thora, den Ausdruck des höheren «Willens» und des «Denkens», geschenkt. Letztere sind der *Chochma ilaa*, der «höchsten Weisheit», aufgeprägt, die sich in der Thora «konzentriert», um in dieser Welt der «Aktion» für den Menschen erreichbar zu sein. (Jede Welt hat ihre Thora, die der dieser Welt offenbarten ähnlich ist, doch sind die Buchstaben darin geordnet, anders «kombiniert», je nach der Art und den Bedürfnissen einer jeden der Welten.)

Der Jude (Person und Volk spiegeln sich ineinander wider) ist aufgerufen, die Thora «für seinen Namen» zu studieren; die Thora, die voll der Namen Gottes ist, in der Uneigennützigkeit und der Heiligkeit zu studieren; zu versuchen, in ihre «Innerlichkeit» vorzudringen und die «verhüllte» «Wahrheit» herauszufinden; sich mit ihren göttlichen «Kleidern», den *Mizwot,* zu bekleiden, und nicht nur mit ihren «sichtbaren» äußeren Kleidern; bestrebt zu sein, die «Wurzeln» der *Mizwot* in den höheren Welten zu erreichen, sich an diesen festzuhalten und deren «Vitalität» in die «Stofflichkeit» der Mizwot, die er befolgt, einzuführen; somit in der Thora zu «leben», durch die Mizwot zu «leben». Dann wird sich dieser Jude bewußt, daß er durch einen jeden seiner Gedanken, ein jedes seiner Worte und eine jede seiner Aktionen, die in der *Chochma,* in der «Weisheit», der Thora und den Mizwot erdacht und erfüllt werden, an der Festigung der Welten aufgrund der Festigung dieser Welt der «Erde, die Gott mit Weisheit gegründet» hat, mitarbeiten kann. Umgekehrt kann der Mensch mit einer jeden seiner Haltungen, mit einer jeden seiner Gesten, die die Harmonie dieser Welt stören, der Harmonie der anderen Welten schaden. Durch jeden *Cheth,* durch jede «Sünde», also durch jeden Gedanken, jedes Wort und jede Aktion, die in die «falsche» Richtung «gelenkt» werden und die die Ordnung dieser Welt zerstören, stört er die Ordnung aller Welten. Er bringt in diese Verwirrung und Vermischung von «Gut und Böse», wie der erste Mensch es durch seine erste Sünde getan hat. Und «wenn die Finsternis bereits gekommen ist, ist er aufgerufen, diese in Licht zu verwandeln».

Thora und Mizwot fordern vom Juden, daß er seinen Willen und sein Denken mit denjenigen Gottes vereint. Freier Wille. Ethik und Heiligkeit.

Durch das tiefgehende Studium der Thora und durch die tiefgreifende Anwendung der Mizwot durchdringt die Kabbala die Weisheit, bis sie sich mit dieser identifiziert.

Thora und Mizwot, die aus dem höchsten, göttlichen «Willen» und «Denken» hervorgegangen sind, fordern vom Menschen, vom Juden, seinen Willen und sein Denken mit denjenigen Gottes zu vereinen; seinen Willen und sein Denken mit denjenigen Gottes zu harmonisieren, bis sie sich mit denjenigen des Schöpfers identifizieren und sich sogar angesichts dieser «auflösen» werden und somit den strahlenden Raum der absoluten göttlichen Freiheit durchdringen.

Um in den Raum dieser einen, einfachen Freiheit einzudringen, bedient sich der Mensch eines der Vorrechte, die der Schöpfer ihm zugestanden hat, nämlich dasjenige des freien Willens; also handeln zu können, wie er es versteht und unter den verschiedenen Aktionsmöglichkeiten, die im allgemeinen widersprüchlich sind und sich ihm bieten, diejenige auszuwählen, die ihm zusagt, die ihm richtig und dem göttlichen Willen zu entsprechen scheint.

Sicher, die Freiheit, die der Schöpfer dem Menschen gegeben hat, ist eine relative; denn sie ist durch die physische Kondition, von den materiellen Bedingungen, in denen er lebt, und durch seine natürliche und gesellschaftliche Umwelt begrenzt.

Dennoch könnte das Denken und die Ausübung des Willens des Menschen nicht nach Begriffen der «Ethik» beurteilt werden. Denn der Jude der Kabbala, der Weisheit, nähert sich dank des guten Einsatzes seiner Freiheit immer mehr der geistigen, metaphysischen «Erde», der Heiligkeit. Und diese hat Ursprung und Ziel in der absoluten Heiligkeit Gottes, der allein heilig ist. Er wird: «Der Heilige, gesegnet sei er» genannt.

Urteilte man das Vorgehen dieses Juden nach Begriffen der gewöhnlichen Ethik, welcher bereit ist, seine Freiheit der göttlichen Freiheit anzubieten, der «seine Seele anbietet», also seinen «Willen» Gott darbringt, und zwar durch eine Tat der *Messirut Nefesch,* dann würde der autonome Charakter dieses Vorgehens verkannt werden. Dann wäre man geneigt, dieses als von seinen Willen übersteigenden heteronomen, ja sogar religiösen Forderungen beeinflußt und sogar gelenkt betrachten.

Die Tat der *Messirut Nefesch* geht weiter als die gewöhnliche Unterscheidung zwischen Autonomie und Heteronomie.

Durch die Thora und die Mizwot kann der Jude eine persönliche Beziehung zu Gott herstellen, den er in seinen Wohltaten nachzuahmen sucht. Der Mensch befreit sich somit von seinem Status des Geschöpfes, des «Empfängers», und erhöht sich zum Rang des Schöpfers, des «Gebers».

Wir befinden uns in Gegenwart eines menschlichen Wesens, das Gott gehorcht, der selbst ein Eines mit der Thora bildet, deren Mizwot, wenn man es so auszudrücken wagt, Gottes «Kleider» sind, die bestimmt sind, die «Kleider» der Seele des Menschen zu werden, der die Mizwot befolgt. Mit diesem Gott kann der Mensch durch die Thora und durch die Mizwot eine persönliche, «leuchtende» und «liebende» Beziehung herstellen.

Folglich – wenn der Schöpfer sein privilegiertes Geschöpf, den Menschen, der für Gottes Namen die Thora studiert und die Mizwot beachtet, empfängt – betrachtet Gott die Aufrichtigkeit seiner «Wünsche», die «von unten», von dieser Welt gekommen sind, ihn zu erreichen, und die harten Bemühungen, die der Mensch gemacht hat, die «Prüfungen», die er auf sich genommen hat, um bis zu ihm zu kommen. Gott betrachtet diese unabhängig von der Befriedigung seiner Wünsche, welche niemals vollkommen bei dem Gott suchenden Menschen sein kann und darf. Die «Bemühungen» des Menschen können und dürfen niemals hier unten zum Ziel kommen, denn Gott hat den Menschen erschaffen, damit er bestrebt ist, sich Gott stets mehr zu nähern und immer weiter auf dem Weg der Erkenntnis der Thora und der Anwendung der Mizwot voranzuschreiten.

Dennoch antwortet Gott, der Schöpfer, der Geber der Thora, auf den «Wunsch» des Menschen, der «von unten» gekommen ist, mit seinem eigenen «Wunsch», der von oben gekommen ist. Er befreit den Menschen von seinem Status des Geschöpfes und erhöht ihn zum Rang des Schöpfers nach seinem Ebenbild. Wenn Gott den Menschen so sehr erhöht, dann weil der Wunsch Gottes, der diesem Menschen innewohnt, rein ist; rein von allem Bestreben nach physischem oder materiellem Wohlergehen, sogar nach jedem geistigen Glück. Nein, wenn dieser Mensch bestrebt ist, sich Gott zu nähern, so nicht um der Glückseligkeit willen, die er in der göttlichen Nähe spüren würde, sondern um Gott in dem nachzuahmen, was bei Gott nachzuahmen ist. Denn sein Schöpfer bietet selbst ein Modell für seine spürbarste Tätigkeit, die darin besteht, das Gute zu verbreiten. Derjenige, der die Welt erschaffen hat, um das Gute seinen Geschöpfen zu übermitteln, ist das Beispiel, dem der Mensch folgen muß. Die Wohltat erhebt den Menschen vom Zustand des Geschöpfes zu demjenigen des Schöpfers. Da er aufhört, reiner «Empfänger» zu sein, wie alle Geschöpfe, die von dem Guten begünstigt werden, das der Schöpfer ihnen zugesteht, wird er auch nach dem Beispiel seines Schöpfers zu einem «Geber» und wenn möglich, ebenso uneigennützig wie Gott, ohne eine Entschädigung zu erwarten und lediglich von dem Wunsch beseelt, das Gute zu tun. Die *Nachat Ruach,* die «Befriedigung», die er daraus zieht, ist keine für seine Wohltaten unerläßliche Bedingung. Und ebenso unabhängig von der *Nachat Ruach* entzieht der Schöpfer dieser Tätigkeit des Geschöpfes, des Menschen – die Gott ihm gibt – alles was ihm erforderlich ist, um das Gute zu tun. Die *Nachat Ruach* ist eine unverdiente «Befriedigung». «Und wenn du gerecht wärst – wenn du recht handelst – was kannst du ihm geben?» (Hiob 37,7).

Ein solcher Mensch, indem er Gott durch das Gute, das er tut, nachahmt, ist ein *Zaddik,* ein «Gerechter», der fähig ist, eine Welt zu «gründen» und diese durch seine Güte zu erneuern, wie der Schöpfer der Welt «die ersten Taten» seiner Schöpfung jeden Tag in seiner Güte erneuert.

Gott existiert über das hinaus, was wir Existenz in Zeit und Raum nennen. Der Mensch kann Gott und dessen «äußere» vielfache Bekundungen durch eine «innerliche» unbegrenzte Erkenntnis erfassen.

Der Mensch der Kabbala, der Mensch der Weisheit, ist ein Mensch, der seinen Schöpfer «erkennt» und indem er ihn erkennt, ihn liebt, indem er ihn liebt, seinen Nächsten, der nach Gottes Bildnis geschaffen ist, liebt.

Seine Liebe zu Gott wird zugleich von einem scharfen Verstand, durch die Fülle seiner Sinne und den Reichtum seiner Vorstellungskraft gespeist. Somit «sieht» er von nun an und von hier unten mit dem geistigen intuitiven Blick des «Wissens» denjenigen, der vom Menschen während seines Lebens «nicht gesehen werden kann»; er «berührt» mit seinem überempfindsamen «Fühlen» denjenigen, der nicht berührt werden kann, denn er ist mit unseren Sinnen – weder hier unten noch in der anderen Welt – nicht wahrnehmbar. Der Mensch kann Gott nicht «sehen», «seine Kleider» nicht «berühren», ihn nicht «umfassen»; er kann ihn mit einem sehr unvollkommenen Erfassungsvermögen nur erfassen. Denn der Mensch kann Gott nicht mit einer äußeren, präzisen Erkenntnis erkennen, die dem Objekt gegenüber in einem Verhältnis steht, denn dieses Objekt – Gott selbst – übersteigt diese Erkenntnis in unendlichem Maße. Er kann ihn nur mit einer «inneren» intuitiven, unbegrenzten Erkenntnis erfassen, die übrigens selbst auch kaum formell zu verwirklichen ist, denn sie hat den Ein-Sof, den Unendlichen, zum Objekt, der über die Existenz in Zeit und Raum hinaus «existiert» und der die Existenz und doch alles andere als die Existenz ist. «Mit wem wollt ihr mich also vergleichen? Wem wollt ihr, daß ich gleich sei? spricht der Heilige» .(Jes. 40,25).

Sicher, wir wünschen die Wahrheit zu erreichen, die Wahrheit der einzigartigen Existenz, die da wahr ist, nämlich «den Ewigen, Gott, der wahr ist». Aber wer kann sich des Stolzes bemächtigen und die Wahrheit, wie sie ist, erfassen, das mit dem Verstand verstehen wollen, was einzig wahr ist, wenn der

Verstand selbst eine Gabe Gottes ist und sich aus «rationalen Motiven» für unfähig erkennt, es zu schaffen? Wer kann die Wahrheit erreichen? Nicht einmal die «Demütigen», die doch ihr Leben im geheimen der *Chochmat HaEmet,* der «Weisheit der Wahrheit», also der Kabbala, widmen. Trotzdem ist ihr Verdienst groß, denn sie geben niemals ihr beharrliches und eifriges Suchen nach der Wahrheit auf. Sie schreiten unaufhörlich auf dem Weg, der zur Wahrheit führt, weiter voran, der sie nach und nach dem wahren Gott näher bringt. Da sie die Wahrheit in sich selbst nicht erreichen können, geben sie sich mit dem sofortigen, unfehlbaren Erfassen der Wahrheiten zufrieden, die vom «Ewigen, Gott, der wahr ist» ausgehen. Somit erfassen sie Gott, was für sie bedeutet: erstaunt zu sein, sein «Licht» einfangen, begeistert zu sein, seine «Kleider» «berühren» zu können; entzückt zu sein, überall und in allem seine belebende Präsenz zu entdecken; glücklich zu sein, seine sofortige Nähe zu spüren. Sicherlich, Gott in seinen vielfachen und unterschiedlichen Bekundungen zu erfassen, ohne keineswegs ihn in dem zu erfassen, was wir in unserer unvollkommenen Terminologie sein Wesen nennen. Denn keinerlei Denken kann das erfassen, was über unser Denken hinausgeht, was unser Vermögen übersteigt, unseren eigenen Gedanken zum Ausdruck zu bringen. «Kein Denken kann Gott erfassen», «sich seiner bemächtigen», «denn meine Gedanken sind nicht eure Gedanken, und eure Wege sind nicht meine Wege, spricht der Ewige» (Jes. 55,8).

Gott «erkennen und spüren», Gott «erkennen und lieben», hat den «Dienst» an Gott zur Folge. Der Mensch erkennt und fühlt dann seine zwingende «Freiheit» als einen befreienden «Zwang».

Und dennoch, die Bibel und deren rabbinische, mystische und philosophische Kommentatoren laden uns alle ein, «Gott zu erkennen»; sie flehen uns an, eine *Daat HaSchem* zu erlangen, eine besondere «Erkenntnis Gottes». Das Verb *Jadoa,* «erkennen», bedeutet in der Sprache der hebräischen Bibel «erkennen» und «spüren». Dieses «Erkennen und Spüren», dieses «Erkennen und Lieben», diese «intellektuelle Liebe» (die von der unpersönlichen, spinozistischen *amor Dei intellectualis* zu unterscheiden ist) hat als Gegenstück die Bereitschaft, dem zu «dienen», mit dem wir uns vollkommen mit allen unseren intellektuellen Fähigkeiten verbinden: «Erkenne den Gott deines Vaters und diene ihm!» (Chron. I, 28,9). Die «innere» «liebende Erkenntnis» Gottes hat den «Dienst» an Gott zur Folge und führt zum «Bund», zur «Wahl», zur persönlichen, frei eingegangenen «Verbindung» zwischen dem Vater und dessen Sohn, zwischen dem Meister und dessen Diener.

In dem Augenblick, in dem der Mensch in sich selbst dieses «Erkennen und Spüren», dieses «Erkennen und Lieben» fühlt, vereinigen sich seine Intelligenz, seine Empfindsamkeit und seine Vorstellungskraft zu einer realen, gelebten Einheit. Verständnis, Wahrnehmung und Vision bilden in ihm eine konkrete Einheit. Das Reale und das Eingebildete ergänzen einander: das Reale ist durch das Eingebildete verklärt und das Eingebildete konkretrisiert sich in dem Realen.

In dem Augenblick, in dem der Mensch dieses «Erkennen und Spüren» fühlt, fühlt er seine «Freiheit» als einen «Zwang». Doch einen Zwang, der ihn von der Angst befreit, die in ihm die Unsicherheit und das Gefühl seiner Endlichkeit hervorgerufen haben. Er «weiß» und «fühlt» sich frei. Von nun an muß er sich zwingen und ein Gleichgewicht zwischen diesen beiden scheinbar widersprüchlichen Realitäten, Freiheit und Zwang, finden und beibehalten. Dann erscheint ihm alles in ihm und um ihn herum so klar und so leuchtend, daß er nur ausrufen kann: «Ist mein Fleisch hingeschwunden, so werde ich Gott sehen!» (Hiob 19,26).

Aus seinem verklärten, transparent gewordenen Fleisch selbst sieht er die Göttlichkeit. «Er sieht im Lichte des Antlitzes seines Königs» (Spr. 16,15). Er lenkt seinen klarsichtigen und liebenden Blick auf den König, der seit allen Zeiten König ist; doch wählt er Gott jetzt zum König und inthronisiert ihn auf sich selbst, indem er zu dem «vielen Volk» gehört, «dessen König er ist» (vgl. Spr. 14,28), indem er sich entscheidet, zu Gottes Volk, zu Israel, zu gehören.

Der Jude weiß, daß die Mizwot der Thora, die vom
Unendlichen ausgehen, selbst «Gründe» haben,
die aus dem Unendlichen kommen.

Der König gibt seinerseits aufgrund seiner königlichen akzeptierten Macht seinen Untertanen, Israel, seine Erlasse zu erkennen.

Der Mensch, Sohn und Diener, fragt sich nicht nach den «Gründen» dieser Erlasse, nicht nach deren «Nützlichkeit». Er gibt sich damit zufrieden, zu wissen, zu fühlen, daß sie von dem ausgehen, der Wissen und Liebe ist, der die Welt erschaffen hat, um seinen Geschöpfen Gutes zu tun, der «die Thora und die Mizwot» erschaffen hat, «um Israel damit zu beehren». Der Mensch weiß, daß die Mizwot von dem Ein-Sof, dem Unendlichen, ausgehen und selbst «Gründe» haben, die aus dem Unendlichen kommen. Es sind nicht diese «tiefen» «Gründe», die die Kabbala insbesondere zu durchdringen sucht, die den Menschen der Kabbala, den Menschen der Weisheit, entschlossen machen, die Mizwot zu achten und sie zu erfüllen. Alles scheint ihm so klar und so vollkommen gut zu sein, daß dieser Mensch sich «frei» gezwungen fühlt (indem er ebenfalls weiß, daß er von demjenigen «gezwungen» wird, der ihn am meisten liebt, und der ihn am besten kennt und der das wahrhaftig Gute für ihn will), seine Vorschriften anzunehmen und diese zu achten. Dieser Mensch, der zunächst «das Joch der Königlichkeit der Himmel» und dann das «Joch der Mizwot» angenommen hat, gibt freiwillig seine Zustimmung und fühlt sich gleichzeitig verpflichtet, die Mizwot seines Schöpfers anzunehmen, wie es vorher der Mensch-Adam und der Mensch-Israel getan haben. Bevor seine Sicht und seine Urteilskraft dadurch verdunkelt werden, daß er das Böse in sich einläßt, das vorher außerhalb stand, und bevor er sich diesem Kampf aussetzt, den die beiden «Feinde», das Gute und das Böse, in ihm austragen werden, hatte Adam frei und gezwungen die einzige Mizwa, das einzige Gebot Gottes, seines Schöpfers, das er ihm gegeben hatte, angenommen; bevor es seine Auffassung von Gott «verdinglichen» und seine Verbindung zu Gott blockieren konnte, indem es ein goldenes

Kalb herstellte, hatte Israel frei und gezwungen am Fuße des Berges Sinaï die Thora und deren zahlreiche Mizwot angenommen. Gott, sein Erlöser aus der ägyptischen Knechtschaft, hatte sie ihm offenbart, indem er diese auf die Buchstaben der zehn Gebote konzentrierte, die er, der Gesetzgeber, in die Gesetzestafeln eingraviert hatte.

Obwohl sie ihre Quelle im Unendlichen haben, sind die Mizwot in dieser Welt der Endlichkeit dem Menschen, Israel, zugängig, der sie befolgen kann, indem er die materiellen Mittel nutzt, die der Schöpfer ihm zur Verfügung gestellt hat.

Gott hat seinen Willen und sein Denken auf eine wichtige, doch beschränkte Anzahl der Buchstaben der Thora und der Mizwot konzentriert. Somit sind diese – obwohl sie ihre Quelle im Unendlichen haben – in dieser Welt der Endlichkeit dem Menschen, Israel, zugängig, der sie befolgen kann. Durch den *Zimzum,* durch die «Konzentrierung», durch «die Verdichtung» in Gott selbst, die von ihrem Urheber ausgeht, wenn man es so auszudrücken wagt, kann der Mensch, Israel, die Mizwot in dieser materiellen Welt, mit der sie in Kontakt treten, ausführen. Denn gerade in dieser Welt findet der Mensch die materiellen Mittel, die ihm der Schöpfer zur Verfügung gestellt hat, die ihm erforderlich sind, um die Thora und deren Mizwot zu verwirklichen. Die meisten der Mizwot haben einen praktischen Charakter. Sie engagieren den menschlichen Leib, indem sie diesen «heiligen», indem sie diesen «vergeistigen», wie auch die menschliche Seele, indem sie diese «verstofflichen»; sie engagieren den Menschen in seiner Gesamtheit, also in seiner Einheit. Aus diesem Grunde ist der Mensch, Israel, aufgerufen, sich mit den Buchstaben der Thora zu identifizieren und die Mizwot «auf die Tafel seines Herzens zu schreiben» (vgl. Spr. 3,3). Er ist aufgerufen, die Anzahl der Mizwot mit der Anzahl der Organe seines Leibes, mit derjenigen seiner Seele und mit der Zahl der Tage im Jahr zu identifizieren.

Gott hat sich in der Thora und den Mizwot, dem abgegrenzten Werk, das durch eine Form begrenzt wird, «konzentriert», dem er jedoch seine unendliche Kraft eingehaucht hat. Diese «Konzentrierung» ist der «Konzentrierung» ähnlich, die er bei der Erschaffung der Welt walten ließ. Denn um das Universum zu erschaffen, hat Gott sich «konzentriert», wenn man es so auszudrücken wagt, damit die Welt, die erschafft werden sollte, die kräftigen Strahlen seines Lichtes ertragen konnte, ohne sich aufzulösen. Er hat die Welt «verdichtet» und in ihrer Neigung, sich auf das Unendliche zuzubewegen, «angehalten», da sie aus dem Unendlichen hervorgeht: Gott «hat ihr gesagt: Genug!» Er hat der Welt eine «Form» gegeben, damit sie in deren Grenzen weiterbestehen kann.

Die Zeit, die Schöpfung Gottes. Die Zeit und der
Mensch vor und nach seiner Sünde. Die sich
«wiederholende» Zeit und die «unterschiedliche»
Zeit: schana und schinui.

Indem er das Universum erschuf, hat Gott den «Anbeginn» geschaffen; er hat die Zeit erschaffen: «Am Anfang schuf Gott...» Er schuf den Anfang.

Bevor Adam seine Sünde beging, hat Adam Stunden der wahren «Erkenntnis», des echten «Guten» und des wahren «Lebens» erlebt. Er hat sie in der «Gegenwart», in seiner «Zeit» erlebt, die «gegenwärtig», ewig ist, denn sie besteht im Lichte des Ewigen, Gottes, der über aller Zeit ist. Vor der Sünde des goldenen Kalbes, während der Offenbarung der Thora auf dem Berge Sinai, eine Offenbarung, die die Tat der Schöpfung der Welt in ihrer geistigen Zweckbestimmtheit «vollendete» (und während der die Sünde Adams ihre «Wiedergutmachung» erfahren hat), hat Israel ebenso Stunden erlebt, die sich mit denen vergleichen lassen, die Adam vor seinem Fall erlebt hat. Die Substanz des «Guten» war dann noch vollkommen und keinerlei Böses stellte sich diesem entgegen. Das Licht der «Erkenntnis» war dann noch leuchtend und keinerlei Schatten hatten es verdunkelt. Das waren die Stunden der Freiheit und des Zwanges.

Ausgehend von der Sünde Adams und der Sünde des goldenen Kalbes muß der Mensch die Thora studieren und die Mizwot in prekären Bedingungen, zwischen den widersprüchlichen Spannungen hin und her gerissen, die sich ihm in den Weg stellen, befolgen. Der Mensch hat von seinem Schöpfer den freien Willen, das «Vermögen», zwischen Gut und Böse «zu wählen», erhalten. Er muß sich auf diese Gabe Gottes besinnen. Durch den freien Willen bietet Gott dem Menschen die Möglichkeit und das Verdienst, dem Kampf, den sich in ihm das Gute und das Böse, das (wahre) Leben und der Tod liefern, Einhalt zu gebieten und daraus siegreich hervorzugehen. Er wird somit mit der «Hilfe» Gottes das Verdienst haben, seine Empfehlungen, das Gute, das Leben zu wählen, erhört zu haben. Und jegliche Wahl zwischen dem Guten und dem Bösen führt den Menschen dazu, sich die Vergangenheit vor Augen zu führen, sich an der Gegenwart zu stoßen und sich der Zukunft zuzuwenden.

Für den Menschen ist die Zeit von nun an in drei Perioden aufgeteilt, die, obwohl sie aufeinander folgen, sich doch nicht einfach wiederholen sollten. Der hebräische Begriff *Schana*, «Jahr», erinnert, indem er eine Zeiteinheit beschreibt, an die zyklische aufeinanderfolgende «Wiederholung» der Zeit und an den *Schinui*, die «Unterschiedlichkeit», deren «Wandel», in diesen besonderen Epochen zugleich.

Die Zeit ist also kontinuierlich, folgt ihrem Lauf, doch ist sie ebenfalls Bewegung. Nur der Mensch allein hat einen Zeitbegriff, das Bewußtsein der Zeit, und doch kann er auf den ersten Blick gesehen ihren Lauf nicht anhalten. Der Mensch erlebt die Zeit in seinem Denken, aber er lebt auch in der Zeit. Er lebt vor allem mit der Zeit, sie ist sein Begleiter in dieser Welt. Die Zeit bildet den Rahmen, in dem sich die Ereignisse seines Lebens abspielen und in dem er seine Tätigkeiten entfaltet. Obwohl der Mensch in der Zeit lebt, kann er sie nicht ertragen, sondern muß sie im Gegenteil beherrschen, formen und ihr einen dauerhaften Inhalt verleihen. Er sollte es ihr nicht erlauben, sie verrinnen zu lassen, er sollte sie festhalten, um sie dank der Thora und der Mizwot, die aus der Ewigkeit hervorgehen, in der Ökonomie der Ewigkeit zu verankern. Der *Zaddik*, der «Gerechte», belegt jeden «Tag», indem er ihn mit der Thora und den Mizwot anfüllt; er hält jede «Stunde» an, denn sie kann ihm die Gelegenheit bieten, «die Welt» – seine «da kommende Welt» – in einer einzigen Stunde «zu erwerben». Er verwandelt die «Gegenwart», den Augenblick, das Sofortige, in ein «gesegnetes» fruchtbares Ziel der Vergangenheit und eine Quelle der «Segnung» für die Zukunft (sonst wäre die Gegenwart nicht von Bestand, sie würde an die Peripherie gedrängt, an der sich eine Vergangenheit beendet und eine Zukunft abzuzeichnen beginnt). Für den *Zaddik* besteht daher die Gleichförmigkeit des Aufeinanderfolgens und der Wiederholung der Zeit nicht; er ist bereit, die Zeit stets neu zu gestalten.

Israel ist durch ein religiöses Gebot aufgerufen, die Zeit zu «erneuern», indem es sie durch die Thora und die Mizwot «heiligt».

Die erste dem ganzen Volk Israel vorgeschriebene Mizwa ist diejenige der Erneuerung der Zeit, die der Erneuerung der Mondphase gleichkommt. Die Erneuerung schließt die «Heiligung» ein. Darum ist Israel aufgerufen, «die Zeiten zu heiligen», die *Zemanim*, insbesondere die besonderen *Zemanim*, die mit Bedeutung geladen sind. Israel macht sich somit zum Meister der Zeit.

Berufung Israels ist es, der Zeit ihren ganzen Wert mit Hilfe der Thora und der Mizwot zu geben. Diese kommen aus dem Raum über der Zeit, aus der Ewigkeit, und der Jude, insbesondere der Mensch der Kabbala, der Mensch der Weisheit, führt dank ihrer die Ewigkeit in die Zeit ein. Er fügt die Ewigkeit in die Zeit ein, und diese vor allem während «der Zeiten» des Sabbats und der Feste, die Widerspiegelungen der Ewigkeit sind. Sabbat und Feste bieten bereits im Laufe unseres Lebens hier unten den Vorgeschmack der Ewigkeit, der «kommenden Welt». Sie bilden eine *Eit razon,* eine «Zeit des (guten) Willens», der Gnade: es ist die Zeit, in der sich die wohlwollende Liebe Gottes für den Menschen, für Israel, und die freundliche Liebe des Menschen, Israels, für Gott wieder verbinden und sich vereinigen. Der *Eit* kann ebenfalls alle die *Zemanim* umfassen, und zwar alle Augenblicke, in denen der Mensch «hier unten» seinen aufrichtigen und reinen «Wunsch» zeigt, den «Wunsch von oben» zu erreichen, und in denen ihm der «göttliche Wunsch von oben» antwortet.

> *Die Zeit, die der Mensch eitel vergeudet, ist nicht unwiederbringlich verloren. Er kann die Leere dieser Zeit mit der* Teschuwa, *mit der «Rückkehr» zu Gott, zur Quelle der Zeit, füllen.*

Da die Zeit eine Schöpfung Gottes ist, hat sie ihre «Wurzel» in den höheren Welten, im Unendlichen. Indem er der Zeit ihren ganzen Wert durch die Thora und die Mizwot gibt, führt der Jude die Zeit zu ihrer Wurzel zurück. Er fügt sie, bereichert durch den guten Gebrauch, den er von ihr gemacht hat, wieder in die Ewigkeit ein. Indem Israel «die Zeit heiligt», verkettet es sie mit ihrem Ursprung und mit ihrem Ende, mit dem Ursprung und der Zweckbestimmtheit der Heiligkeit, die auch in den höheren Welten wohnen.

In diesen Welten zeugt die Zeit von den Erfolgen und den Mißerfolgen des Menschen, der mit ihr oder in ihr gelebt hat. Sie zeugt von den Erfolgen des Menschen. «Siehe», sagt der Sohar: «die Tage des Menschen! Wenn er Verdienste hat, wenn seine Werke in dieser Welt gut waren, dann erfreuen sich seine Tage dessen dort oben, dort, wo sich das Maß, die Wurzel seiner Tage befindet.» Aber die Tage zeugen auch von den Mißerfolgen des Menschen. Seine Mißerfolge sind trächtig von allem Bedauern, aller Enttäuschung, allen Ängsten, die die eitel vergeudete «Zeit» im Menschen hervorgerufen hat. Dennoch ist diese Zeit nicht unwiederbringlich verloren, «beschädigt», denn der Mensch kann ihr durch seine *Teschuwa,* den *Tikkun,* die «Wiederherstellung», vermitteln. Die *Te-*

schuwa, die «Rückkehr», die vor der Schöpfung der Welt für den wahrscheinlich der Sünde anheimfallenden Menschen geschaffen wurde, kann ihn, wenn er zustimmt, zu den Wurzeln seiner Seele, zur Zeit, zu Gott selbst «zurückkehren» lassen. Doch muß der Mensch seinen unerschütterlichen Willen beweisen, durch die «Reinheit» seiner Gedanken, seiner Worte und seiner Taten die *Teschuwa,* die «Rückkehr», zu erfüllen. Dann wird der Mensch von der Traurigkeit befreit sein, die ihm seine Reue verursacht hat, und in der Freude die Zeit, die er eitel verloren hat, wieder einholen können. Die *Teschuwa,* die sogar vor der Schöpfung der Welt, vor dem «Anbeginn» der Zeit, erschaffen wurde, erlaubt dem Menschen somit, durch die Gnade des Schöpfers, die er aktiviert, die Zeit loszukaufen. Der tiefe Sinn der *Teschuwa* wird durch die Worte «und jetzt» ausgedrückt, die die Fülle der «Gegenwart» verdichten. Aus diesem Grunde erreicht der Mensch, der die *Teschuwa* verwirklicht, von jetzt an die «gegenwärtige» Ewigkeit; er kennt bereits hier unten den Vorgeschmack der «da kommenden Welt».

Indem er sich mit der Wurzel der *Teschuwa* verbindet, die «die Welt überholt hat», die der Zeit vorausgegangen ist, und indem er die *Teschuwa* mit echter Liebe erfüllt, löscht der Mensch die schlechten Werke aus, die er in dieser Welt vollbracht und in die Zeit eingeschrieben hat. Durch die Intensität seines Denkens, durch die Kraft des Willens, die er bei der Erfüllung dieser wichtigen *Mizwa* der *Teschuwa,* durch diese *Mizwa* selbst entfaltet, kann der Mensch die verlorene Zeit wieder aufleben lassen. Er kann sogar die Leere dieser Zeit durch gute Werke füllen. Durch seine Sünde führt der Mensch eine Leere in die Zeit ein, die ihm gegeben worden ist, und die ihn begleitet. Doch verspricht Gott dem Menschen, der die *Teschuwa* erfüllt: «Ich werde die Zahl deiner Tage füllen» (vgl. Exod. 23,26). Der Mensch der *Teschuwa* ist somit in der Lage, retroaktiv in einer positiven Weise auf die vergangene Zeit einzuwirken. Er gibt ihr das Leben wieder, er verleiht ihr einen neuen Inhalt, er macht sie gegenwärtig, und vor allem öffnet er ihr die Zukunft und verwandelt sie in ein Werden.

«Sein» und «Werden». Der Mensch erlebt einen
ständigen «Anbeginn».

Die hebräische Bibel lehrt uns, wenn ein Buchstabe dem Verb
«sein» in der Vergangenheit «hinzugefügt» wird, sich diese
Zeit dann in eine künftige Zeit verwandelt.

In Wahrheit bedeutet das hebräische Verb *hajoh,* «sein»,
viel mehr als «sein», «existieren», in der passiven Annahme
dieses Begriffes; es bedeutet vor allem «werden», also «leben» in einer höchst aktiven Weise. Dieses Verb *hajoh* läßt
sich im Präsenz nicht konjugieren; denn es hat keine Zeit,
wirklich zu sein. Kaum von der Vergangenheit losgelöst, verbindet es sich alsbald mit der Zukunft. «Selbst ein einziger
Augenblick bildet keine Gegenwart!» Und dennoch ist der
Augenblick, die Gegenwart, das «Jetzt», der Ausgangspunkt,
der künftigen Tat ganz nahe. «Wenn nicht jetzt, wann werde
ich es dann tun?» Denn der Mensch handelt, «macht», in
diesem Moment der Gegenwart, der sich aus der Vergangenheit ergibt, in diesem «Heute», indem er seine Bemühungen
auf die Zukunft richtet. «Es gibt ein Morgen, der Gegenwart
ist.»

Der Mensch erlebt also einen ständigen «Anbeginn». «Gott
schuf den Anbeginn.» Er fordert den Menschen auf, sich ohne
Unterlaß daran zu erinnern, daß er sich lediglich «am Anfang»
befindet; seine «Arbeit» ist niemals «beendet». Er muß in
jedem Augenblick die Zukunft berücksichtigen, die auf ihn
wartet. Es ist ein Werden moralischer Ordnung – sicherlich im
Bergsonschen Sinne des Begriffes – aber noch viel mehr ist es
ein eschatologisches Werden. Das eschatologische Werden
führt zu den «messianischen Tagen», zum «Tag der ganz und
gar Sabbat ist». Die messianische Zeit besteht aus der Summe
allen «Werdens», die auf diese zulaufen und «erneut» aus
dieser hervorgehen.

Der Mensch der Kabbala widmet sich ohne Unter-laß der Awodat HaSchem, *dem Dienst an Gott, in «Furcht und Liebe».*

Die Bemühung, die der Mensch der Kabbala, der Mensch der Weisheit, ohne Unterlaß entfaltet, ist auf die Zukunft ausge-richtet und nennt sich *Awoda.* Diese Bemühung erfüllt sich in der Tiefe; sie erreicht «die Tiefe dessen, das oben ist, und die Tiefe dessen, das unten ist».

Die *Awoda* ist daher eine *Awodat HaKodesch,* eine «Arbeit der Heiligkeit», eine «heilige Arbeit», die dazu neigt, zu je-dem Augenblick eine wahrhaftige *Awodat HaSchem,* eine «Arbeit für den Namen», «ein Dienst an Gott», zu werden. Je mehr wir in das Mysterium Gottes eindringen, desto mehr wünschen wir, ihm zu dienen; und je mehr wir ihm dienen, desto tiefgreifender werden wir ihn erkennen, bis wir in seine «Intimität» eintreten, in seine Paläste, die Paläste des Königs, und desto klarer werden wir die Thora verstehen und desto besser werden wir die Mizwot erfüllen.

Diese *Awoda,* diese «Arbeit», wird in «der Furcht und in der Liebe», in dem Schmerz und in der Freude, in dem Gehor-sam und in der Freiheit getan. Sie wird mit der linken und der rechten Hand vollbracht. Sie drückt sich durch das weibliche und durch das männliche Prinzip aus. Diese Arbeit wird vom Menschen unternommen, den «das Joch der Thora und der Mizwot» zwingt, zur Erde zu blicken, die ihm das bietet, was ihm für die Erfüllung der Mizwot notwendig ist. Es ist derselbe Mensch, der, indem er diese Arbeit aufrecht tut, das Haupt gen Himmel richtet, «seine Augen gegen die Höhen auf-schlägt» (vgl. Js. 40,26), von denen er sich Eingebung und «Hilfe» erhofft.

Durch die Awoda *trägt der Mensch der Kabbala zur Verwirklichung des* Jichud, *zur materiellen und geistigen «Vereinigung» der Welten, bei, zur «Vereinigung der Namen Gottes», die diese Welten beleben.*

Alle diese geistigen Zustände, diese inneren Haltungen, diese Gesten, die die *Awoda* prägen, tragen zum *Jichud,* zur materiellen und geistigen «Vereinigung der Welten», bei, zur «Vereinigung der Namen Gottes», die diese Welten leben lassen. Diese «Namen Gottes» bezeichnen den einigen Gott, den transzendenten, entfernten Schöpfer, der viel weiter entfernt erscheint als alles, was entfernt ist, und der gleichzeitig der immanente, nahe, lebende, belebende Gott ist, der näher ist als alles, was da nahe ist; der Gott, der «alle Welten umgibt» und der gleichzeitig «alle Welten erfüllt» und diese leben läßt; der Gott, der «dem Menschen von weitem erscheint» (vgl. Jer. 31,2) und der dem Menschen ganz nahe ist, der dem Menschen viel näher ist, als dieser sich selbst. Durch seine *Haschgacha,* durch seine Vorsehung, durch seine Wachsamkeit, folgt Gott dem Menschen wie sein Schatten; und solange der Mensch seinem Gott folgt, ist ihm gesagt: «Gott ist dein Schatten» (vgl. Ps. 121,5). Dank der Thora und der Mizwot, die der Mensch erfüllt, ist Gott mit diesem und in diesem; aber wenn der Mensch sich von der Thora und von den Mizwot trennt, trennt Gott sich von ihm. Er läßt von ihm ab.

Die *Awoda,* die «heilige Arbeit», die «Gott geweihte Arbeit», der «Dienst an Gott», ist nicht nur das Privileg der Kabbalisten, der *Jodei Chein,* der Menschen, die das Mysterium der Gnade durchdrungen haben, der Menschen, die in der *Chochma Nistara,* in der «verhüllten Weisheit» bewandert sind.

Es stimmt, daß diese «Menschen von großem Wert», diese «Söhne» des unaufhörlichen «Aufstiegs», «alle ihre Taten für den Namen der Himmel» vornehmen, weil sie «in der Heiligkeit und in der Einheit» leben (in der Askese, im Sinne des extremen Maßhaltens beim Genuß der Güter dieser Welt, damit sie sich bis zu ihren Wurzeln in den höheren Welten aufschwingen können). Ihr einziger Wunsch ist es, zum *Jichud*, zur «Vereinigung der Welten», zur «Vereinigung der Namen Gottes», beizutragen.

Die Awoda *wird von einem jeden Juden gefordert.*
In der Awoda *gibt es mehrere Grade.*

Und dennoch darf sich kein Jude seiner Pflicht, die *Awoda* zu praktizieren, entziehen, denn jeder Jude ist geboren, um ein *Owed HaSchem*, ein «Diener des Namens» zu sein. Dafür genügt es, ein reines Herz zu haben, damit er mit Aufrichtigkeit gegen die Höhen gelenkt werden kann, und damit sein Herz wahrhaft rein ist, muß jeder Jude zu Gott beten: «in ihm ein reines Herz zu schaffen» (Ps. 51,12).

Die *Kawanot,* die «zahlreichen und präzisen Absichten», erfüllen das Herz der *Jodei Chein* während ihrer *Awoda,* und begleiten ihre Gebete und lenken ihre Tätigkeiten auf die Höhen zu. Die *Jichudim,* die Taten der «Vereinigung», die sie während sie beten und handeln vollziehen, sind selbst auch zahlreich und präzise. Doch wird dies durch die Spontaneität des Herzens des betenden und handelnden Juden entschädigt; des Juden, der sein Herz seinem Schöpfer bietet, denn «Gott wünscht das Herz».

Dieser Jude wird wegen der Einfachheit und der Aufrichtigkeit seines Verhaltens der «Begleitung» der *Jodei Chein,* der *Baalei Awoda,* der «Meister der *Awoda*», für würdig erachtet. Diese begünstigen ihn durch ihre *Kawanot,* ihre *Jichudim.* Der *Zaddik,* der «Gerechte», verbindet sie geistig mit seiner *Awoda* und läßt sie an den Früchten seiner Werke teilhaben. Er ist der «Kanal», über den für sie die Fülle der «Segnung» von oben erströmt. Sie werden selbst *Anschei Maasse,* «Menschen der Werke», der guten Werke.

Die *Awoda* wird also von einem jeden Juden verlangt: «Kenne den Gott deines Vaters und diene ihm» (Chron. I, 28,9). Sicher gibt es, je nach der Intenstität, mit der der Jude Gott dient, mehrere Grade in der *Awoda.* Die *Awoda* kann auch verschiedene Antlitze tragen: der eine gibt ihr durch das

Studium der Thora ein intellektuelleres Antlitz; ein anderer durch das Gebet ein andachtvolleres; und wiederum ein anderer durch die Liebe zum Nächsten ein barmherzigeres Antlitz. Dennoch, wenn auch ein Aspekt der *Awoda* privilegiert wird, wird niemand darum die anderen Aspekte vernachlässigen. Der Jude folgt dem Beispiel Abrahams, Isaaks und Jakobs. Alle drei haben demselben Gott gedient, denselben Dienst Gottes erfüllt; und dennoch hat ihm jeder von ihnen ein besonderes Antlitz gegeben, indem sie den Dienst im Hinblick auf ihre einzigartige Beziehung zu Gott, ihre persönliche Auffassung von dem einigen Gott, erfüllt haben. Daher rufen wir, die Nachfahren, «die Kinder der Väter», in unserer *Awoda,* in unseren «Gebeten» zu Gott Abrahams, den Gott Isaaks und den Gott Jakobs an. Indem wir ihn anrufen, sagen wir nicht: «Gott Abrahams, Isaaks und Jakobs», sondern wir legen die Betonung auf die einzigartige Beziehung, auf die besondere Verbindung eines jeden von ihnen zu dem einigen Gott, auf das persönliche Zeugnis, das jeder von ihnen von dem einigen Gott abgelegt hat. Der erste der Patriarchen diente Gott vor allem durch die «Zärtlichkeit» der Liebe, durch seine Liebe zu Gott und gegenüber seinen Nächsten; der zweite durch «die Kraft» des Kultes, bis hin zum Opfer seiner selbst; der dritte durch die «Schönheit» des Studiums der Thora, sogar bevor diese offenbart worden war. Ein jeder von ihnen hat, indem er einen besonderen Aspekt der *Awoda* personifizierte, alle Mizwot erfüllt, sogar bevor diese vorgeschrieben wurden. Sie haben sie alle dank der Intuition erfaßt, die sie gegenüber ihrer Wichtigkeit und ihrer Notwendigkeit gespürt haben. Die Thora und die Mizwot bilden ein Ganzes, sie sind nicht nur untereinander verbunden, sie hängen voneinander ab. Außerdem enthält jede von ihnen alle anderen im Keim.

Ein jeder der hebräischen Patriarchen unterschied sich auf seine eigene Weise, sich Gott zu nähern, seinen Weg bis zu Gott und bis zum Dienst an Gott zu suchen und zu finden. Gleichzeitig kann jeder Jude, Diener Gottes, seine *Awoda* auf die ihm eigene Weise, die seiner Persönlichkeit, seiner psychologischen Struktur, seinen geistigen Bestrebungen, seiner moralischen Einstellung und der «Wurzel» seiner Seele entspricht, verwirklichen.

In Funktion seiner besonderen Beziehung zu Gott «erkennt

und dient» der Jude «Gott». Er dient ihm im Lichte des Namens, der Bezeichnung, des «Attributes», der seine Bekundung, das Antlitz der Göttlichkeit, offenbart, das ihn insbesondere anzieht. «Der Gerechte wird seinem Glauben leben» (Hab. 2,4), dem Glauben, der ihm eigen ist.

Während der Awoda *ist der Jude mit seinem Gott «allein», doch auch «inmitten» des Volkes Gottes.*

Die *Awoda* eines jeden Israeliten ist daher ein Dienst am persönlichen Gott, aber einer, der sich notwendigerweise in den Dienst einreiht, den der *Klal Jisrael,* die «Gesamtheit Israels», seinem Gott widmet. Unter dieser Bedingung hat der persönliche Dienst einen Wert, denn niemand ist fähig, allein auf alle Forderungen der *Awoda* zu antworten. Der Jude ist somit «allein», *jachid,* mit seinem Gott, aber «inmitten» des Volkes Gottes und «mit», *jachad,* diesem Volk. Indem er sich Israel zugesellt, verbindet er sich stärker mit Gott. Denn das Volk Israel ist durch sein Wesen selbst mit der Thora verbunden und die Thora ist durch ihr Wesen selbst mit Gott verbunden, der der Gemeinschaft Israel «innewohnt». Der *Owed HaSchem* ist somit doppelt, gänzlich mit seinem Gott verbunden.

Die *Awoda,* der Dienst an Gott, den der Jude vollzieht, hat einen persönlichen Wert; er ist persönlich, weil er den Bedürfnissen entspricht, die die «Wurzel» seiner Seele in der höheren Welt, in der Seele hier unten, erweckt. Durch diesen Dienst steigt der Jude wieder zu den Quellen seines Seins hinauf und verbindet sich mit der «Wurzel» seiner Seele. Bei diesem «Aufstieg» antwortet die «Wurzel» der Seele, indem sie das Licht herabkommen läßt, um den Leib, der hier unten ihre Verlängerung, nämlich die menschliche Seele, beherbergt, zu «erleuchten», zu «vergeistigen».

Der Leib bedarf der Seele sehr; da er das physische, materielle Instrument der «leiblichen» Verwirklichung der Mizwa ist, muß er würdig und fähig gemacht werden, um mit der Seele zusammenarbeiten zu können. Aus der Seele geht die «geistige» *Kawana* hervor, die erforderlich ist, damit derjenige, der die Mizwa erfüllt, seine «Absicht» auf die Höhen «lenken» kann, in denen die Mizwa – auch wenn ihre Erfüllung materieller Art ist – ihre «Wurzel» hat. «Hier unten» gibt es nichts, das seine «Wurzel» nicht «dort oben» habe. Alles, was hier unten ist, hat sein geistiges Modell dort oben.

Durch seine *Awoda* wird sich der Jude stärker bewußt und erwirbt eine tiefere Erkenntnis seines Gottes, desjenigen, der die Thora und die Mizwot gibt. Gott läßt in ihm erneut und persönlich die Offenbarung der Thora und der Mizwot erfolgen. In Wahrheit wäre sich der Mensch nicht einmal seines «Ichs» bewußt, wenn er nicht seinen Ursprung und sein Ende in dem Ich seines Gottes erkennen könnte, wenn er nicht seine Kraft, seine «Vitalität» aus dem Ich desjenigen zöge, der sich, indem er die Thora auf dem Sinai offenbarte, als «Ich» vorgestellt hat. Das menschliche Ich erhält seinen ganzen Wert von dem göttlichen Ich. Ohne dieses wäre er nicht.

> *Alles, was den Menschen angeht, findet seinen Platz in der* Awoda. *«In allen Dingen dieser Welt hat Gott eine Mizwa für Israel versteckt.»*

Dennoch ist die *Awoda,* der Dienst an Gott, nicht auf drei große Ideale beschränkt, die von den drei hebräischen Patriarchen personifiziert wurden, und die sie dem Herzen ihrer Kinder, ihrer Nachfahren, auf immer eingeprägt haben, nämlich «die Liebe», durch die großzügige Praxis des Guten; «die Kraft», durch den Eifer des Gebetes und die «Herrlichkeit», durch das beharrliche Studium der Thora. Es stimmt, daß sie «die Welt auf diesen drei Säulen aufgebaut haben». Dennoch weiß der Mensch der Kabbala, der Mensch der Weisheit, wie sie in dieser Welt, in der sie gelebt haben und in der auch wir leben, daß die Thora und die Mizwot die Gesamtheit seines Wesens engagiert und alle seine Zeit in Anspruch nimmt. Alles, was den Menschen angeht, findet seinen Platz in der *Awoda;* alles, was sein Leben im einheitlichen Sinne des Begriffes angeht, existiert in ihr. Seine Existenz selbst muß ständig eine *Awoda* bilden. Sicher, die *Awoda* umfaßt, je nach ihrer Reinheit, ihrer Fülle und ihrer Qualität, mehrere ansteigende Grade. Aber die *Awoda,* die quantitativ betrachtet wird, geht jeden Juden an. Diese Ermahnungen gelten für jeden Juden: «Auf allen deinen Wegen, erkenne ihn» (Spr. 3,6); «erkenne den Gott deines Vaters und diene ihm» (Chron. I, 28,9). Im Menschen der Kabbala ist der Wunsch der Erkenntnis, die Bereitschaft zu dienen, einzig auf Gott gerichtet. Der Mensch der Weisheit muß «Gott ständig vor Augen haben» (vgl. Ps. 16,8) und sich immer daran erinnern, daß Gottes «Auge ihn anblickt». Der Mensch der Kabbala vergißt keinen Augenblick lang, daß er vor Gott ist. Jeder Atemzug, der seinem Munde entweicht, jeder Schlag, den sein Herz tut, feiern die Lobpreisungen Gottes; jedes Wort, das er ausspricht, rühmt die Wunder Gottes; jeder seiner Gesten erinnert daran, daß Gott ihm folgt. Beim Einschlafen weiß er, daß seine «Seele aufsteigt, um dort oben Rechenschaft für sein Verhalten während des Tages abzulegen»; er tröstet sich, seine «bewußte» *Awoda* unterbrechen zu müssen, indem er sich erinnert, daß der Schlaf ihm erlauben wird, Gott morgen mit erneuten Kräften zu dienen. Der Mensch der Kabbala, der Mensch der Weisheit, weiß, daß alles, was er denkt, alles, was er sagt, alles, «was er tut, im Buch dort oben eingetragen wird» und Auswirkungen auf alle Welten hat sowie die Göttlichkeit selbst erreicht. «In allen Dingen dieser Welt hat Gott eine Mizwa für Israel versteckt.»

Somit kann also jede Person, jede Sache, die dem Juden begegnet, Objekt einer Mizwa bilden, die der *Awoda* eingegliedert werden könnte. Sollte ihn jedoch dürsten, noch mehr Mizwot zu erfüllen, wird Gott ihm die Gelegenheit dazu geben; wird ihm neue bieten; er wird ihn «erleuchten», damit er jeden Tag «hundert Segnungen» zum Ausdruck bringen kann. Wenn er es verdient, wird Gott ihn zu den Orten, zu den Menschen führen, die «die heiligen Funken gefangen» halten. Er wird diesen Orten, diesen Menschen helfen, ihren Weg der «Rückkehr», der *Teschuwa,* zu ihrem eigenen Ursprung, zu ihrem eigenen Wesen, die sie beschimpft haben, zu Gott, den sie beleidigt haben, zu entdecken und dadurch wird der

Mensch diese «heiligen Funken» befreien können. Somit kann also eine jede Tat eine Mizwa darstellen, die die *Awoda* bereichern wird. Die Thora zu vertiefen, um ihre Mysterien zu entdecken, und auf ihren Schwingen in der Seligkeit zu den höheren Welten aufzuschweben; mit der Aufmerksamkeit in die materielle, physische Welt herabzukommen, um diese zu vergeistigen und sie bis zu den höheren Welten zu erhöhen, gehören eines wie das andere zur *Awoda* und führen zur Heiligkeit. Denn die *Awoda* umfaßt die «kleinen» Dinge, die uns wenig wichtig erscheinen, und die «großen» Dinge, die uns von größter Bedeutung erscheinen können, zugleich; alle, ohne Ausnahme, warten darauf, daß wir sie «heiligen». Durch diese den «kleinen» wie den «großen» Dingen gewidmete Aufmerksamkeit wird das menschliche Geschöpf seinen Schöpfer nachahmen, der ihnen «in seiner Größe und in seiner Bescheidenheit» dieselbe Aufmerksamkeit durch seine *Haschgacha,* seine Vorsehung und seine Wachsamkeit, zukommen lassen wird. Außerdem ruft und begünstigt unsere Sorge um die «kleinen» wie die «großen» Dinge einen Eingriff der Vorsehung Gottes.

In der Heiligkeit erfolgt, vergeistigt sich der
Vorgang des Essens äußerst stark.

«Derjenige, dessen *Kawana,* dessen ‹Absicht›, dessen Gedanke dem Namen, gesegnet sei er, anhängt, während er materiell beschäftigt ist, derjenige erfüllt eine *Awoda,* einen perfekten Dienst an Gott; dagegen achtet derjenige, der während des Studiums der Thora und des Gebetes seine Gedanken, seine Absicht nicht mit dem Namen, gesegnet sei er, verbunden hält, den Namen, gesegnet sei er, nicht.» Diese Lehre über die geistige *Awoda,* die ein heiliger Anhänger von Rabbi Jisrael Baal Schem Tow, Vater des Chassidismus (18. Jh.), seinen Treuen gab, vereinigt sich mit der Lehre, die sein Meister ihm über die konkrete, materielle *Awoda* vermacht hatte. Er bestätigte insbesondere: «Auf die Weise, wie ihr esset, werdet ihr auch Gott dienen.» Er wollte mit diesen Worten zum Ausdruck bringen, daß in dem Maße, in dem ihr zu essen versteht (in der Heiligkeit), ihr «Gott in der Heiligkeit dient». Der Vorgang des Essens ist, wenn er nicht in der Heiligkeit erfolgt, nur ein instinktiver Vorgang, der notwendig ist, um unseren Leib am Leben zu erhalten, oder auch eine Möglichkeit, unsere Schlemmergier zu befriedigen. Der erste Mensch hat seinen ersten Fehler durch das Essen begangen; die Israeliten haben beim Verlassen von Ägypten diesen Fehler «wieder gutgemacht», indem sie ungesäuertes Brot, «die Nahrung der Heilung», «die Nahrung des Glaubens», zu sich nahmen. Und in den messianischen Zeiten wird das Heil mit einem Mahl gefeiert werden.

In der Heiligkeit erfolgt, wird der Vorgang des Essens stark vergeistigt (das Wort *Maachal,* «Nahrung», besteht aus denselben Buchstaben, wenn auch anders angeordnet, wie das Wort *Malach,* «Engel»!). Dieser Vorgang muß nach den durch die betreffenden Mizwot vorgeschriebenen Riten erfolgen und durch die *Diwrei Tora,* die Worte der Thora, vergeistigt werden, welche wir bei Tisch sprechen und durch die Gebete, die uns daran erinnern, daß Gott «das Brot, die spezifische Nahrung des Menschen, aus der Erden kommen läßt» und «die ganze Welt durch seine Güte ernährt» (durch diese *Berachot,* durch diese «Segnungen», erkennen wir an, daß alles von ihm kommt und alles ihm gehört). Somit wird unsere Seele durch die Gebete und die *Diwrei Tora* gespeist und unser Leib durch die Nahrung gestützt werden, die er benötigt, um Gott zu dienen. Wenn der Leib seine materielle Nahrung (die in sich ein geistiges Element verhüllt, das wir durch die *Berachot* «erwecken»), nicht erhält, wird er nicht mehr in der Lage sein, die Seele zu beherbergen und daher die *Awoda* nicht zusammen mit ihr erfüllen können. Die Seele und der Leib bilden eine Einheit. Der Mensch als Wesen, das sich seiner Berufung, Gott zu dienen, bewußt ist, wird *Nefesch,* «Seele», «vitale Seele» genannt. Der Mensch ist ein *Nefesch,* er muß seinen Leib seiner Seele unterordnen, damit er sich der Heiligkeit nähern kann. Das heißt nicht, daß er den Leib seiner moralischen Würde entblößen, ihm seine natürlichen Rechte absprechen kann; der Leib muß geachtet werden, denn er, die «kleine Welt», erinnert durch seine herrlichen Anordnungen an die «große Welt», die seine «Form» symbolisiert; alle beide bilden ein herrliches Werk des Schöpfers. Den Leib nähren, ihn pflegen, ihn «rein» halten, ihn der «Reinheit» der Seele würdig machen und ihn befähigen, an seiner «Heiligkeit» teilzunehmen, bildet alles eine Mizwa. Über das Wohlergehen der *Nefaschot,* der «Seelen», wachen, also über Leib und Seele sowie über die «animale Seele» und über die «göttliche Seele», die dem Menschen zusammen innewohnen, bildet eine Mizwa. Der durch die Praxis der Thora und der Mizwot «geheiligte» Leib ist selbst zur Seele geworden.

Der Mensch, der seine *Awoda* erfüllt, muß also in seiner physischen und psychischen Gesamtheit, in seiner Einheit betrachtet werden. Zunächst wird in ihm selbst und dann durch ihn in der Welt das physische, materielle, sichtbare, äußere Element geistig, innerlich und das geistige, innerliche Element wird sichtbar. Das höchste (messianische!) Ziel der *Awoda* ist, die perfekte innewohnende Einheit zwischen dem «fleischlichen», materiellen, sichtbaren, äußeren Element und dem geistigen, unsichtbaren, innerlichen Element aufzuzeigen, «sehen» zu lassen. Das Sichtbare «tritt» in das Unsichtbare ein und das Unsichtbare zeigt sich. Das ist das höchste Ziel der *Awoda,* die sich Heiligkeit nennt.

Beten und Essen. Der Mensch wird in seiner geisti-
gen und physischen Gesamtheit betrachtet.
Einheit seiner Tätigkeiten.

Wie soll ein so hohes Ziel erreicht werden? Indem die Ermahnung ernst genommen wird: «Heilige dich durch das, was du bist, durch das, was dein Schöpfer dir bietet!»

Das ist ein Beispiel der Heiligung. Um zu essen, bedient sich der Mensch seines Mundes; um die Thora zu studieren und die Gebete zu sprechen, bedient er sich ebenfalls seines Mundes. Der Mund dient dazu, Werke unterschiedlicher Werte zu vollbringen. Der Jude betet aufrecht «vor Gott»; er deckt seinen Tisch und ißt «vor Gott». Beten und Essen sind rituelle Handlungen. Das «Gebet» wie der «Tisch» erinnern an den «Opfer»-Kult im Tempel von Jerusalem und ersetzen diesen. Indem er betet, betet der Jude «für den Namen Gottes»; er ißt «für den Namen Gottes». Nicht nur durch das Studium der Thora und das Aufsagen der Gebete ruft er die Namen Gottes an; denn, indem er den *Maachal*, die «Nahrung», seinem Mund zuführt, ruft er ebenfalls die Namen Gottes an. Der numerische Wert des Wortes *Maachal* (91) ist derselbe wie derjenige der insgesamt genommenen göttlichen Namen, *HaWaJaH* und *Adonaï* (der eine bezeichnet Gott als Schöpfer der Welt und der andere Gott als Meister des Universums). Derselbe menschliche Mund muß die Taten vollbringen, die in ihrer Art und ihrer Bedeutung unterschiedlich zu sein scheinen und die dennoch einander ergänzen und die Einheit des Menschen aufzeigen, die seinen Tätigkeiten und seiner Berufung innewohnende Einheit.

Rabbi Schimeon bar Jochai, der große jüdische Mystiker der talmudischen Zeit (im 2. Jahrhundert), gab Gott seinem Bedauern Ausdruck, daß er nicht demjenigen, den er Schöpfer «Sohn» und «Diener» nennt, zwei Münder gegeben habe; nämlich den einen, um die Thora zu studieren und die Gebete zu sprechen, und den anderen, um zu essen. Gott hat in seinem Willen, daß der Mensch einer sein soll und ihm in seiner Einheit diene, ihm nur einen einzigen Mund für seine unterschiedlichen Tätigkeiten zugestanden, die nach den Vorschriften der Thora durchzuführen sind. «Der Mund wird zu einer Thora!» Gott fordert vom Menschen, der einer ist, durch dieses eine Mundorgan das, was der materiellen Welt angehört, sowie das, was der geistigen Welt zukommt, zu heiligen, um ein Ganzes zu bilden. Somit würde das sehr hohe Ziel der *Awoda* erreicht sein, und zwar die Funktionen dessen, was materiell und dessen, was geistig ist, durch eine einzige vom einigen Menschen vorgenommene Heiligung zu vereinen.

Wechselbeziehung zwischen dem Hirn und dem Herzen, den beiden im geistigen Leben des menschlichen Wesens wesentlichen Faktoren.

Die Einheit des Menschen, der ein *Owed HaSchem,* ein «Diener Gottes» ist, verwirklicht sich durch die lebende Verbindung der verschiedenen Organe des menschlichen Leibes, die alle zusammen für eine perfekte *Awoda* am Werk sind. Somit besteht eine Verbindung, eine Wechselbeziehung, zwischen dem «kalten», vereisten, «denkenden» «Hirn», das den Menschen zur strikten, peinlich genauen Ausführung einer Mizwa in der «Furcht» Gottes anhält, und dem «heißen», brennenden, «fühlenden» «Herzen», das den Menschen anregt, diese selbe Mizwa «gütig» und «begeistert» in der «Liebe» Gottes zu verwirklichen. Das «kalte Wasser», das dem Hirn entspringt, richtet sich auf das «Feuer», das im Herzen «brennt», ohne dieses jedoch auszulöschen. Das Wasser, das erfrischt, und das Feuer, das wärmt, integrieren sich alle beide im Gewebe der Mizwa und verstärken dieses.

Diese Verbindung, diese Wechselbeziehung zwischen dem Hirn und dem Herzen, welche beide für das geistige und psychosomatische Leben des menschlichen Wesens wesentliche Faktoren sind, führt zu dem Austausch ihrer Eigenschaften und zur ständigen Vervollständigung ihrer Fähigkeiten. Dank dieser Wechselbeziehung kann der Mensch, der Gott geweiht ist, der Mensch, der einig und ausgewogen ist, seinem Schöpfer eine *Awoda,* einen totalen Dienst, bieten. Wenn das «Hirn», «Sitz der göttlichen Seele», vom «Herzen» beeinflußt wird, «erwärmt» es sich, nimmt an dessen Zärtlichkeit teil und beginnt zu «fühlen». Das «brennende Herz», das durch das «Hirn» beeinflußt ist, «erkaltet», denkt nach und beginnt zu «argumentieren». Es wird ein «Herz des Weisen», ein Herz, das «denkt», «versteht», «erkennt», «spricht», «sieht», «hört»... Diese Tugenden zeigt es teils in seinem «rechten Raum», dem «Sitz des Geistes», das dem «linken Raum», der mit «Blut gefüllt ist», dem «Sitz der animalischen Seele», des «bösen Hanges», gegenübersteht. Diese beiden Räume des Herzens sind miteinander verbunden und dennoch durch ihre

Bestrebungen, ihren Ehrgeiz und alle ihre Tendenzen einander entgegengesetzt.

Die Opposition zwischen diesen beiden «Orten» des Herzens war vom Schöpfer vorhergesehen und gewollt. Wenn er den Menschen auf diese Art gebildet hat, dann nur, um in ihm, in seinem Herzen, zwei «Geschöpfe» miteinander wohnen zu lassen, die der «Hang zum Guten» und der «Hang zum Bösen» genannt werden. In Wahrheit entbehrt das hebräische Verb, das in dem Buch der Genesis die Schöpfung des Menschen und noch genauer seine «Formgebung» bezeichnet, die Verdoppelung des ersten Buchstabens seiner Wurzel, *Jod*. Dieser Buchstabe ist der kleinste, der gedrängteste aller Buchstaben des hebräischen Alphabetes, die dazu dienen, die Thora zu schreiben und die Welt zu erschaffen. Er ist nur ein Punkt, der sich aus dem Nichts ergibt und sich verdichtet. Er offenbart den ersten Gedanken, die ursprüngliche Absicht des Schöpfers, der der Schöpfung der «höchsten Welt», der «kommenden Welt», dem Ziel «dieser menschlichen Welt», vorstand. «Der Buchstabe *Jod* ist das Prinzip und die Grundlage der Welt.» Aus diesem Grunde ist dieser Buchstabe *Jod* der erste der «vier Buchstaben», die den Namen Gottes, des Schöpfers der Welt, bilden. Doch derselbe Buchstabe *Jod* ist auch der erste der fünf Buchstaben, die den Namen *Jehuda* bilden; dieser Name enthält die «vier Buchstaben», die den göttlichen Namen bilden. *Jehuda* ist derjenige, der «dem Ewigen die Gnade erweist». Er zeichnet den Juden, den *Jod,* den *Jud,* vor und bezeichnet diesen, der aufgerufen ist, «Gott» in dieser Welt «zu feiern». Er personifiziert also den Menschen, der aufgerufen ist, Gott zu erkennen und ihm zu dienen. «Der Buchstabe *Jod* ist somit das Zeichen des Bundes» zwischen Gott Israels und dem Volke Israel.

Zwei «Geschöpfe» koexistieren im Herzen des Menschen: das «Geschöpf, das gut ist», und das «Geschöpf, das eventuell schlecht werden kann».

Die beiden *Jezarim,* die beiden «Geschöpfe», die durch die beiden *Jod* dargestellt werden, koexistieren im Herzen des Menschen. Der «rechten» Seite des Herzens wohnt der *Jezer Tow,* das «Geschöpf, das gut *ist*», inne, und der «linken» Seite des Herzens der *Jezer HaRa,* das «Geschöpf, das eventuell schlecht *werden* kann». Letzteres ist nicht von seinem Ursprung an «schlecht», sondern es kann sich eventuell verschlechtern, sich zu dem Bösen «hinneigen», die «Seite» wechseln und sich der «anderen Seite», der Seite des Bösen, zuwenden. Durch die unheilvolle Aktion, die er auf das Geschöpf ausüben kann, kann der Mensch es verderben, seine ursprüngliche Natur, die gut ist, «verfälschen» («alles was Gott gemacht hatte, war sehr gut», s. Gen. 1,31). Fasziniert durch die Bilder, die ihm von *Außen* kommen, erregt durch die Arome, die davon ausgehen, wird der Mensch dazu bewegt, aus diesem zweiten *Jezer* ein «Geschöpf» zu machen, das aktiv «schlecht» wird, bis es den Beinamen «*das* schlechte Geschöpf», *Jezer HaRa,* bekommt (während das «Geschöpf, das gut *ist*», das bleibt, was es in seiner unveränderlichen Substanz, *in* sich selbst, ist»; es wird mit *tow* und nicht mit *HaTow*! qualifiziert. Es ist «gut», ohne dabei «das Gute» zu sein).

Diese beiden «Geschöpfe», beide Werke Gottes, «Schöpfer aller Dinge», bleiben zusammen im Herzen des Menschen. Dennoch leben sie dort wegen der Unaufmerksamkeit und der Schwäche des Menschen nicht in Frieden. Sie erregen sich, ein jedes in seinem «Haus», sie erheben sich häufig gegeneinander, sie machen sich die Einwirkung streitig, die jedes von ihnen auf den Menschen haben möchte.

Bei diesem Kampf, den sich die beiden «Gegner», *Jezer tow* und *Jezer HaRa,* auf dem Schlachtfeld liefern, das das Herz des Menschen ist, kommt die Initiative dem letzteren zu. Der *Jezer HaRa* ereifert sich in seinem Kampf gegen den *Jezer tow,* damit er ihn zum Schweigen bringe und sich somit den Menschen ganz untertan mache und mit ihm auf seine eigene

Weise verfahren kann. Der *Jezer HaRa* wird zum *Jezer* schlechthin, der sich den Menschen zu eigen macht, *Jizro schel adam.* Der Mensch unterliegt häufig den Leidenschaften, die der *Jezer HaRa,* der «Hang zum Schlechten», in ihm entfacht, indem er seine Instinkte entzündet und indem er ihm alle möglichen Wonnen und Hochgenüsse verspricht. Der *Jezer HaRa* hat vielfach mit seinem Unterfangen Erfolg, denn er ist «älter» und erfahrener als der *Jezer tow.* Der *Jezer HaRa* ist am Werk von der «Stunde an, in der der Mensch in die Welt eintritt». Er identifiziert sich dann ganz einfach mit den «Instinkten» und hört nicht auf, Druck auf das wachsende menschliche Wesen, «von dessen Jugend an», auszüben. Der *Jezer tow* ist jünger als er und zeigt sich nur dann wirksam, wenn der Knabe 13 Jahre und das Mädchen 12 Jahre alt ist, wenn sie die Hilfe von Oben erfahren. Er ist im allgemeinen weniger lärmend, nicht so mitteilsam, weniger leidenschaftlich, ruhiger, maßvoller und «überlegter» als sein «älterer» Gegner! Dieser letztere – auch wenn er ein «alter und unvernünftiger König» ist – bedient sich, um den Menschen stärker beherrschen zu können, verschiedener «Verführungs»-mittel, verschiedener «Listen». Um den Menschen in seinen Absichten zu täuschen, schlägt der *Jezer HaRa* somit vor, den *Mizwot,* den Vorschriften der Thora, zu gehorchen, «gute Werke» zu tun; aber diese «guten Werke» werden von dem *Jezer HaRa* so hingestellt, daß sie in Wirklichkeit ebenso viele Anreize, die Gebote der Thora zu übeteten, verhüllen und *Aweirot,* Überschreitungen der Thora zu begehen, wie eine Vielfalt von «schlechten Werken». Der fromme, unbescholtene Mensch, der seinem *Jezer tow* vertraut, hat wenig Ahnung von den «Feuerwerken» seines *Jezer HaRa* und fällt doch häufig in die Falle, die er ihm stellt, und kann sich daraus nur befreien, wenn er selbst wiederum zur «List» greift ...

Göttliche «Erkenntnis» und menschliche «Wahl».

Zum Preis zahlreicher Bemühungen kann es dem Menschen gelingen, «seinen *Jezer* in seinen Händen» zu halten und sein

Meister zu sein. Doch wie aus diesem «Krieg» «siegreich» hervorgehen, der verführerisch und rebellisch, verschleiert und offen zugleich ist, den sein «Feind», der *Jezer HaRa,* auf dem unebenen Terrain seines Herzens führt?

Auf Rat seines «vernunftmäßigen Denkens», seiner Intelligenz, seiner *Neschama,* seiner geistigen Seele, ruft der Mensch sein «Vermögen zu wählen» an, diese Fähigkeit, mit der der Schöpfer ihn beehrt hat. Diese göttliche Gabe macht den Menschen, und ihn allein unter allen anderen Geschöpfen, fähig, zwischen «der Segnung und der Verdammung», «dem Leben und dem Tod» («der Tod ist der *Jezer HaRa*»!), dem Guten und dem Bösen, zu wählen, indem er weiß, daß Gott ihm empfiehlt, «das Leben zu wählen» («das Leben, das der Weg ist, den die Thora ihm zeigt»!), das Gute, das wahre Gute des Menschen zu wählen, den sein Schöpfer, der ihn gemacht hat, besser kennt als er sich selbst.

Indem der Mensch sich nach dem Rat seiner Intelligenz richtet, schickt er sich an, den freien Willen walten zu lassen, den der Schöpfer ihm ausnahmsweise zur Gabe gemacht hat. Indem er ihm diese kostbare Gabe zukommen ließ, will der Schöpfer den Menschen über das aufklären, was er ist und ihn «wissen lassen», daß er ihn «zu dem Bilde Gottes zu seiner Gleichheit» (s. Gen. 1,26) geschaffen hat, daß er eine große Macht erhalten hat, die dennoch nur ein schwaches «Spiegelbild» der absoluten Intelligenz Gottes und des absoluten Willens Gottes ist. Trotzdem ist der Mensch aufgerufen, sie in dem Maße seiner Kräfte «nachzuahmen». Gott wollte dem Menschen seine «Liebe» zu ihm zeigen. Er hat ihn unter allen Geschöpfen dieser Welt ausgewählt und sogar unter denjenigen einer anderen Welt, die wie die Engel kein «Vermögen zu wählen» zu ihrer Verfügung haben. Der Schöpfer hat sozusagen ein *Zimzum* vorgenommen (wie für die Schöpfung der Welt), also eine «Beschränkung» seiner eigenen Macht, wenn man es so auszudrücken wagt, zugunsten derjenigen des Menschen. Er hat auf einen Teil – wenn man es so auszudrücken wagt – seiner Vorrechte als allmächtiger Meister des Universums verzichtet und diesen dem Menschen abgetreten. Dadurch hat der Mensch das Recht und die Pflicht erhalten, «frei» über sein moralisches Verhalten zu beschließen. Gott hat gewählt, seine unermeßliche Autorität zugunsten des Menschen zu beschneiden, indem er doch weiß, daß der Mensch versucht sein könnte, gegen ihn zu rebellieren.

Man kann jedoch davon ausgehen, daß diese im Grunde ganz relative «Freiheit der Wahl», die dem Menschen als Freiheit mit vielfachen guten und bösen Konsequenzen zugestanden wurde, nicht so ausschlaggebend, wie man hoffen oder fürchten könnte, ist. Dennoch macht die Thora daraus die Triebfeder für jegliche Befolgung der Mizwot. Der Talmud und der Sohar sehen darin ebenfalls den Antrieb für die Anwendung der göttlichen Vorschriften, und Maimonides, Arzt und Psychologe, setzt sich ein, um deren Macht und vor allem deren erste Wichtigkeit im religiösen Leben des Menschen zu preisen. Doch muß anerkannt werden, daß das «Vermögen zu wählen», der *Koach HaBechira,* im Menschen – obwohl sehr gerühmt – doch weitgehend durch den angeborenen, scheinbar unwandelbaren Sachverhalt bedingt wird, und es sich an den physischen, scheinbar unüberwindbaren Grenzen und sehr häufig auch an den sozialen und politischen Hindernissen stößt.

In Wahrheit verliert sich die menschliche «Wahl», die *Bechira,* die der Mensch ausführt, wenn er handelt, beinahe angesichts der göttlichen «Erkenntnis», der *Jedia,* in dem ungeheuren Ausmaß des Raumes und der Zeit, die von der göttlichen Intelligenz und dem göttlichen Willen beherrscht werden. Es bleibt, daß der Mensch durch seine Taten und sogar durch seine Gedanken und seine Worte einen guten oder schlechten Einfluß auf die unteren und die höheren Welten haben kann.

Dieses Vermögen, das der Mensch hat, um die Handlung zu wählen, die er durchführen will, kann unbedeutend angesichts des Vorherwissens und der Allwissenheit Gottes erscheinen. Dieses Vorherwissen und diese Allwissenheit übersteigen überall den dem menschlichen Leben und der in Vergangenheit, Gegenwart und Zukunft getrennten Zeit vorbehaltenen Raum (Teilung, die sogar im göttlichen Namen, dem Tetragramm, in Beziehung zum Menschen eingeprägt ist). Die göttliche Erkenntnis öffnet sich auf einen unendlichen Raum und umfaßt eine unendliche Zeit. Im Blick Gottes, in seinen Augen, verschwinden die eingebildeten Grenzen innerhalb des Raumes und der Zeit; alles ist Gegenwart. Doch ist die Sichtweite des Menschen begrenzt. Der Mensch ist nicht in der Lage, die «drei Zeiten: den Anfang, das Ende und die Gegenwart organisch miteinander zu verbinden». Und welches Paradox, so bemerkt Rabbi Elijahu, der Gaon von Wilna, ist die Gegenwart – Verbindungspunkt zwischen den beiden Zuflüssen, nämlich Vergangenheit und Zukunft – für den Menschen, denn «in der Gegenwart muß er gerade das Gute und das Böse voneinander unterscheiden und zwischen beiden wählen»; während für Gott die Gegenwart ein Ganzes, Allgegenwart und Ewigkeit ist, ist sie für den Menschen Augenblick, das «Heute», doch wie entscheidend für das, das er «machen» muß!

Der Widerspruch zwischen göttlicher Allwissenheit und menschlicher Wahl bildet ein Mysterium, das die menschliche Vernunft nicht durchdringen kann.

Wie ist der Widerspruch zu erklären, der sich unserer Vernunft aufzudrängen scheint und der zwischen der *Jedia* und der *Bechira,* zwischen der «Erkenntnis» Gottes und der «Wahl» des Menschen, zwischen dem Vorherwissen und der Allwissenheit Gottes, dem «Vermögen zu wählen», über das der Mensch verfügt, und zwischen dem, was göttliche Vorsehung genannt wird, und der menschlichen Freiheit besteht?

Dieser scheinbare Widerspruch wurde mit Klarheit von den Weisen Israels dargelegt, die in denselben Aussagen erklären, daß «alles von Gott vorgesehen» ist, und daß dennoch «die Erlaubnis» dem Menschen «zugestanden» wird, frei zu handeln und daß «alles offen» vor Gott ist und daß dennoch das, was «der Mensch macht, er nach seiner eigenen Intelligenz macht»; daß «alles, außer der Furcht der Himmel, in den Händen der Himmel ist».

Dieser Widerspruch wird von den Weisen Israels als ein Axiom ihres Glaubens an Gott betrachtet, der gleichzeitig über den Welten und in den Welten ist, und der Widerspruch zwischen *Jedia* und *Bechira* bleibt unerklärlich. Er bildet ein Mysterium, das die menschliche Vernunft nicht durchdringen kann. Jüdische Philosophen und Mystiker sind sich hierüber völlig einig. Dieser scheinbar unlösbare Widerspruch ist der Art, daß er «die menschliche Vernunft vor versiegelte Türen stellt», um einen Ausdruck Maimonides aufzugreifen. Dieser Rationalist hat uns nach dem Beispiel der Mystiker überzeugt, daß der Mensch nicht fähig ist, die Erkenntnis Gottes zu verstehen, zu erfassen. Seine Erkenntnis ist nicht wie unsere Erkenntnis. Die erste bildet ein Eines mit Gott, die zweite muß sich auf eine Sache beziehen, die außerhalb liegt. Die Intelligenz und der Wille Gottes bilden Eines mit ihm; unsere Intelligenz und unser Willen (die eine ist von unserer Fähigkeit, sie anzuwenden, bedingt, und der andere von unserer Fähigkeit, ihn walten zu lassen) haben als Objekt eine Sache, die sich außerhalb von uns selbst befindet und die im allgemeinen von dieser abhängig ist. Dennoch müssen unsere Intelligenz und unser Willen sich in der Intelligenz und in dem Willen Gottes verankern und erfüllen.

Die *Jedia* und die *Bechira,* die beide als in gegenseitiger Beziehung stehend gesehen werden, müssen daher ein Mysterium genannt werden. «Sie sind Teil der Grundlagen der Thora», so schreibt Rabbi Zewi Elimelech von Dynow, «auch wenn sie sich scheinbar gegenüberstehen. Unser Glaube muß uns die Wahrheit dieser beiden widersprüchlichen Begriffe erkennen lassen. Die menschliche Vernunft kann sie nicht erfassen; sie sind in der Macht des Namens, gesegnet sei er, vereinigt. Er allein, ihr Urheber, kann sie rechtfertigen. Er allein weiß, wie diese beiden Realitäten koexistieren, denn er allein weiß, wie alles bestehen bleibt.» «Unser» mangelhaftes «Denken ist nicht wie Gottes Denken», nämlich ganz (vgl. Jes. 55,8). Der Sohar, indem er diese schwierige Frage anschneidet, stützt sich dabei auf einen Vers des Predigers Salomo, der in seinen Augen die zu dem Thema genannten Ideen einschließt: «Er hat alles schön gemacht zu seiner Zeit, auch hat er die Ewigkeit in ihr Herz gelegt, nur daß der Mensch nicht ergründen kann das Werk, das Gott tut, weder Anfang noch Ende» (Ekkl. 3,11). Es gibt jedoch Menschen, die Gott in seiner Güte für würdig erachtet hat, «das Werk, das Gott vom Anfang bis zum Ende gemacht hat, zu erfassen». Die Weisen Israels erklären, daß «der Heilige, gesegnet sei er, Adam und Mose alle Generationen gezeigt hat, die ihnen nachfolgen würden, ebenso wie deren Führer», und außerdem hat er Mose «alles» gezeigt, «was war und was da sein wird».

Die menschliche Vernunft ist daher unfähig zu verstehen, wie sich *Jedia* und *Bechira* aussöhnen. Diese beiden Begriffe ertragen es nicht einmal, miteinander verglichen zu werden. In ihrem Wesen ist die *Jedia* für die menschliche Vernunft absolut unzugänig; in ihrer Tiefe ist die *Bechira* nur teilweise der menschlichen Vernunft zugänig. Die menschliche Vernunft ist ganz und gar ohnmächtig, so bemerkt Rabbi Jitzchak Luria, der Ari HaKadosch, die *Jedia* wahrzunehmen, die sogar der Schöpfung dieser Welt vorausgeht, in die der Schöpfer uns gestellt hat und uns aufgefordert hat, «zu wählen», damit das Gute walte. Unsere Vernunft ist selbst eine Schöpfung Gottes, die in diese Welt gebracht wurde, und daher ohnmächtig, das zu erkennen, was «über und unter dieser Welt ist, das, was bevor die Welt geschaffen wurde, war und was bestehen wird, wenn diese existiert haben wird»; unsere Vernunft wurde geschaffen, wie Raum und Zeit, innerhalb derer sie sich bewegt. Sie ist wie diese und in denen begrenzt. Was die Beziehung angeht, die die *Jedia,* die vor der Schöpfung der Welt bestand, mit der *Bechira* verbindet, die auf diese Welt einwirkt; so fragen wir, wie unsere Vernunft sie erfassen könnte, wenn sie nicht einmal ihre eigene Dimension und auch nicht das Walten desjenigen, der freier Wille genannt wird, abstecken kann. Neben ihrem Status als Geschöpf ist die Vernunft mit der Materie verbunden, die unseren Leib ausmacht, und sogar abhängig von dieser. Daher kann sie sich nicht lossagen, um in aller Freiheit zu wirken. Sie kann sich des Gewichtes nicht entledigen, das auf ihr als die undurchsichtige Materie unseres Leibes lastet, eine Materie, durch die ihre Sicht verdunkelt und ihre Urteilskraft fehlgeleitet wird.

*Die göttliche Schöpfung sieht ihre Verlängerung in
der menschlichen Zeugung. «Beschneidung des
Fleisches» und «Beschneidung des Herzens».*

Nach dem Sefer Jezira besteht zwischen den – und das kann
auf erste Sicht erstaunlich erscheinen – «beiden Bünden», die
Gott mit dem Juden eingegangen ist: *Berit HaMaor,* dem
«Bund des Fleisches», und dem *Berit HaLaschon,* «dem Bund
der Sprache», eine Beziehung.

Der «Bund des Fleisches» ist im Leib des Juden eingeprägt,
und zwar durch die *Mila,* die «Beschneidung». Er ist einem
Teil des Leibes aufgeprägt, durch den der Mann das Leben
übermittelt. Daher wird dieser *Berit Jesod,* «Grundlage», genannt.

Als «Zeichen des Bundes» zwischen Gott und dem Volke
Israel fordert die Beschneidung vom Juden, der «den Bund
hütet», daß er «über den heiligen Bund wache» – *Schemirat
HaBerit* – also gerade am Werk der Mitschöpfung Gottes teil-
hat. Die Übermittlung des Lebens hat als höchste Zweckbestimmtheit die *Awoda,* den «Dienst» an Gott. Damit Gott
stets auf Erden gedient werde, muß diese von menschlichen
Wesen bevölkert sein, die dort die Souveränität des Schöpfers
verkünden. Wenn der Mensch den «heiligen Bund» «verrät»,
«leugnet», wird seine Zeugung als «wüstenähnlich» betrachtet, als Erde, die, wenn Gott dort nicht gedient wird, «umsonst» gezeugt worden ist.

Die göttliche Schöpfung verlängert sich in der menschlichen
Zeugung immer mit demselben Ziel: den Schöpfer und dessen
Willen erkennen zu lassen, der in der Thora und in den Mizwot zum Ausdruck kommt. Aus diesem Grunde sagen Talmud und Sohar, daß «wäre die *Mizwa* der *Mila,* der Beschneidung, nicht vor der Schöpfung der Welt vorgesehen worden,
wären Himmel und Erde nicht erschaffen worden», und falls
sie erschaffen worden wären, «hätten sie nicht überleben können».

Abraham, der der erste war, der der Schöpfung der Welt
einen Sinn gab, indem er den Prozeß ihrer Vervollkommung
eröffnete, war auch der erste, der den göttlichen Befehl der

Beschneidung erhielt. Und dieser von ihm empfangene Befehl ging der Einladung Gottes voraus: «vor seinem Antlitz zu wandeln» (Gen. 17,1). Abraham war daher der erste, der Gott in der Welt «ankündigte». Seine Nachfahren, die Söhne Israels, die mit «Freude» der Mizwa des «Opfers», der Beschneidung, erfüllen, sind in dieser Welt aufgerufen, dort «den Namen» Gottes «zu heiligen», um «ihn lieben zu lassen», und zwar durch ihre eigene Liebe zu Gott, die sich in ihrem Verhalten hier unten ausdrücken muß. Ihr Leben in dieser Welt wird in dem Maße beispielhaft sein, in dem sie mit Freude alle die Mizwot der Thora sowie auch die grundlegende *Mizwa* der *Mila* beachten. Der Talmud und der Sohar verkünden, daß die *Mizwa* der *Mila* die wichtigste ist und daß sie Äquivalent aller Mizwot der Thora ist. «Die *Berit Mila* wird selbst zusammenfassend *Tora* genannt.»

Die Welt, die Gott geschaffen hat, hat er «für seine Herrlichkeit erschaffen» (Jes. 43,7), damit «seine Herrlichkeit die Erde erfülle» (vgl. Jes. 6,3), damit die Menschen dort seine Herrlichkeit singen, damit «*Israel* dort die Herrlichkeit Gottes singe». Zu diesem Zweck werden die Kinder Israels geboren. Im Hinblick auf diese Verherrlichung Gottes ergibt sich die menschliche Zeugung aus der göttlichen Schöpfung und darf von dieser nicht abgetrennt werden. Aus diesem Grunde erklärt sich «der Heilige, gesegnet sei er», zum «Partner des Vaters und der Mutter», die das Kind zeugen. Das Kind ist bestimmt, «Gott, seinen Vater und seine Mutter zu ehren». Jedenfalls haben sich Vater, Mutter und Kind alle «engagiert, bei der Verherrlichung ihres Schöpfers zusammenzuarbeiten». Das Kind ist außerdem dazu bestimmt, die *Awoda,* den «Dienst» an Gott, auszudehnen und noch weiter zu führen.

Der Jude muß Gott mit seinem ganzen Wesen, in seiner psychosomatischen Einheit, dienen, das heißt, mit einem «heiligen Leib» und in dessen Integralität sowie mit einer unbescholtenen Seele, einem «heiligen Geist».

Um die *Awoda* zu erfüllen, sind bestimmte Tugenden vonnöten. Und die *Mila* ist die unerläßliche Bedingung für den Erwerb dieser Tugenden. Die *Mila* ist eine Tat, die zur leiblichen Hygiene beiträgt. Die «Beschneidung des Fleisches» hat zum Ziel, die Gesundheit zu schützen und zur gleichen Zeit «die Leidenschaft» des Mannes «zu schwächen»; doch ist die *Mila* auch eine Tat, die zu einer innerlichen Hygiene führt, nämlich zur «Beschneidung des Herzens» (vgl. Deut. 10,16), die die Verbindung zwischen Mensch und Gott vertieft.

Durch die *Mila* läßt der Vater beim Kind «das übermäßige Wachstum des Fleisches» zurückschneiden, aber zur gleichen Zeit ein Werk moralischer Ordnung vollbringen; er läßt die «Borke» aufbrechen, die den Zugang seines Sohnes zur künftigen geistigen «Innerlichkeit» verwehren könnte, welcher dazu bestimmt ist, selbst zur «Beschneidung seines Herzens», zur «Reinigung seines Herzens», überzugehen. Sein Herz zu beschneiden heißt, «sein Herz» Gott, der Welt, dem Nächsten, «zu öffnen».

Durch die *Mila* wird ein «Überschuß» des menschlichen Leibes ausgeschaltet, der in Wirklichkeit ein «Fehlen» darstellt. Dieser «Überschuß» wurde vom Schöpfer gewollt, damit der Mensch, indem er ihn vernichtet, selbst das Verdienst hat, «sich zu machen», «sich zu reparieren», sich zu vollenden und somit das zu werden, um das Gott Abraham vor dem Befehl der Beschneidung gebeten hatte, nämlich *tamim*, «makellos», «ganz» zu werden (Gen. 17,11). Das Wort *tamim* steht in der Mehrzahl, denn die «Integrität», die die *Mila* dem Juden bringen soll, ist physisch und geistig zugleich.

*Die beiden Eheleute feiern in Gleichheit in ihrem
Heiligtum, dem Heim ihrer Familie.*

«Makellos» ist der Jude eingeladen, «sich während des ehelichen ‹Dienstes› zu heiligen», indem er sich intim mit seiner Gattin vereinigt, indem er sich mit ihr in «Zuneigung» und in «Achtung» vereinigt. Die beiden Eheleute – wenn sie sich der Verantwortung bewußt sind, die ihnen in ihrem ehelichen Leben obliegt, verdienen den Titel, der ihnen der Sohar gibt, indem er sie *Kohanim,* «Priester», nennt, die in Gleichheit in ihrem Heiligtum feiern, in ihrem Heim der Familie.

Ein solches «Priestertum» wird von Ramban ins Auge gefaßt, der nach dem Beispiel anderer Kabbalisten ein Gebet geschrieben hat, das die Eheleute eingeladen sind, zu sprechen, bevor sie sich in der Reinheit ihrer Absichten und ihrer Gedanken vereinigen. Diese werden einen günstigen Einfluß auf die Kinder, die sie zeugen werden, haben. Sie werden in der Lage sein, wahre *Owdei HaSchem,* treue «Diener des Namens», zu werden, und sogar *Talmidei Chachamim,* «Jünger der Weisen», die ihr Leben dem Studium der Thora widmen, und mehr noch *Zaddikim,* «Gerechte», die durch ihre Aufrichtigkeit «die Existenz der Welt absichern». Das Gebet Rambans, wie die Gebete dieser Art, beinhaltet bewegende Hymnen zur Herrlichkeit Gottes, des Schöpfers, Leben des Lebens, König des Friedens, aber es beinhaltet auch wunderschöne Oden, die der Schönheit des ehelichen Lebens, der Liebe und dem Frieden zwischen den Eheleuten gewidmet sind. Das Gebet ist eine wahre Feier der menschlichen Liebe, die aus der göttlichen Liebe hervorgeht, und dorthin zurückführt; es ist eine vom Hauch durchzogene Feier, der aus dem Lied der Lieder gekommen ist.

Somit durch einen gemeinsamen Wunsch der «Heiligung» vorbereitet, hat ihre Vereinigung den Wert einer Tat der Heiligkeit.

Die Frau «heiligt» sich durch Eintauchen in das Wasser des Mikwe. *Das Wasser ist Zeichen des Lebens, der Erneuerung.*

Der *Mila,* dem rituellen Akt, der eine doppelte Bedeutung für den Juden hat, nämlich die materielle durch die «Beschneidung des Fleisches» und die spirituelle durch die «Beschneidung des Herzens», entspricht der rituelle Akt des Eintauchens in den *Mikwe,* das rituelle Bad, das eine Doppelbedeutung für die Jüdin hat, nämlich Akt der physischen «Reinigung» und der spirituellen «Reinigung».

Die Frau «heiligt» sich durch das «reinigende» Eintauchen in das Wasser des *Mikwe,* des rituellen Beckens. Sie tut dies im allgemeinen nach der Menstruation und nach einer Niederkunft.

Somit «reinigt» sie sich im Wasser; sie «heiligt» sich im

Wasser, das da wichtigstes Element der Schöpfung Gottes ist: Am Anfang der Welt war nur «Wasser im Wasser», und «Gottes Windhauch wehte über die Wasser».

Das Wasser ist Zeichen des Lebens; es ist die Bedingung des Lebens.

Der *Mikwe* stellt das ursprüngliche Wasser dar. Aus diesem Grunde muß an den Boden des *Mikwe* Quellwasser gegossen werden. Das Wasser des *Mikwe* darf nicht nur ein vom Menschen «geschöpftes», also ein künstliches Wasser sein. Das Quellwasser, das sich dort befindet, behält dort seine ursprünglichen reinen Eigenschaften und übermittelt diese dem Wasser, das hinzugefügt wird.

Die Frau, die «einmal ihren ganzen Leib» in das Wasser des *Mikwe* taucht, ist somit im ursprünglichen Wasser der Schöpfung, in die «lebendigen Wasser» der Schöpfung, eingetaucht.*) Die Frau ist somit eingetaucht, «als erlebe sie den Anbeginn der Schöpfung der Welt, als es das «Wasser im Wasser» war; «als sei sie zu ihrem Ursprung zurückgekehrt»; als «sei sie in diesem Augenblick geboren»; als sei sie in diesem Augenblick mit der «Quelle des Lebens des Schöpfers selbst wieder verbunden».

> *Die Kategorien «Reinheit» und «Unreinheit» gehören zum moralischen Universum des menschlichen Wesens.*

Das Wasser ist Zeichen der «Gnade», der «Liebe», des Schöpfers, der «die Welt auf der Gnade begründet hat» (Ps. 89,3); es ist Zeichen der göttlichen Gnade, die – wie das Wasser – wie die Thora – «hierunter kommt». Es ist eine Gnade, die «reinigt», wie das «reine Wasser».

Durch das Wasser gereinigt, empfängt die Jüdin das Wasser,

---

*) Der numerische Wert des hebräischen Wortes *Mikwe* ist 151, und wenn noch die Zahl 7 hinzugefügt wird, die die 7 Tage der Schöpfung der Welt darstellt, ergibt sich 158, nämlich der numerische Wert des hebräischen Wortes: *Majim Chajim*, «lebendige Wasser».

das Zeichen der «Freude», des «Heils», das Zeichen der monatlichen «Erneuerung». Dieses Zeichen, «Quelle eines neuen Lebens», bringt sie ihrem Ehegatten «wie eine junge Braut ihrem Gatten dar».*)

Die Untertauchung im Wasser des *Mikwe* muß nicht als Praxis mit irgendeiner Zaubereigenschaft betrachtet werden, deren sich das menschliche Wesen bediente, um sich von einer «Unreinheit», einem Zustand der «Unreinheit», zu befreien. Die Unreinheit kommt nicht aus einer übernatürlichen Welt. Die Kategorien «Reinheit» und «Unreinheit» gehören zum moralischen Universum des menschlichen Wesens. Der Zustand der physiologischen, zeitweiligen «Unreinheit» der Frau ist die Aufzeigung einer natürlichen organischen Funktion. Dennoch wirkt sich dieser periodische Zustand durch seine Natur schon störend auf die psychosomatische Struktur der Frau aus. Somit wird das Ende dieses Zustandes durch einen Akt, der materiell und spirituell zugleich ist, gekennzeichnet, den das menschliche Wesen *an* sich und *in* sich vollzieht. Dieser Akt ist die Untertauchung im Wasser des *Mikwe*. Das Wasser des *Mikwe* übt auf das menschliche Wesen einen belebenden, erneuernden und zugleich physischen und spirituellen Einfluß aus. Aber das Wasser wirkt nur somit auf das menschliche Wesen, das in ihm untertaucht, um nicht nur die Reinigung seines Leibes zu bedeuten und zu verwirklichen, sondern auch diejenige seiner Seele. Somit kommt es nach Eintauchen seiner ganzen Person in das Wasser des *Mikwe,* physisch und spirituell gesehen, gereinigt wieder hervor.

Maimonides, Rabbiner und Arzt, hat die Doppelfunktion des *Mikwe* in einer Mediation hevorgehoben, die er in seinen Kodex *Mischne Tora* eingefügt hat. Er schreibt: «Obwohl nichts im Leib geändert ist, ist er rein; derjenige, der wünscht, seine Seele von den psychischen spirituellen Unreinheiten zu reinigen, wie die schlechten Gedanken, wenn er in seinem Her-

*) Der frauliche Kalender ist vor allem mit dem Monatszyklus, mit der Zeit des «Mondes», verbunden; da auch der Mond das Zeichen der «Erneuerung», der Erneuerung des Volkes Israel ist, will die Überlieferung, daß die Jüdin auf eine besondere Weise die Neomenie, das Fest des ersten Tages des Monats, *Rosch Chodesch,* begeht.

zen beschließt, sich davon abzuwenden, und seine Seele in die Wasser der Erkenntnis, *Mei HaDaat,* zu tauchen. Über ihn sagt (Gott durch den Mund des Propheten Hesekiel – 36,25 –): «Und ich will reines Wasser über euch sprengen, daß ihr rein werdet, von all eurer Unreinheit, und von allen euren Götzen will ich euch reinigen.»

Ursprüngliches Wasser und messianisches Wasser.

Die Meister der Kabbala haben diese Meditation angenommen und vertieft, durch welche der Philosoph und Kodifikator seine *Hilchot Mikwaot,* seine Gesetze der Mikwaot, abschließt. Sie sehen darin klar die thoraische Auffassung der Gesetze über «das Eintauchen» ausgedrückt.*) Die Weisen Israels sagen, daß die Thora eine «Thora des Lebens» ist; sie zeigt dem Menschen, der in seiner psychosomatischen Einheit betrachtet wird, den Weg, den er in seinem Leben folgen muß; denn «die Thora wird mit dem Wasser verglichen». Die Thora erläutert durch ihre Mizwot das Werk des Schöpfers. Er hat den Menschen, das Wunder der Wunder, *Mafli LaAssot,* erschaffen und «Wunder getan», indem er den menschlichen Leib und die menschliche Seele – wie ReMA**) bemerkt – in einer mysteriösen Einheit vereinigt hat, die wir «Leben» nennen. Dieses Leben ist der Mensch aufgerufen, zu schützen und es in seiner Reinheit zu übergeben. Er ist aufgerufen, dieses somit an den «Anfang der Zeiten, der Schöpfung», zu knüpfen, als «die Welt *Wasser* im Wasser» war und sich bereits «der Geist des *Messias* auf den *Wassern* bewegte». Der Mensch muß das Leben zu dem «Ende der Zeiten», zu den messianischen Zeiten, führen, wenn «die Erde mit der Erkenntnis Got-

---

*) Die Menge des Quellwassers, das für einen *Mikwe* notwendig ist, ist 40 Sea (eine Sea ist 7,3 Liter). Die Zahl 40 erinnert unter anderem an die 40 Tage und die 40 Nächte, die Mose am Gipfel des Berges Sinaï verbracht hat, um dort die zweiten Gesetzestafeln zu empfangen, die den Dekalog enthalten. Und der Dekalog symbolisiert durch die Zahl seiner Buchstaben die Gesamtheit der Mizwot der Thora.
**) Rabbi Mosche Isserles (1525–1572).

tes erfüllt sein wird, wie der Grund vom *Wasser* der Meere bedeckt wird» (Jes. 11,9). Indem er die *Mizwot* mit einer reinen Absicht befolgt, wird der Mensch, Israel, verdienen zu arbeiten, um die ursprünglichen Zeiten, die Zeiten des «Anbeginns», die messianischen Zeiten, mit den «Zeiten der Erfüllung», der «Wiederherstellung» zu vereinen. Diese Vereinigung der Zeiten ist die Zweckbestimmtheit der Schöpfung der Welt und der Geschichte der Menschheit. Aus diesem Grunde wollte der Schöpfer, als er die Welt erschuf, daß der Mensch für diese Vereinigung arbeitet und es ihm gelingen möge, diese einzusetzen.

Auf dem Weg, der zu diesen Zeiten führt, in denen das Leben in seiner «im Wasser lebenden» Reinheit gefeiert werden wird, muß die Übermittlung des Lebens in der Reinheit, in der *Taharat HaMischpacha*, in der «familialen Reinheit», vollzogen werden. Eine jede Person der beiden Eheleute muß ihre eigene Verantwortung tragen und diese mit derjenigen der anderen vereinigen.

Es soll uns deshalb nicht erstaunen, daß der *Mikwe* einen so wichtigen Platz im Leben der ständigen «Reinigung» und «Heiligung» des *Zaddik,* des «Gerechten», des *Zaddik Jesod Olam,* der «gerechten Grundlage der Welt» (vgl. Spr. 10,25), einnimmt sowie des *Chassid,* des «Frommen», des Menschen, der ständig von seiner «Gnade», von seinem *Chessed* hinsichtlich «Gottes und der Menschen» zeugt. Das Wasser des *Mikwe* bildet für diese, für die *Deweikut,* die Verbindung mit dem Schöpfer, ein geeignetes, natürliches Milieu.

Der «Bund des Fleisches» und der «Bund der Sprache». Heiligkeit des Leibes und Heiligkeit des Geistes.

Wie erwähnt, ist Gott, nach dem Sefer Jezira zu schließen, zwei Bünde mit dem Juden eingegangen: die *Berit HaMaor,* den «Bund des Fleisches», und die *Berit HaLaschon,* den «Bund der Sprache». Beide sind eng miteinander verbunden. Sie offenbaren die Schöpfung Gottes, die zugleich doppelt und einzigartig ist. Die Natur und der Geist durchdringen sich gegen-seitig. Sie spiegeln sich in der doppelten und einzigartigen Struktur des Menschen, des einigen Wesens, der aus einem Leib und einer Seele besteht, wider und durchdringen einander.

Der Geist wohnt zu unterschiedlichen Graden einer jeden Sache inne, und jede Materie unterstützt den Geist zu unter-schiedlichen Graden. Das Wort verbindet die materielle Welt mit der geistigen Welt. In Gott ist das Wort bereits in sich eine konkrete Tat. «Die Himmel sind durch das Wort Gottes ge-macht...» (Ps. 33,6); «denen er gebot, da wurden sie geschaf-fen...» (Ps. 148,5). Bei dem Menschen neigt das Wort dazu, sich in einer konkreten Tat zu verwirklichen. «Aber was über deine Lippen gegangen ist, sollst du halten und danach tun...» (Deut. 23,24). Der *Dawar,* das «Wort», muß sich in *Dawar,* «Sache», verwandeln. Derselbe Begriff *Dawar* be-zeichnet das *Wort* und die *Sache.*

Die innere Verbindung zwischen dem göttlichen Wort, Schöpfer der materiellen Welt, und dem göttlichen Wort, Schöpfer der spirituellen Welt, die nur ein und dasselbe Wort sind, wird durch die Überlieferung ins Licht gesetzt, die be-sagt: «Die Welt ist durch zehn» göttliche «Worte» erschaffen und «die Thora ist auf dem Sinai durch zehn göttliche Worte offenbart worden. Die beiden göttlichen Offenbarungen er-gänzen einander, beinhalten sich oder wirken sich aufeinander aus und identifizieren sich mit ihrem gemeinsamen Urheber. Die Zahl Zehn ist das Zeichen der Heiligkeit. Die zehn Worte und die zehn Worte verbinden sich zu einem einzigen Wort Gottes, das heilig ist. Sie tun sich in der Natur kund, sie lassen die Thora hören, indem sie den Menschen im Maße seiner Kräfte auffordern, Gott nachzuahmen, der einzig heilig ist. «Ihr sollt heilig sein, denn ich bin heilig, ich der Ewige, euer Gott» (Lev. 19,1). Seine absolute Heiligkeit, die über uns hinausgeht, regt in uns die Heiligkeit an und speist diese.

Diese Heiligkeit schließt die Erleuchtung des Leibes durch den Geist und die Verwirklichung des Geistes durch den Leib ein.

Im Menschen ist daher die Heiligkeit des Leibes durch die Heiligkeit des Geistes hervorgerufen, und die Heiligkeit des

Geistes ist durch die Heiligkeit des Leibes erhöht und gestärkt.

Das ist der Grund für die enge Beziehung, die die beiden Bünde verbindet, die Gott mit dem Juden eingegangen ist: «der Bund des Fleisches» und der «Bund der Sprache». Der erste ist der Stelle des menschlichen Leibes aufgeprägt, von der das physische Leben weitergegeben wird, und der zweite bezieht sich auf den Ort des menschlichen Leibes, nämlich die Zunge, von dem das spirituelle Leben übermittelt wird. Die beiden Bünde zielen darauf ab, die Menschen einander näherzubringen. Diese Annäherung muß in der Gegenwart Gottes, des «Ewigen», erfolgen, «der allen denen nahe ist, die ihn ernstlich anrufen» (Ps. 145,18). Sie muß in der Heiligkeit erfolgen, wie sie von demjenigen gewollt ist, der heilig ist, und der den Menschen an seiner Heiligkeit teilnehmen läßt, der diese sucht und in seiner «Reinheit» empfängt.

Wenn der Mensch das Suchen nach «Heiligkeit», dieser «Reinheit», vernachlässigt, sich von ihr fernhält oder sie sogar ablehnt und sich ihrer entledigt, dann wird die «Unreinheit» in ihn einziehen.

Der Jude, der Partner Gottes in diesem Doppelbund, wird aufgerufen, dieser doppelten Forderung nachzukommen, die in dem sehr starken Begriff: *Schemira,* Wachsamkeit, kondensiert ist. Er muß «den Bund hüten», die erste durch die Worte *Schemirat HaBerit* formulierte Forderung, indem er den Sinn der Beschneidung durchdringt; er muß «die Sprache hüten», die zweite durch die Worte *Schemirat HaLaschon* formulierte Forderung, indem er den Sinn des Wortes durchdringt. Der Jude muß sich der schwerwiegenden Folgen bewußt werden, die eine Ablehnung des einen oder des anderen dieser Bünde mit sich bringt. Der Ablehnung des «Bundes des Fleisches» können «nicht wiedergutzumachende» Folgen für die Nachfahren des jüdischen Menschen haben. Die Ablehnung des «Bundes der Sprache» kann «mörderische» Konsequenzen für die Beziehungen zwischen den Menschen haben.

Mizwa und Aweira. *Alles hängt von der «Richtung» ab, die der Mensch seinen Taten und seinen Worten gibt.*

Durch die «überlegte» und vorsichtige Benutzung der Sprache und des Leibes kann der Mensch zu den Höhen der Tugenden geführt werden. Im Gegensatz dazu kann ihn eine unüberlegte, leichtsinnige, maßlose Benutzung bis zur Niedertracht und zum Laster schleppen. Alles hängt von der «Richtung» ab, die er seinen Taten und seinen Worten gibt. Kontrolliert und beherrscht er sie, indem er sie auf das in der Thora aufgezeigte Gute «ausrichtet», erfüllt er den Willen Gottes und daher erfüllt er eine *Mizwa,* die «Gnade vor den Augen Gottes und der Menschen findet». Wenn er sich jedoch von seinen Taten und Worten mitreißen läßt, da er alle Kontrolle über sie verloren hat, läßt ihn das das in der Thora vorgezeichnete Ziel verfehlen, er «verstößt» gegen den Willen Gottes. Er begeht daher eine *Aweira.* Er ist verwirrt, weil er seinen Worten und seinen Taten nicht ihre wahre Reichweite, ihren tiefen Sinn gegeben hat und somit verfehlt er seine Aufgabe als «Diener Gottes», er begeht einen *Cheth,* eine «Sünde», in bezug auf Gott, einen «Fehler» in bezug auf die Menschen. Der *Cheth* besteht darin, das wahre Ziel zu verfehlen.

Vertrauen in den Menschen setzen und Zweifel am Menschen haben.

Es stimmt, daß der Mensch im Bereich des Denkens, in dem sich die Intelligenz einsetzt, wie auch im Bereich der Aktion, in dem sich der Wille erfüllt, nicht wahrhaft «frei» im Einsatz eines freien Willens ist. Er ist stets stark – vor allem biologisch gesehen – bedingt, und sein Denken wird niemals ganz rein sein und seine Tätigkeit niemals perfekt.

Dennoch haben die Weisen Israels immer dem Menschen vertraut und ihm gleichzeitig empfohlen: «nicht auf sich selbst bis zum Tage seines Todes zu vertrauen». Sie haben auf das Vermögen vertraut, das der Mensch hat, um seine Intelligenz makellos und seinen Willen unerschütterlich zu halten; während die «Gerechten» an diesem Vermögen zweifeln, es sogar «fürchten», weil, so sagen sie, sie sich dessen «vielleicht» nicht würdig erweisen, dieses «vielleicht» nicht wirksam einsetzen. Und dennoch hält die Kabbala den Menschen für fähig, sich zu dem Grade des Menschen der Weisheit aufzuschwingen. Er kann stets nachdenken und wählen, also Angaben vergleichen, die sich ihm bietenden Situationen beurteilen und schließlich, indem er seine Unentschlossenheit überwindet, für die eine oder andere Sache eintreten und aufgrund dieser getroffenen Wahl handeln, was für den Menschen der Kabbala, für den Menschen der Weisheit, heißen will, in Übereinklang mit den Forderungen der Thora, den Hinweisen – die von den Mizwot gegeben werden – zu handeln. Aber der Mensch wählt nicht ein für alle Male. Die Widersprüche, die ihn bedrängen, die ihn ohne Unterlaß hin und her reißen, sind eine der Eigenschaften, der Bedingungen selbst, seines Lebens, des Lebens.

Durch seine Struktur ein einiges Wesen, muß der Mensch die Widersprüche, die ihn beleben, aussöhnen.

Der Mensch inkarniert zum höchsten Grade und auf Ebene des Gewissens sichtbar das Prinzip, das der Schöpfer dem Herzen seiner Schöpfung aufgeprägt hat, nämlich das Prinzip des Widerspruches der grundlegenden Elemente, auf denen die Natur beruht. Dieses Prinzip des Widerspruches offenbart die Komplementarität der Elemente der Schöpfung; diese Komplementarität ergibt sich aus ihrer Einzigartigkeit und führt zu deren lebendigen Einheit. Wie das Feuer und das Wasser, *Esch* und *Majim,* ein Ganzes (nach dem Bild ihrer Namen) mit den «Himmeln», den *Schamajim,* bilden, so bilden auch Tag und Nacht die Zeit, Himmel und Erde unsere Welt. Alle diese Elemente und Bekundungen stehen dem Anschein nach im Gegensatz zueinander, doch in Wirklichkeit vereinigen sie sich, um ihre ursprüngliche Einheit und ihre letztliche Einheit spürbarer zu machen.

Beim Menschen, dem höheren Wesen, der einzig auf der Welt Taten moralischer Ordnung begeht, erscheinen die Widersprüche, die ihn beleben, klarer als bei anderen Geschöpfen. Nur der Mensch sieht sich Problemen moralischer Ordnung gegenüber. Diese Konfrontationen zwingen ihn, eines der Elemente, die sich in ihm gegenübertreten, zu privilegieren. Die Widersprüche beleben das menschliche Wesen und zeigen ihre innewohnende Einheit auf. Sie sind vor allem – nach dem Plan des Schöpfers – dazu bestimmt, die Ausübung des freien Willens des Menschen zu entwickeln, deren ursprüngliche und letztliche Einheit ins Licht zu setzen, und zwar dank der Intelligenz und des Willens des Menschen, dank des Bewußtseins, das der Mensch von seiner Berufung im Universum hat. Diese Einheit, in der Schöpfung seit ihres Ursprunges vorgesehen, muß sich bei der Erfüllung der Schöpfung offenbaren. Die Einheit war scheinbar und vorübergehend gebrochen, damit der Mensch sie in ihrer ganzen Klarheit wiederherstelle. Zu diesem Zweck muß der Mensch, das durch seine Struktur einige Wesen, die beiden Elemente, die sich in ihm gegenübertreten und die man *grosso modo* Leib und Geist nennt, miteinander versöhnen (und im Inneren seines psychosomatischen Lebens, die beiden Teile der Seele, die einander feindlich gesinnt sind, nämlich die vegetative Seele und die geistige Seele). Der Mensch muß diesen beiden Elementen helfen, sich gegenseitig zu durchdringen und sich gegenseitig zu dienen, indem somit ihre aktive, schöpferische Einheit zutage tritt. Er ist aufgerufen, dem Leib die spirituelle Empfindsamkeit der Seele und der Seele die physische Festigkeit des Leibes zu übermitteln (gleichzeitig muß er der spirituellen Seele das Feuer der Wünsche der vegetativen Seele und letzterer die Heiterkeit der spirituellen Seele übermitteln). Dieser harmonische Zustand wird erst in den messianischen Zeiten vollkommen erreicht sein.

Dennoch muß der Mensch versuchen, diese Harmonie herzustellen, als wäre sie schon zu seinen Lebzeiten zu erreichen. Er wird sich daher Tag um Tag bemühen, zunächst die «Gegner» auszusöhnen, die sich in ihm gegenübertreten und sie dann dazu bringen, ihre jeweiligen Kräfte zu sehen, indem er sie eng mit dem spirituellen Faktor und dem materiellen Faktor verbindet, den sie inkarnieren. Von nun an werden diese beiden Wesenheiten nicht mehr unterschiedlich, voneinander getrennt, sein, sondern gemeinsam am Werk sein, auf die Einheit zugehen, die der Schöpfer ihnen in ihrem gemeinsamen Ursprung aufgeprägt und in seinem Plan für sie vorgesehen hat, nämlich Gott gemeinsam in Frieden und Einheit zu dienen; Gott, ihm, ihrem Schöpfer, zu dienen, dessen «Namen Friede» ist. Der Schöpfer hat den Menschen von Anfang an in eine Situation der Spannung, des Dilemmas, gestellt. Er hat ihn absichtlich in eine bewegende ungewisse Lage gebracht, um ihm somit die Gelegenheit, ja das Privileg zu bieten, dort ein lebendiges Gleichgewicht einzuführen. Somit wird der Mensch die Freude, die Ehre haben, diesen Zustand der fehlenden Stabilität zu überwinden, ohne diesen jedoch auszuschalten. Es wird ihm gelingen, wenn er seinen freien Willen unaufhörlich walten läßt und dank seiner Intelligenz und seines Willens, aber auch dank der Hilfe seines Schöpfers. Er bittet ihn darum in seinem Gebet, denn diese Hilfe ist ihm notwendig, um auf diesem schwierigen Weg voranzukommen. «Die Sünde (die schlechten Impulse, die zur Sünde führen) lauert vor der Tür des Menschen und hat nach ihm Verlangen, der Mensch aber herrsche über sie»... (Gen. 4,7).

Das Leben des Menschen ist eine Prüfung.

Der Schöpfer gibt dem *Jezer* Kraft, dem «Geschöpf», das eventuell im Menschen den Hang zum Bösen, «zu der Finsternis» wecken und wachsen lassen kann, das im Gegensatz zu dem steht, was «Gott selbst erschaffen hat». Der Schöpfer hat dem *Jezer* die notwendige Fähigkeit gegeben, um den Menschen «jeden Tag» erneut anzugreifen, ihn «heimzusuchen» (ihm als «Gast einen Besuch abzustatten», den der *Jezer* verlängern und in einen wahren «Wohnungseinzug» umwandeln kann, wenn er gut empfangen, aufgenommen wird...). Durch den Vermittler, Gottes «Gesandten», den *Jezer* – dieses provozierende, irritierende Geschöpf –, setzt der

Schöpfer sein privilegiertes Geschöpf, den Menschen, jedes Mal neu einer Prüfung aus. Er macht das Leben des Menschen, der ihm nahe ist, zu einer Prüfung. Dieses Schicksal hat Gott seinen Auserwählten vorbehalten, derer er sich rühmt. Er prüft diese. Er macht aus ihrem Leben selbst eine Prüfung, ein *Nissajon* (wie diejenige Abrahams persönlich; wie diejenige Israels gemeinschaftlich). In der Prüfung wachsen Gottes Auserwählte, «festigen» sie sich und zeichnen sich durch ihre Charakterstärke aus. Gott bietet diese den Menschen, den Völkern, als Beispiel der Hartnäckigkeit, der Ausdauer und der Treue gegenüber seinem Gesetz. Der *Jezer* greift also mit Vorliebe die «Großen» an. Er «wächst» im Maße ihrer «Größe». Er provoziert sie mit einer ganz besonderen Beharrlichkeit. Er belagert ihre «Festung» um so gewaltvoller, da sie ihm einen größeren Widerstand als die «Häuser» anderer Menschen bietet, die rasch durch seine Angriffe «erschüttert» werden.

Der *Jezer,* das «Geschöpf», wird von dem Schöpfer «gesandt», um den Menschen wachzurütteln, und zwar dann, wenn er sich in eine genußsüchtige Trunkenheit stürzt wie auch dann, wenn er in einer dösenden Schlaffheit versinkt.

Gott liebt diejenigen, die nach dem Bilde *Isra-els* «kämpfen und stark bleiben» (vgl. Gen. 32,29). Er mag die «Bösen» nicht sehen, wenn sie sich dem *Jezer HaRa* ohne Kampf hingeben. Er mag auch die nicht mehr sehen, die durch ihren Kampf gegen den *Jezer* müde geworden sind und sich ihm vollkommen verschließen, indem sie die linke Seite ihres Herzens verriegeln, ihn hindern, dort einzudringen und dort seine Belagerung zerstören. Denn sie sind müde und dösen in der Apathie und sind gegenüber allen «rechtlichen» Forderungen ihrer Instinkte gleichgültig. Sie geben sich der Langeweile repetitiver, farbloser «Gewohnheiten» hin. Sie richten sich eine uniforme Existenz ohne Relief ein. Rabbi Menachem Mendel von Kotzk (19. Jh.) sagt, indem er einen Vers aus dem Buch der Richter interpretiert, daß Gott die «Gerechten» liebt, die sich zu jeder Stunde bereithalten, «an ihren Türen stehen», um «erneut den Kampf» gegen den *Jezer* aufzunehmen und die sich nicht einem passiven, sterilen «Altern» hingeben. Sie behalten ihre «jugendliche» «Frische». In Wahrheit «haben die Gerechten keine Ruhe in dieser Welt und auch nicht in der kommenden Welt. Sie gehen von Erfolg zu Erfolg», denn der Erfolg ist niemals vollkommen, letztlich, definitiv, sogar auch dann nicht, wenn die «Gerechten» in der kommenden Welt sitzen und die Herrlichkeit der *Schechina,* der göttlichen Gegenwart, kosten.

Dennoch hat der gestrenge Rabbi Menachem Mendel von Kotzk (19. Jh.) sowie die anderen *Zaddikim,* die «Gerechten», Wohltaten eines Zurückziehens nicht verkannt, sondern sie ganz im Gegenteil in einer Zeit ihres Lebens geschätzt, und zwar insbesondere eine *HitBodedut,* eine absolute «Einsamkeit» mit Gott. Sie haben sich somit eingeschlossen, indem sie sich jeder Versuchung enthielten und ihren Blick senkten, indem sie versuchten, «ihr Herz und ihre Augen» (vgl. Nu. 15,39) vor den «vielen Augen» des *Jezer HaRa* zu schützen, der dem Menschen in seinen geringsten Bewegungen folgt. Trotzdem haben sie die Kühnheit der *Zaddikim* anerkannt und bewundert, die freiwillig und absichtlich kühn der «Prüfung» entgegensehen und die es wagen, «den *Jezer HaRa* in dessen eigenen Wohnungen herauszufordern». Sie verachten ihn und machen ihn gefügig. Doch ziehen sie es angesichts des *Jezer HaRa* vor, dem Weg zu folgen, den Jean-Jacques Rousseau so klar vorgezeichnet hat, indem er schrieb: «Der Mensch kann eher die Versuchungen vermeiden, als diese besiegen.»

Die Askese wird wie eine gemäßigte Lebensweise gesehen. Der Mensch verwandelt das, was physisch und materiell ist – Werk Gottes – in das, was geistig wird – Widerspiegelung Gottes.

Rabbi Menachem Mendel von Kotzk hat, wie wenige Zeit vor ihm der Gaon von Wilna (18. Jh.), beschlossen, dem *Jezer HaRa* nicht entgegenzutreten und sich der «Dinge dieser Welt», des unstillbaren Appetits («der Mensch verläßt diese Welt, ohne nur die Hälfte seiner Leidenschaften befriedigt zu haben!») und der Qualen, die dieser mit sich bringt, zu enthalten («der Mensch ist zur Mühsal geboren!» Hiob 5,7). Und dennoch wollten sie sich mit dieser äußersten Wachsamkeit kein ruhiges Leben sichern. Ganz im Gegenteil, ihre Jahre der Kontemplation, der Meditation und vor allem des detaillierten Studiums der Thora, ein Studium, das ihnen geholfen hat, in deren Mysterien einzudringen, die Mizwot peinlichst genau zu beachten und diese in deren Innerlichkeit zu erfassen, sind in einem Frieden verlaufen, der von einer großen innerlichen Spannung begleitet war, die von einer starken spirituellen Intensität geprägt war. Die Kabbala empfiehlt ständig, Gott «mit Furcht und Liebe» zu dienen; das erfordert eine Konzentration aller Kräfte des Geistes, der keine Ruhe läßt. Davon wurden uns zahlreiche Beispiele von den «Heiligen» überliefert, wie Rabbi Jehuda HaNassi («unser Meister, der Heilige»), (2. Jh.); Rabbi Schimeon ben Jochai, (2. Jh.); Rabbi Jehuda CheChassid (der «Fromme»), (13. Jh.); Rabbi Jitzchak Luria («der Ari, der Heilige»), (16. Jh.); Rabbi Jeschajahu Horowitz («der Schelah, der Heilige»), (17. Jh.); Rabbi Chajim Attar («der Or ChaChajim, der Heilige»), (18. Jh.) und sogar von einer Anzahl von *Zaddikim,* «Gerechten», die zur chassidischen Schule von Rabbi Jisrael Baal Schem Tow (18. Jh.) gehörten, der sich selbst gegen eine übertriebene totale Askese erhob, die übrigens von der Thora nicht gebilligt wird.

In der Optik der schriftlichen und mündlichen Thora wird diese Askese wie eine gemäßigte und maßvolle Lebensweise gesehen, indem aus den physischen und materiellen Genüssen ein Mittel der «Heiligung» gemacht wird; der Mensch verwandelt somit das, was physisch und materiell *ist* – Werk Gottes – in das, was geistig *wird* – Widerspiegelung Gottes.

«Gott hat nicht umsonst, vergebens geschaffen.» Eine jede der sichtbaren Schöpfungen Gottes und deren Bekundungen verbirgt in ihrer «Innerlichkeit» die Spiritualität, die sie belebt und die ihre «Wurzel» dort oben, in den höheren Welten, widerspiegelt. Ein «Punkt», ein Kern, ist in den Tiefen der Schöpfung Gottes verborgen. Der Mensch ist aufgerufen, diesen zu entdecken und zu «enthüllen», und ihn dann zu entwickeln und zu seinem Ziel zu führen. Er muß ihn am ganzen, materiellen und geistigen «Dienst Gottes» teilhaben lassen.

Damit die menschliche Liebe überleben kann, muß sie zur Liebe Gottes führen.

Somit enthalten die Leidenschaften, die den Menschen entfachen, in ihrem Wesen eine Spiritualität, die darauf wartet, durch den Menschen enthüllt zu werden. Er muß diese mit Hilfe eines physischen, materiellen «Gefäßes», das sie «umhüllt» und sie zum Ausdruck bringt, zu der leidenschaftlichen Liebe Gottes, ihres Urhebers, führen. Die menschliche Leidenschaft, die vorübergehend in der menschlichen Liebe verwirklicht wird, muß vom Menschen zur Quelle in Gott, der Liebe ist, geführt werden und der den Menschen an diesem Mysterium, das Liebe ist, teilhaben lassen will. Denn verwirklichte die Leidenschaft sich nur auf eilige und vorübergehende Weise in der Liebe, wie der Mensch sie versteht, ohne sie mit der Liebe Gottes in Verbindung zu bringen, dann wäre seine Liebe nur eine «schlechte Liebe», eine «verpaßte Liebe», eine «Liebe der Umhüllung» gewesen und keine unwandelbare «wahre Liebe», keine Liebe, die zur Liebe Gottes führt. Der Mensch muß jede Begierde, die in ihm geboren wird, im Lichte seines Wunsches sehen, den Willen Gottes zu erfüllen, der in der Thora und in den Mizwot zum Ausdruck kommt. «Jede Liebe, die in uns erwacht, muß in ein Subjekt oder ein Objekt der Mizwa eingeschlossen werden», die von der Thora vorgeschrieben ist, so lehrt Nachmanides. «Jede Liebe muß zur Liebe Gottes führen», predigt der Baal Schem Tow, damit die menschliche Liebe Beständigkeit und Sinn hat und überleben kann.

Dem Menschen gelingt es somit, die reinen, wohltuenden Freuden kennenzulernen, die Gott, der ihn gemacht hat, ihn kennt und liebt, ihm bietet.

Dem Menschen gelingt es somit, das, was eine *Nega*, eine unheilvolle «Wunde» sein kann, die sich aus dem schlechten Gebrauch der Genüsse ergibt, in das umzuwandeln, was Ziel der Genüsse sein soll; nämlich in den *Oneg,* das «Vergnügen» im höchsten Grade des Entzückens, der Glückseligkeit, die der Schöpfer dem Menschen wünscht. Denn «er hat die Welt erschaffen, um seinen Geschöpfen Gutes zu tun», «um ihnen Freude zu geben». Dennoch hat er dem Menschen die Aufgabe erteilt, die eventuelle *Nega* in einen ständigen *Oneg* zu verwandeln, indem die Buchstaben, die das Wort *Nega* bilden, ausgetauscht werden, um das Wort *Oneg* zu bilden. Diese beiden hebräischen Wörter bestehen aus denselben Buchstaben, obwohl ihre Ordnung von dem Verdienst des Menschen abhängt, der bestrebt sein muß, diese endgültig in der Vokabel *Oneg* zu festigen.

Der so verstandene und verwirklichte *Oneg* ist kein vorübergehendes «Vergnügen», das verfliegt wie ein Traum (vgl. Hiob 20,8), das vergeht wie ein Schatten, «verlischt» wie eine Flamme. Es ist ein heller, strahlender *Oneg,* der den *Oneg,* der die höheren Welten umgibt und erfüllt, widerspiegelt. Es ist ein Vergnügen, das anhält und zu einer Freude ohne Ende wird, denn diese Freude ist eine *Simcha schel Mizwa,* eine «Freude der Mizwa», eine Freude, die der gläubige Jude spürt und erlebt, wenn er eine Mizwa erfüllt (und somit eine physische Tat, insbesondere die physische «vitale», «liebevolle» Tat, die in der von Gott befohlenen «Heiligkeit» erfüllt wird, welche dann ganz einfach *Mizwa* heißt, oder die Tat der *zedaka,* der Gerechtigkeit-Nächstenliebe, die in der Liebe zum Nächsten im Lichte der Liebe Gottes erfüllt wird, welche dann ganz einfach *Mizwa* genannt wird). «Eine Mizwa zeugt eine andere Mizwa» und so weiter, bis sie die «Wurzel» in den höheren Welten erreicht und diese speist; sie wird den Menschen, der diese erfüllt, von oben «beleuchten», und er wird dadurch den Segen «empfangen».

Die durch die Erfüllung einer Mizwa entstandene
Freude ist stets eine neue Freude. «Die vor Gott
erlebte Freude» wird, indem sie sich vertieft, zu
einer «in Gott gespürten Freude».

Die «vor Gott erlebte Freude» (vgl. Deut. 12,18; 16,11) hat
nichts mit den Vergnügen zu tun, die von den Sinnen hervorgerufen werden und die funkelnd, sofortig und doch flüchtig,
lange begehrt und rasch erschöpft sind. Die «vor Gott erlebte
Freude» hat ebenfalls nichts gemein mit der «Sättigung», die
durch die Vergnügen dieser Art hervorgerufen wird; sie zeugen Langeweile, und weil sie vervielfacht werden, sich ablö-
sen, sich wiederholen und sich gleichen, büßen sie dadurch
ihre Neuheit, ihre Frische unter der Wirkung der Gewohnheit
ein und können sogar Ekel erregen. Von diesen vorgeblichen
«Vergnügen» sagt der Prediger: «Wozu dienen sie?» (Ekkl.
2,2).

Die «vor Gott erlebte Freude» ist die Widerspiegelung der
«Sehnsucht» nach Gott, die sogar während der physischen und
materiellen Genüsse zu spüren ist. Sie wurde in einer Vergangenheit erlebt, die sich zu einer brennend erwarteten Gegenwart hinneigt. Sie entfaltet sich in der Gegenwart und greift in
die Zukunft durch einen «Wunsch» über, der sich steigert und
sich in dem «Durst nach Gott, nach dem lebendigen Gott»
(vgl. Ps. 42,3), erneuert. Von einer solchen Freude sagen die
Weisen Israels, daß sie eine *Simcha schel Mizwa* ist, eine durch
die Erfüllung einer Mizwa entstandene Freude.

Die «vor Gott erlebte Freude» wird durch den Ein-Sof, den
Unendlichen, gespeist, der in seiner Güte in der Welt, die er
erschaffen hat, «jeden Tag und ständig die ersten Werke erneuert». Sie nährt sich von demjenigen, der jeden Tag neu und
ständig in der Thora, die er offenbart hat, erstrahlt. Sie ist
daher eine ständige und stets neue Freude. Die *Simcha,* die
«Freude», so schreibt der Gaon von Wilna, ist eine stets neue
Realität. Die «*vor* Gott» gezeigte «Freude», die von dem Ein-
Sof unterstützt und gespeist wird, wird, indem sie sich vertieft,
zu einer «*in* Gott» gespürten «Freude». «Israel erfreut sich
desjenigen, der es gemacht hat» (wörtlich «*in* demjenigen, der

es gemacht hat» [Ps. 149,2]).*) Und «der Ewige erfreut sich seiner Werke» (wörtlich «*in* seinen Werken» [Ps. 104,31]).

Somit wird ihre Freude zum Treffpunkt und Israel wird eine «Wohnung» für die Schechina, für die Göttlichkeit, und die Schechina wird eine «Wohnung» für Israel. Diese Freude erweckt in Israel dessen angeborene Liebe, eine «verhüllte Liebe» zu Gott, und es verwandelt diese in eine echte und handelnde Liebe zu Gott. In Gott ist die Freude mit einer wahren und handelnden Liebe zu Israel verbunden, eine Liebe, die die Liebe bestätigt, die er Israel verhieß, als er es zu seinem Volke auserwählt hatte. Diese beiden Arten der Liebe begegnen einander und sind bestrebt, sich zu vereinigen: Die Verliebte, die «Gemeinschaft Israel», wünscht sich mit ihrem Geliebten zu vereinigen, und der Geliebte mit der «Gemeinschaft Israel». Diese beiden konvergierenden, menschlichen und göttlichen Arten der Liebe suchen sich, indem die eine aufsteigt und die andere herabsteigt, antworten einander und umarmen sich in einer perfekten Harmonie. Die Liebe Gottes steigt hinab, um Israel zu bestätigen, daß «Gott es mit einer ewigen Liebe liebt» (Jer. 31,2), daß «er sein Volk Israel mit Liebe auserwählt hat», und von unten antwortet die Liebe Israels zu Gott. «Und du sollst den Ewigen, deinen Gott, von ganzer Seele lieben» (Deut. 6,5), (das Wort «und» verweist auf die Tatsache, daß es sich um die Antwort Israels handelt, die es der Liebe Gottes gibt). Dank seiner Liebe zu Gott, die durch die Liebe Gottes zu Israel bestätigt wird, kann Israel den *Jichud HaSchem,* die «Einheit des Namens» Gottes, verkünden und den *Jichud,* die «Vereinigung», im doppelten Sinne des Wortes bewirken: die Vereinigung Gottes mit Israel, die – wenn man es so auszudrücken wagt – ihn zu Gott «macht», und die Vereinigung Israels mit Gott, der es zu seinem Volke gemacht hat.

---

*) *Be-Ossaw:* «in denjenigen, der sie gemacht hat», in der Mehrzahl, indem die guten und die schlechten Impulse in das «doppelte Herz» des Menschen – *Lewawcha* – gelegt werde, die er, die einen wie die anderen, im Dienste Gottes benutzen sollte.

Das Gebet erhellt alle alltäglichen Handlungen.

Die Liebe Israels zu Gott kommt zunächst durch das Gebet
zum Ausdruck. Es ist der erste «Dienst» Gottes, denn es ist
der «Dienst des Herzens», eines Herzens, das fühlt und versteht, wünscht und denkt. Israel bereitet sich in der Freude auf
die Erfüllung dieses Dienstes des Gebetes vor, und es spricht
dieses ebenfalls in der Freude, und in der Freude empfängt es
dessen Wirkungen. Die Vorbereitung zum eigentlichen Gebet
ist bereits ein Gebet und die Augenblicke, die diesem folgen,
sind ebenfalls noch Gebet; somit ist der «ganze Tag» von dem
Gebet durchdrungen und durchzogen. Das Gebet wird zu einer ständigen konkreten Realität, denn es ist die Grundlage
und die Quelle aller alltäglichen Handlungen; es erhellt diese
und gibt diesen ihren rechten Wert und ihren echten Sinn. Der
Mensch, der wirklich betet, ist also ständig im Zustand des
Gebetes. Er wird durch die dem Gebet innewohnende Kraft
erfaßt und mitgezogen.

Der echten Freude, die vor, während und nach dem Gebet
empfunden wird, geht eine «freudige aber zitternde» (vgl. Ps.
2,11) Demut voraus und führt zu dem Frieden der Fülle.
Demjenigen, der betet, fehlt es an nichts. Er «erfreut sich für
seinen Teil» und ksotet das Privileg, «aufrecht vor Gott zu
stehen», aus. Und er bittet Gott, seine geistigen und sogar
materiellen Wünsche zu erfüllen und dies tut er, um Gott zu
zeigen, daß er nicht vergißt, daß «alles Gott gehört», daß alles
nur dank Gottes besteht und daß alles von ihm «abhängt». Er
tut es, um die Wohltaten für seinen Dienst an Gott zu benutzen, welche Gott ihm mehr als genügend erweist. Die Freude,
die die geistige und materielle Vorbereitung zum Gebet vermittelt, sowie die geistige und physische Reinigung könnten
nicht ohne Demut bestehen, denn der Mensch, der betet, sagt
sich, wer bin ich, ich, das arme, kleine, elende, vergehende
Geschöpf, um mich an meinen Schöpfer, den Ewigen, wenden
zu können? Mit David, dem königlichen Sänger, bitte ich daher Gott vor allem, mir zu gestatten, «meine Lippen aufzutun,
daß mein Mund deinen Ruhm verkündige» (Ps. 51,17). Wenn
seine Lippen geöffnet worden sind, wenn sie die Fähigkeit zu

beten, empfangen haben, dann wird seine «zitternde» Demut ihm erlauben, sich seiner eigenen Größe zu erfreuen: seine Demut wird ihn vor Gott, vor dem er steht, vor dem er ein aufrecht stehendes Geschöpf ist, also ein Geschöpf, das betet, verstehen lassen. Die Demut wird ihm die Freude vermitteln, sich wegen «der Gabe des Gebetes» reich zu schätzen. Dank dieser Gabe kann er seine Seele vor Gott, dem Leben des Lebens, ausbreiten und diese somit auf ewig lebendig machen. Und zu wissen, daß er mit der Gabe des Gebetes nicht nur die Erlaubnis, sondern den Befehl, die Mizwa, erhalten hat, sich durch das Gebet an Gott zu wenden, macht den Höhepunkt seiner Freude aus.

Der Wert einer jeden Mizwa hängt von der Ka-
wana, der reinen «Absicht», ab, die diese begleitet.
Die widerspiegelnde und empfindsame Eigen-
schaft der Kawana.
Jede Mizwa haucht dem Menschen, der diese be-
folgt, ihre «Vitalität» ein.

Die Demut und die Freude helfen, die *Kawana,* die reine, uneigennützige «Absicht», zu prägen, die dem Juden inne-wohnt, wenn er die Mizwa der *Tefilla,* des «Gebetes», erfüllt, und die notwendigerweise ein jedes Gebet begleiten muß.

Der Wert, die Qualität, einer jeden Mizwa hängt von der *Kawana* ab, die diese durchdringt.

Sogar eine Mizwa physischer, materieller Art «benötigt» eine *Kawana,* um voll erfüllt zu werden. Der *Maasse,* die «Tat» der Mizwa, bildet ihren «Leib» und die *Kawana,* die diese begleitet, ihre *Neschama,* ihre «Seele». Ohne *Kawana* ist die rein materielle Erfüllung der Mizwa wie ein Leib ohne Seele, so lehrt uns der Ari HaKadosch. Die Mizwa ist total, «lebendig», wenn sie den *Maasse* und die *Kawana* beinhaltet.

Wenn der Zaddik, der «Gerechte», eine Mizwa materieller Ordnung erfüllt, gelingt es ihm dank der *Kawana,* die die Mi-zwa belebt, bis zu dem geistigen Punkt zu gelangen, der im Inneren des Objektes verborgen ist, das für die Verwirklichung der Mizwa notwendig ist. Er kann dieses Objekt dann bis zu seiner Wurzel in der «höheren» Welt erhöhen, denn die Wurzel allen, das da materiell erscheint, ist dem Wesen nach geistig. Die *Kawana* verwandelt somit die materielle Tat der Mizwa in eine geistige Realität. Außerdem wird bei der Erfüllung einer Mizwa materieller Ordnung in Begleitung der *Kawana* die geistige Wurzel in der «höheren Welt» gespeist und gestärkt. Es kommt vor, daß unvollkommene Verwirklichung die Wurzel schwächen. Die *Kawana* des «Menschen, der eine Mizwa» materieller Ordnung hier unten erfüllt, wird der Wurzel dieser durch unauslöschliche «Zeichen» «aufgeprägt», wodurch die Reinheit der Absicht gewährleistet ist. Diese Zeichen werden von der *Kawana* dieses Menschen zeugen, wenn seine Seele zu ihrer Wurzel zurückkehren wird. Doch wird sie diese erst wieder erreichen, wenn der Leib, das physische Mittel für die Erfüllung der Mizwa, seine Arbeit auf der Erde abgeschlossen hat und wieder in die Erde zurückgekehrt sein wird.

Für die Mizwa der *Tefilla,* des Gebetes, die eine Mizwa geistiger Art ist, und die von dem «Gedanken» und von dem «Wort» erfüllt wird, ist die *Kawana* besonders wichtig, und zwar vor allem für einige wesentliche Gebete.

Es ist unerläßlich, daß die *Kawana* dem Aufsagen des *Schema* vorsteht und insbesondere dem ersten Vers: «Höre, Israel, der Ewige, unser Gott, der Ewige ist Einer» (Deut. 6, 4–9). Ohne *Kawana* gesprochen entbehrt der *Schema* jeden Wert, jede Vitalität und jedes Leben. Der *Schema* (vor allem, was diesen anfänglichen Aufruf angeht) ist für denjenigen, der ihn ausspricht und für diejenigen, die ihn hören, ein Akt der völligen Verinnerlichung und der «Konzentration». Für die Anwesenden und die Abwesenden ist er ein umfassender Akt der Veräußerlichung und der «Ausweitung». Der jüdische Gläubige spricht diesen ersten Vers mit geschlossenen Augen, indem er in die Tiefen seiner Seele hinabsteigt; dann sagt er die folgenden Verse des *Schema* mit offenen Augen, indem er unter seinem Blick ganz Israel und sogar das ganze Universum in allen seinen Dimensionen versammelt. Er veranlaßt das Universum, ebenfalls mit ihm die Einheit Gottes zu verkündigen, und dann führt er es zu den höheren Welten, indem er es einlädt, den Schöpfer in Harmonie mit allen Welten durch ein «Lied» zu seiner Herrlichkeit zu «loben». Das Universum wird somit zu seinem Schöpfer erhöht. Von dem Menschen, der so den *Schema* spricht, kann mit dem König David gesagt werden, was dieser von sich selbst gesagt hat: «er ist Gebet geworden» (Ps. 109,4), er hat sich in eine Mizwa verwandelt.

Eine jede Mizwa haucht dem Menschen, der sie erfüllt, ihre «Vitalität» ein. Dank ihrer lebt der Mensch ein wahrhaftiges Leben: er «lebt in ihr».

Die Thora sagt: «Darum sollt ihr meine Gesetze und meine Befehle halten: Der Mensch, der diese tut, wird durch sie leben (wörtlich ‹in ihnen›). Ich bin der Ewige» (vgl. Lev. 18,5).

Wenn die *Kawana* in den Leib der Mizwa eindringt, wird dieser selbst zur *Kawana*. Die *Kawana* erwirbt dann den Wert einer konkreten Tat, die das ganze Wesen des jüdischen Gläubigen auf Gott ausrichtet. Sie hat die Eigenschaft einer Tat, die zugleich «widerspiegelnd», verstandesmäßig, *HitBonenut,* und «liebend», intuitiv, *Regesch,* ist. Eine solche Handlung vergeistigt den Leib, um ihn seinem Schöpfer so nahe wie möglich zu bringen, den wir Geist, das Sein, nennen, der jedoch in Wirklichkeit unendlich mehr als das ist. Er ist der Eine, aber ohne Beziehung zur Zahl; er ist der Einzigartige, aber ohne ihn mit irgend etwas vergleichen zu können. Er ist das Ganze, aber ohne zusammengesetzt zu sein.

Die *Kawana* lenkt die Schritte des Juden auf seinen Schöpfer zu. Und dies insbesondere, wenn er den *Schema* spricht; dann wird der Jude durch seine *Kawana* in seinem ganzen Sein seinem Gotte ähnlich, der ihn einig, einzigartig und vollkommen wünscht.

Der Jude, der betet, erwirbt somit die Sicherheit, daß sein Denken, geschützt vor den Zufälligkeiten dieser Welt und zur ursprünglichen Reinheit seines Wesens zurückgeführt, in der «Welt des Denkens» Gott gefällt, der es empfängt.

Die *Kawana* ist eine Konzentrierung der Gedanken. Der Jude erreicht diese Konzentrierung, wenn sein Wille, Gott anzubeten, zu dienen und sich dem Guten zuzuneigen, unerschütterlich geworden ist, wenn er selbst alle Zögerungen überwunden hat, die durch äußere Ereignisse und inneres Versagen hervorgerufen werden. Somit ist sein Geist vor einer jeglichen *Machschawa Sara* geschützt, vor einem jeglichen «fremden Gedanken», der die Reinheit seines Denkens stören könnte, das bereit ist, das göttliche Denken zu erreichen.

> *Damit in ihm eine wahrhafte* Kawana *geboren werden kann, muß der Jude jegliche* Machschawa Sara, *jeden «fremden Gedanken», aus seinem Geist vertreiben. Ohne das «Denken der Thora» kann das Denken des Juden fehlgehen. Der Kampf des Menschen mit seinem eigenen Denken. Die «fremden Gedanken» und der «fremde Dienst».*

Bevor der Jude den *Schema* aufsagt und bevor er das tägliche Gebet beginnt, ist der Jude angehalten, den «Segen der Thora» auszusprechen, durch den er sich verpflichtet, «sich mit der Thora zu beschäftigen»; was bedeutet, daß er sie durch Studium und Anwendung achten wird. Durch diesen «Segen der Thora» gibt er seinem Denken eine solide Grundlage, er vermittelt ihr die Stabilität und die Klarheit des «höheren Denkens», der höheren Weisheit, die diejenige der Thora ist. Ohne das Licht der Thora, dieses «höhere Denken», dessen Ursprung in einer «übernatürlichen», «überirdischen» Welt zu finden ist, kann das Denken des Menschen, sogar wenn er transparent und aufrichtig erscheint, fehlgehen. Der Jude erhöht sein Denken somit, das durch das «Denken der Thora» gestärkt ist, und verbindet dieses mit der Wurzel des göttlichen Denkens. Er verknüpft es mit demjenigen, der «die Thora gibt», und dem Menschen die Gabe des Denkens, der «Erkenntnis», erteilt, der dem Menschen ermöglicht, ihn «zu erkennen», das heißt, ihn anzubeten und ihm zu dienen.

Dann kann der Jude die Gabe seiner menschlichen Heiligkeit, die relativ ist, dem bringen, der einzig, heilig und anders ist. Dennoch wird Gottes absolute, «ganz» von der menschlichen Heiligkeit «unterschiedene» Heiligkeit – wenn man sich so auszudrücken wagt – durch diese Gabe «verstärkt», mit der der Mensch ihm seine Heiligkeit darbringt. So sagt der Sohar: «Es gibt keine Heiligkeit von oben ohne die Heiligkeit von unten.» Gott erwartet vom Menschen, daß er Gottes eigene Heiligkeit «verstärkt», «bestätigt» und «feiert». Als Gegengabe «heiligt» der Heilige, gesegnet sei er, den Juden durch seine Mizwot. Diese reinigen den Juden, der sie erfüllt, und helfen ihm, Gott tiefgreifender zu erkennen und ihm mit einer immer reiner werdenden *Kawana* zu dienen.

Damit in ihm eine echte *Kawana* geboren werden kann, muß der Jude aus seinem Geist alle *Machschawot Sarot*, alle «fremden Gedanken» vertreiben, die durch die «Nichtigkeiten dieser Welt» erweckt wurden. Würde er einen einzigen dieser Gedanken beibehalten, so würde er die Gegenwart einer «fremden Gottheit», eines *El Sar*, in sich dulden. Er muß somit alle trüben, «fremden Gedanken» ausschalten, die sich seinem klaren, wachen «Bewußtsein» gegenüberstellen und die in angehäufter und verborgener Form, wie ein böser Traum aus dem Grunde seines «Unterbewußtseins» auftauchen können, indem sie somit von der Spaltung in seinem Wesen zeugen. Eine *Machschawa Sara* während des *Awodat HaSchem*, während des «Dienstes des Namens» Gottes, zu dulden, würde bedeuten, den *Awodat HaSchem* durch eine *Awoda Sara,* durch einen «fremden Dienst» zu ersetzen*), durch den der Mensch, indem er sich selbst anbetet, nur sich selber dient. Wenn sich der Mensch unter dem Druck der Trugbilder und der Entfremdungen von dem Wesen seines Seins entfernt hat, dient er einem «fremden» Interesse, denn sein eigenes, sein echtes Interesse ist, Gott anzubeten und ihm zu dienen.

Die *Kawana* ist daher die Arbeit, die das Denken auf sich selbst bezogen erfüllt, um damit in einem reinen und aufrechten Zustand auf einem Weg ohne Umwege und in einem rei-

---

*) Es ist bezeichnend, daß der Götzendienst in der hebräischen Sprache durch die Worte *Awoda Sara,* «fremder Dienst», Dienst, durch den einer fremden Gottheit gedient wird, aber auch ein Dienst, der der wahrhaft jüdischen Seele fremd ist, ausgedrückt wird.

nen Glauben bis zu Gott zu gelangen. Die *Kawana* ist die Bemühung des Denkens, damit diese einig und transparent bleiben möge.

Das Denken neigt durch sein Wesen dazu, sich immer weiter auszubreiten und der jüdische Mensch, der Meister der *Kawana* bleiben will, muß über dieses wachen und jeder seiner Bewegungen Aufmerksamkeit schenken. Sein Denken muß bereit sein, alle Zerstreuungen zu bekämpfen, die dieses ablenken, seine Klarheit trüben und seine Konzentrierung auflösen könnten.

Dieser Kampf des Menschen mit seinem eigenen Denken, das ihm zum Sündigen bringen könnte, ist in Wahrheit der schwierigste und längste Kampf, den der Mensch im moralischen Bereich auszutragen hat. Aus diesem Grunde «wird der Gedanke der Sünde für viel schwieriger zu bekämpfen erachtet, als die Sünde selbst». Die Dauer der Sünde, an ihrer Verwirklichung gemessen, ist kürzer als die Dauer des Denkens, das die Sünde entworfen hat.

Die *Zaddikim,* die «Gerechten», haben einen solchen Kampf gegen die «fremden Gedanken» nicht auszustehen, die sich an den Pforten ihres Geistes melden und sich sogar, insbesondere während des Gebetes, ihrer ermächtigen könnten. Denn sie sind fähig, nicht nur die unheilvollen, unreinen Gedanken zu beherrschen, sondern diese in wohlwollende, reine Gedanken umzuwandeln. Sie bieten diesen ein *Tikkun,* sie «reparieren», sie «stellen diese wieder her», indem sie sie zu ihren Wurzeln führen, die an ihrem Ursprung gut sind. Die Gedanken haben sich von ihren Wurzeln gelöst, sie haben sich vielleicht verirrt und verschlechtert, aber durch den *Tikkun* können sie ihre «geheilten», erleuchteten Wurzeln wieder erreichen, um sich in den Dienst Gottes zu stellen. Dennoch kann die *Kawana,* so aufrichtig und rein sie auch sein mag, nicht durch sich selbst das werden, was sie völlig sein sollte. Sie braucht die «Hilfe Gottes», die Gnade, die Gott auf den Menschen, den Meister der *Kawana,* hat herabkommen lassen.

Der Schema, *das Bekenntnis des jüdischen Glau-*
bens. Verkündigung der Einheit Gottes. Jichud
HaSchem, *die «Vereinigung des Namens». Durch*
den Jichud *erlangt der Jude den höchsten Grad der*
Liebe Gottes; er «vereinigt» sein Wesen mit dem
Wesen des einigen Gottes; «er bringt seine Seele»
Gott dar. «Annahme des Joches des Reiches der
Himmel» und «Annahme des Joches der Mizwot».

Wenn die *Keriat Schema,* das «Aufsagen des *Schema»,* mit
einer echten *Kawana* erfolgt, wird sie *Jichud HaSchem,* «Vereinigung des Namens», genannt. Und dennoch hat dieser *Ji-*
chud, wie wir gesehen haben, eine doppelte Eigenschaft und
erfüllt sich in einem doppelten Sinne. Dieser *Jichud* ist derjenige des Menschen, der betet, und der, indem er sich mit Gott
vereinigt, sich selbst in seinem unsichtbaren Sein und in den
sichtbaren Bekundungen dieses mit ihm «vereinigt» fühlt. Es
ist ebenfalls der *Jichud* desjenigen, der empfängt und der
«vereinigt» mit dem Menschen von diesem in der unsichtbaren Einheit Gottes Wesens und in den unsichtbaren Bekundungen dieses wahrgenommen wird. Diese Bekundungen sind
barmherzig und unerbittlich. Sie sind barmherzig, obwohl sie
unerbittlich erscheinen, und unerbittlich, indem sie ganz und
gar barmherzig sind. Dank des *Jichud* entdeckt der Gläubige
die «Süße» an den Wurzeln der Unerbittlichkeit.

Und dennoch, im Inneren selbst dieses doppelten *Jichud,*
der menschlich und göttlich zugleich ist, bleibt der Mensch
Mensch in der Ausübung der Vorrechte, die Gott selbst ihm
gegeben hat, und Gott bleibt Gott in der Ausübung seiner
Souveränität, die der Mensch ihm zuerkennt.

Ein solcher *Jichud,* und insbesondere derjenige, der den
Schema verwirklicht, erlaubt dem Juden, den höchsten Grad
der Liebe Gottes, die Perfektion des «Dienstes des Namens»
Gottes, zu erreichen. Er ist von nun an des *Messirut Nefesch*
fähig; er ist bereit, demjenigen, den er anbetet, seine «Seele zu
bieten», sein Leben zu geben. Durch den *HitPaschtut HaGa-*
schmiut, durch die «Entledigung der Stofflichkeit», durch den
Bitul HaJesch, durch die «Vernichtung seiner physischen Exi-

stenz», gelingt es diesem Juden, den *Ajin,* das Nichts, zu erreichen, aber genau die Tatsache, diesen überirdischen *Ajin* während eines Augenblicks berührt zu haben, macht den *Jesch,* den physischen *Jesch* des Juden solider, realer, so daß er wahrhaft Mensch ist, also Diener Gottes.*)

Der *Schema* beinhaltet zwei wesentliche und ergänzende Taten: *Kabbalat Ol Malchut Schamajim,* die «Annahme des Joches des Reiches der Himmel», das das Denken lenkt, das aufgerufen ist, von der Liebe Gottes zu zeugen (Deut. 6, 4–9); *Kabbalat Ol Mizwot,* die «Annahme des Joches der Mizwot», das die Handlungen lenkt, die aufgerufen sind, von der Liebe Gottes zu zeugen (Deut. 11, 13–21).

Die *Messirut Nefesch,* die der Jude dank der *Kabbalat Ol Malchut Schamajim* erreichen kann, läßt diesen nicht im *Ajin* versinken, läßt es nicht zu, das irdische Leben und die Forderungen an seine Existenz hier unten zu fliehen. Im Gegenteil, die *Messirut Nefesch* verwirklicht sich durch den Mittler des *Jesch* in den konkreten Taten der Mizwot, die der Jude «auf der Erde» erfüllt.

Rabbi Jisrael Baal Schem Tow gab zu, daß er während des «Aufsagens» des *Schema* so intensiv die *Messirut Nefesch* erlebte, weil er sein eigenes *Leben* aufgegeben und dieses freudig seinem Schöpfer geboten, indem er «seine Seele» seinem Meister «zurückgegeben» hatte, daß es ihm schien, als «lebte er nicht mehr»; denn für Gott hatte er seinem Leben «ein Ende gesetzt», er hatte sich als «Opfer» dargebracht. Dann war er erstaunt, immer noch am Leben und aus «der anderen Welt» in «diese Welt» zurückgekommen zu sein, und er hatte das Gefühl, auferstanden zu sein. Er sprach danach den Segen der *ScheHeChijanu* aus, durch den der Jude Gott dankt, ihn «am Leben erhalten zu haben». Da er sich durch die *Kabbalat Ol Malchut Schamajim* an den Rand des Nichtseins getrieben fühlte, mußte er eine Anstrengung machen, um aus der «ande-

---

*) Vgl. Alexandre SAFRAN, Die Kabbala, Francke Verlag Bern und München, S. 242 ff. und S. 262 ff.; vgl. E. STAROBINSKI-SAFRAN, *L'existence, le néant et l'affirmation de soi dans l'expérience hassidique,* in Nova et Vetera, Freiburg, 1985/2, S. 129.

ren Welt» zurückzukommen, in der er die *Schechina* aus der Nähe in «dieser Welt» zu betrachten wünschte, in der er Gott möglichst perfekt durch die *Kabbalat Ol Mizwot* zu dienen wünschte. Außerdem, so bestätigte der Baal Schem Tow, müßte sich jeder Jude während des Aufsagens des *Schema* als im Himmel befindlich betrachten, damit er die Reinheit seiner *Kawana* beibehalten kann.

> *Die* Deweikut, *die «Verbindung» der Seele mit Gott, ist eine spezifisch mystische jüdische Erfahrung. Durch die Mizwa gelingt es dem Gläubigen, die* Deweikut *zu erreichen. Die «Verbindung» mit Gott ist am stärksten, wenn der Gläubige das Herz der Mizwa erreicht, die er einhält.*

Die *Kawana* belebt und «lenkt» die *Tefilla,* das «Gebet», zu demjenigen, der es empfängt. Doch ist das Wesen der *Tefilla,* die *Deweikut,* die «Verbindung» der Seele mit Gott, das intime «Verwachsen» mit Gott.

Dennoch ist die *Deweikut,* wie die *Kawana,* ebenfalls für eine jede Mizwa erforderlich und nicht nur für diejenige der *Tefilla.* Während die *Kawana* jedoch die in der Erfüllung befindliche Mizwa begleitet, indem sie diese durchdringt, gibt die *Deweikut,* wenn sie voll, tiefgreifend und leistungsfähig ist und eine vorherige Mizwa, aus der sie hervorgeht, verlängert, der gegenwärtigen Mizwa ihren Wert und bereitet die kommende Mizwa vor. Daher kommt der echte Gläubige durch eine Mizwa zur *Deweikut* und bleibt in ihr.

Jede *Awodat HaSchem* beruht auf der *Deweikut;* diese gibt ihr Tiefe und Wahrheit. Der Jude kommt auf die Welt, um ein *Owed HaSchem,* ein «Diener Gottes», zu sein, und die *Awodat HaSchem* müßte sein ganzes Leben umfassen. Somit sollte die *Deweikut* diesem Leben, das sich ohne Unterlaß erneuert, Sinn und Inhalt geben, so wie es die Thora wünscht; die Thora, die uns jeden Tag «neu erscheint, als sei sie heute erst offenbart worden».

Die *Deweikut* ist daher und insbesondere für den *Zaddik,*

eine ständige Realität, die sein ganzes *Leben* durchdringt. Sie ist jeden Tag neu die *Deweikut* von heute, die man *heute* leben muß. Das fordert die Thora in einem Vers des Buches Deuteronomium (4,4): «Und ihr, die ihr dem Ewigen – *HaDeweikim,* eurem Gott, *anhinget, lebt* alle *heute* noch». Andere Verse desselben Buches der Bibel (Deut. 11,22 und 13,5) zeigen die Wichtigkeit des *dawok,* des Aktes, der darin besteht, sich mit Gott zu verbinden und mit den Wohltaten, die sich daraus ergeben. Diese Verse haben den berühmten mystischen Exegeten, Ramban, dazu geführt, den Menschen der *Deweikut* als denjenigen zu bezeichnen, der «sich ständig des Namens (Gottes) sowie seiner Liebe zu Gott erinnert». Sein Name und seine Liebe sind niemals aus seinem Gedankenkreis ausgeschaltet. Wenn er geht, wenn er sich hinlegt, wenn er aufsteht und sogar wenn er spricht, ist sein Herz vor Gott. Diese Menschen eines großen Wertes können schon zu Lebzeiten ihre Seele mit dem Bund des (ewigen) Lebens verbinden, denn sie sind eine Wohnung der *Schechina.*

Die *Deweikut* ist das Ziel, auf das die Seele, die nach Gott, dem lebenden Gott dürstet» (Ps. 42,3), zustrebt, die «nach den Vorhöfen des Ewigen verlangt und sich nach diesen sehnt» (Ps. 84,3). Sie ist der Gipfel, zu dem die Liebe Gottes führt, den der jüdische Gläubige erwünscht, und insbesondere der Mensch der Kabbala, der wahren Weisheit, der *Zaddik,* der *Chassid.*

Die *Deweikut* beinhaltet je nach ihrer Intensität, nach der Eigenschaft der Mizwa, die von ihr gezeugt wird, nach dem Ort und dem Augenblick, zu dem diese Mizwa erfüllt wird, verschiedene Grade. Die *Deweikut* ist an ihrem höchsten Grad, wenn der Gläubige das Herz der Mizwa erreicht, die er erfüllt.

Durch die *Deweikut* halten wir «unser Herz vor Gott», wir fühlen uns zu ihm hingezogen und wir bieten ihm unser ganzes Sein an.

Die kleine Flamme der «Kerze, die unsere Seele ist» (Spr. 20,27), steht vor der großen Flamme der Göttlichkeit und neigt dazu, sich mit dieser zu vereinen und sich in ihr zu verlieren. Die *Deweikut* erinnert die Seele an ihren göttlichen Ursprung und ermöglicht ihr, die sofortige Gegenwart der Göttlichkeit zu spüren. Somit wünscht sie heiß und innig, wie die Kerze, die der Flamme nahe ist, die Flamme zu erreichen, von der sie ausgeht. Dennoch wagt es unsere Seele nicht, die «Grenze», die Entfernung, die scheinbar kurz ist und die sie von der Flamme trennt, zu überschreiten. Wegen des Wesens, das der Schöpfer ihr gegeben hat, kann sie sich nicht in der Flamme verlieren, sie ist gezwungen, das zu bleiben, was sie ist, nämlich eine kleine Kerze, und vor allem das, was sie sein muß. Nach dem Wort des weisen Königs Israsels, Salomon, und der Auslegung, die die Weisen Israels ihr gegeben haben, muß sie die *«Kerze – Mizwa»* bleiben, also eine Kerze, die durch «das Licht der Thora» (vgl. Spr. 6,23) den Weg des zur Erfüllung einer «Mizwa Gottes» aufgerufenen Israeliten erhellt; die *«Kerze – Seele – Mizwa»* erhellt durch das Licht der Thora, das sie ausstrahlt, und wärmt durch das «Feuer des Glaubens» (vgl. Deut. 33,2), das sie in sich birgt, den Leib desjenigen, der eine Mizwa befolgt.

Der Mensch kann sich nicht mit Gott identifizieren. Die Grenze, die das Geschöpf von seinem Schöpfer trennt, kann nicht abgeschafft werden. Sogar die *Deweikut* kann diese Entfernung zwischen Mensch und Gott nicht auslöschen. Sie kann dem Menschen des Glaubens nur das Bewußtsein und sogar das Gefühl der «Nähe» Gottes geben, denn «der Ewige ist nahe allen, die ihn ernstlich anrufen» (Ps. 145,18). Sie kann nur manchmal die Spannung mindern, die die Vorstellung und die Realität Gottes im Geist des Menschen entstehen läßt. Seine Wahrnehmung Gottes, «der alle Welten umgibt», der transzendent, unpersönlich, absolut und außerhalb einer vernunftsmäßigen Auffassung liegt, diese Wahrnehmung ist dank der *Deweikut* in perfekter Harmonie mit seiner Wahrnehmung eines immanenten, persönlichen Gottes, der «alle Welten erfüllt» und den der Mensch in sich selbst erfassen kann.

Gott ist der König des Menschen, der die *Deweikut* erlebt. Gott ist *Nora,* «furchtbar»; Gott entfacht im Menschen eine «ehrerbietige», «höhere Furcht», die fordert, in präzise Taten umgesetzt zu werden. Doch fühlt der Mensch Gott auch als einen Vater, einen verständnisvollen Vater, der ihm Vertrauen einflößt. Und weiter noch, der Mensch fühlt Gott intuitiv als *Jedid Nefesch,* als *Freund* seiner Seele, der ihn vertrauen läßt und für den er eine «ehrerbietige» Liebe spürt, die es wünscht, durch Taten zum Ausdruck gebracht zu werden. Der Mensch, der somit in aller Tiefe die *Deweikut* erlebt, erlebt diese in der *Emuna,* im Glauben.

> *Die* Deweikut *wird niemals als eine* unio mystica,
> *als ein Zustand der perfekten Vereinigung der*
> *Seele mit Gott, betrachtet. Die* Deweikut *zeigt sich*
> *durch Taten und verlängert sich in den Mizwot.*

Aus diesem Grunde wird die *Deweikut* stets wie eine reiche intellektuelle und intuitive Erfahrung der jüdischen Seele, die ihren Gott feiert, verstanden und erlebt. Doch ist es eine Erfahrung, die sich durch Handlungen ausdrückt, die sich in den Mizwot verlängert, die der jüdische Gläubige, indem er seinem Gott gehorcht, durch «den Gedanken, das Wort und die Handlung» verwirklicht. Diese Art, die *Deweikut* zu verstehen und zu leben, ist in ihrem Wesen dieselbe, selbst wenn sie in ihrer Form unterschiedlich ist, und zwar durch alle Strömungen des Denkens und alle historischen Umstände, die von der Bibel bis zum Chassidismus über die rabbinische Literatur, die ethische Philosophie und vor allem bis zu den verschiedenen Schulen der Kabbala reichen.

Die *Deweikut* ist niemals als eine *unio mystica* betrachtet worden, als ein Zustand der perfekten Vereinigung mit Gott, als Vereinigung der Seele mit dem unendlichen Wesen. Die *unio mystica* wird als beinahe unvorstellbares Glück, als unwandelbare Glückseligkeit empfunden. Sie ist der größte Wunsch der nicht-jüdischen Mystiker, die aus dem fernen Osten stammen oder Plotiner, Christen und Muslime sind... Aber die *Deweikut* beinhaltet außer einer Phase der Verinnerlichung, die die Kontemplation, die Meditation, die Spekulation ermöglicht, eine Phase der Veräußerlichung, die zur Tat führt.

Bereits die Bibel hatte uns diese Notwendigkeit der Tat

offenbart, die der *Deweikut* innewohnt und als höchster konkreter Ausdruck der Liebe Gottes betrachtet wird.

Sie empfiehlt den Israeliten, sich «mit Gott zu verbinden» und gebraucht zu diesem Zweck unterschiedliche Formen des Verbes *dawok,* das «sich verbinden» bedeutet. Um sich mit Gott «zu verbinden», fordert die Bibel die Israeliten auf, «Gott zu lieben», indem «seine Mizwot befolgt werden», «ihm zu dienen», indem «seine Stimme gehört» wird, und «auf seinen Wegen zu wandeln» (vgl. Deut. 11,22; 13,5; 30,20).*) Das Verb *La Assot,* «machen», faßt alle diese Aufforderungen zusammen, die darauf abzielen, den Juden zur *Deweikut* zu führen. Diese «Verbindung» ist die «Bedingung des Lebens», eines wahren Lebens, das sich im Lichte der «Thora des Lebens» entfaltet, die von demjenigen offenbart worden ist, der das Leben des Lebens ist. Für den Menschen ist das Leben von der Bewegung untrennbar. Die Weisen Israels und die Meister der Kabbala lehren, daß diese Bewegung das Leben hier unten benutzt und zu dem wahren Leben dort oben führt (der hebräische Begriff, der «Leben» bedeutet; nämlich *Chajim,* steht im Plural). Diese Bewegung erlaubt den *Anschei Maala,* den «Menschen der Höhe», den geistig gehobenen Menschen, ihr Leben hier unten wie ein Präludium zum wahren Leben zu leben. Sie leben dieses wahre Leben in seiner Fülle, in einem belebenden «Ausruhen», in «der da kommenden Welt», in «der Welt der Wahrheit».

Die Meister des Denkens und der jüdischen mystischen Erfahrung vertiefen diese Lehre über «die Verbindung mit Gott», die die grundlegenden biblischen talmudischen und soharischen Texte ihnen bietet. Sie heben deren Prinzipien hervor und legen die Modalitäten für deren Anwendung fest. Sie stimmen überein, um die *Deweikut* zu betrachten und zu erleben, als sei sie eine tiefgreifende religiöse Tat, die sich aus Konzentrierung und Bewegung, aus Ausruhen und Voranschreiten, zusammensetzt.

Der Sohar versäumt nicht, diesen Zustand der «Vereinigung»

---

*) «Auf allen seinen Wegen wandeln» und «dem Ewigen nachfolgen» (Deut. 13,5) bedeutet nach dem Talmud und dem Sohar, dem Beispiel seiner Güte zu folgen. Die *imitatio Dei* hat im Judentum einen ethischen Sinn, Gott ist Prinzip und Quelle der Moral.

zwischen dem Menschen und Gott, zwischen dem Geschöpf und seinem Schöpfer, zu beschreiben. Die «Vereinigung» ist in der Tat nur ein annähernder Begriff, der formell zu verstehen ist. Die *Bnei Alija,* die geistig sehr gehobenen Menschen, können zu einigen seltenen privilegierten Augenblicken eine Art der Verschmelzung des *Echad BeEchad,* des «Einen mit dem Einen», des in seinem Wesen «vereinigten» Menschen mit dem Wesen, der der Eine in seinem Wesen ist, erkennen. Gleichzeitig haben die Kabbalisten uns im Laufe der Jahrhunderte gelehrt, daß zu «bestimmten Stunden der Gnade», der *HitBodedut,* der «Einsamkeit» mit Gott, oder deren tiefes konzentriertes Denken die Wurzel des Denkens, die *Jodei Chein,* die «Menschen, die das Mysterium der Gnade», die «verborgene Weisheit» durchdrungen haben, eine *Deweikut* erreichen können, die ganze nahe der Vereinigung der Seele mit der Seele der Seelen ist. Sie können dann den *Bitul Ha-Jesch,* das «Vernichten des Bestehenden», erreichen. Das bedeutet, daß sie dank einer äußersten Bemühung, die intellektuell und liebend zugleich ist, eine «Unterdrückung ihres physischen Seins», und dies vor allem während des Gebetes, fühlen können.

Das ist ein erhabener, außerordentlicher Zustand der sofortigen Kommunion mit der Göttlichkeit (Rabbi Abraham Abulafia [13. Jh.], Rabbi Chajim Vital [im 16. Jh.], Rabbi Dow Bär von Lubawitsch [im 18.–19. Jh.] haben sich unter anderen mit diesem Zustand befaßt). Aber sogar wenn die *Deweikut* eine mystische, spezifisch jüdische Erfahrung bleibt, kann sie nicht von der Handlung getrennt werden. Bis zu diesem Zustand der intimen Vereinigung mit Gott gelangt, fährt der jüdische Mystiker fort, die Thora und die Mizwot zu beachten und durch das Studium die *Penimiut,* die «Innerlichkeit» der Thora, und durch die Handlung, die «Innerlichkeit» der Mizwot, zu suchen.

Rabbi Schneur Salman von Liady, der Begründer des Chassidismus Chabad, rief in einem tiefen Augenblick der *Deweikut* aus: «Meister der Welt! Ich will weder deine Werke noch dein Paradies, noch deine da kommende Welt. Ich wünsche nur dich allein!» (Sein Ausruf erinnert uns an den Psalmisten

[73,25]: «Wenn ich nur dich habe, so frage ich nicht nach dem Himmel. An deiner Seite begehre ich nichts auf Erden!») Doch der Verfasser des Tanja, des Meisterwerkes des Chassidismus Chabad, sagt uns, daß auch wenn seine Seele somit zu Gott hinstrebt, er nicht auf der Suche nach dem Ausruhen, nach dem Heil ist. Er bleibt nicht in einer verzückten Leere hängen, sondern er durchquert die irdische Zone, die als Leere hätte betrachtet werden können, um auf den Boden der Handlung zurückzukehren, die im wesentlichen aus dem tiefgreifenden Studium der Thora und einer unerbittlichen Befolgung der Mizwot besteht. Die *Deweikut,* die der Verfasser des Tanja anstrebt, ist ein Verwachsen mit Gott, der sich selbst mit dem Wesen der Thora, deren Inhalt durch die göttlichen Namen gebildet wird, und mit den Mizwot identifiziert, die – wenn man es so auszudrücken wagt – seine «Kleider», die «Kleider des Königs» bilden. Der Mensch, der diese *Deweikut* erreicht hat, gelangt zu Gott in den Buchstaben der Thora und setzt Gottes Reich in dieser Welt durch die Befolgung der Mizwot ein. Die Mizwot sind der Weg, auf dem sich die Thora, die über der Natur ist, in die Natur ausdehnt und diese in eine Thora umwandelt. Jede Handlung des Menschen der *Deweikut* ist eine Mizwa, die die *Schechina* auf sich «lenkt» und die sich mit dem vom Urheber der Thora, dem Ein-Sof, dem Unendlichen, ausgehenden Licht bekleidet. So ist die *Deweikut,* die der Verfasser des Tanja brennend wünscht. Und er selbst hat klar den Weg angegeben, der zu ihr führt. Dieser große Mann des Glaubens ist gleichzeitig ein großer Mann des Gesetzes. Er hat ebenfalls den Kodex der religiösen Gesetze verfaßt, den Chulchan Aruch*) HaRaw, der «Chulchan Aruch des Rabbiners» genannt wird, in dem er die Verhaltensregeln für den Juden, «den Diener Gottes», festlegt und insbesondere die Regeln, die dank des *Talmud Tora,* dank des Studiums der Thora, zur *Deweikut* in der wahren Furcht und Liebe Gottes führen.

---

*) Dieser Titel Chulchan Aruch («gedeckter Tisch») ahmt den Titel des großen religiösen Kodex von Rabbi Josef Karo (im 16. Jahrhundert).

Der Jude der Deweikut «*gibt seinen Willen auf*»,
in Gott zu verschwinden, um dem Willen Gottes
anzuhangen, der von ihm verlangt, zu sein und zu
handeln.

Um die *Deweikut* zu erreichen, muß der nach Gott dürstende
Mensch eine doppelte Strecke zurücklegen; nämlich vom
Menschen zu Gott und von Gott zum Menschen. Verliebt in
Gott, läuft er auf ihn zu; Gott fürchtend, kehrt er zu sich selbst
zurück und erneut läuft er auf ihn zu und kehrt zu sich selbst
zurück... Wie «Abram, bricht er auf und stellt sein Zelt auf,
er bricht auf und stellt sein Zelt auf»: *Haloch WeNasoa*...
(Gen. 12,9).

Der Verfasser des Sefer Jezira kannte das Dilemma, in dem
der Mensch, der brennend seinen Gott wünscht, eingeschlossen ist, um bei ihm zu *bleiben* und der trotzdem peinlich genau
seinen Befehlen gehorcht und «vor», «mit» und «nach» ihm
aufbricht. Er versteht die inneren Schwankungen dieses Menschen und er tröstet diesen auch, indem er ihm rät: «Wenn
dein Herz zu ihm aufbricht, so kehre sofort nach hinten zurück», und Rabbi Schneur Salman von Liady fügt hinzu:
«Kehre zurück, indem du die konkreten Mizwot studierst und
anwendest.»

Alle Verfasser der kabbalistischen Schriften haben sich mit
diesem Aufbrechen befaßt, das der nach Gott hungernde
Mensch stets neu in seiner Suche nach der *Deweikut* beginnt.
Die kabbalistischen Schriften beschreiben den Drang des
Menschen zu Gott, die Rückkehr nach hinten und die Aufent-
halte, die ihm dennoch erlauben, immer weiter voranzuschreiten, seine hervorragenden Leistungen und seine häufig heroi-
schen Bemühungen, um sein Ziel zu erreichen; nämlich sich
Gott auszusetzen, in ihm zu sein, damit Gott seinerseits sich
ihm geben, von ihm Besitz ergreifen, ihn ganz in sich haben
und ihn ganz und gar mit den «Flügeln der Schechina» bedek-
ken möge.

Die kabbalistischen Schriften beschreiben ebenfalls die
Schwierigkeit, an der sich dieser Mensch auf seinem «Lauf»
stößt, und dessen Ziel die vollkommene Integration in Gott,

das Verschwinden in Gott, ist. Sie bestehen auf den Zwängen, die er annehmen muß, um seine menschliche Bedingung in Übereinstimmung mit dem Willen seines Schöpfers zu leben, aber sie zeigen auch alle die Wohltaten auf, die sich daraus für ihn, die Welt und für Gott selbst ergeben.

Der Mensch der *Deweikut* ist daher ein Mensch des Willens und nicht des Aufgebens. Anders ausgedrückt, ist er ein Mensch, der «seinen Willen aufgibt», um nicht mehr zu sein und zu handeln, sondern um sich nach dem Willen zu richten der ihm befiehlt, zu sein und zu handeln.

Doch von dieser *Erde* aus muß er «die Augen auf die Höhen richten» (Jes. 40,26), auf die *Himmel,* und auf dieser *Erde* muß er handeln, damit «alle seine Handlungen für den Namen der *Himmel* (gemacht) werden». Seine materiellen Handlungen werden vergeistig werden, damit der *Maasse,* die «konkrete» Handlung, die *Machschawa* erreichen kann, das reine «Denken», das ihrer Durchführung vorausgegangen ist. Somit wird die *Machschawa* zur *Maase* und der *Maasse* wird zur *Machschawa.*

«Laufen und zurückkehren». Auf Gott zugehen und wieder zu sich selbst zurückkehren. Zu Gott dank der Thora «aufsteigen» und zu den Menschen für die Thora «herabsteigen».

Um diesen «Lauf» des Menschen zu bezeichnen, welcher darauf bestrebt ist, sich in der Göttlichkeit zu verlieren, gebrauchen die Kabbalisten zwei Begriffe, die bereits von dem Propheten Hesekiel benutzt wurden, um seine große mystische Vision zu beschreiben: *Razo WaSchow,* «laufen und zurückkommen», «gehen und zurückkehren», «gehen und kommen». Diese beiden Verben drücken in einer symbolischen Zusammenfassung das aus, was der Jude tun muß, um die *Deweikut* zu erreichen.

Dem Menschen, der «läuft», um sich von sich selbst zu befreien und sich in die Göttlichkeit zu werfen, dem Menschen, der «läuft» und sich vorbereitet, seine physische Umhüllung zu sprengen, um sich in der Göttlichkeit zu verlieren, dem Menschen, der «läuft», um «aus sich herauszukommen» und sich in der Exstase (ek-stasis) festzulegen, indem er somit seinen «Geist mit dem Geist» vereinigt, diesem Menschen ist gesagt: Halte ein, du kannst hier nicht bleiben, solange du hier unten leben wirst, wird dein Platz nicht hier sein; «kehre» daher zu dir zurück; versäume nicht, auf «die Erde, die Gott den Menschen gegeben hat», «hinabzusteigen» (Ps. 115,16); und nehme mit dir die Lichter, die du in dem Augenblick gesammelt hast, in dem du in deinem Sein «vereinigt» und in deinem Leib vergeistigt bist, und du geglaubt hast, deinen Wunsch erfüllt zu bekommen, den der König David bereits in seinen Psalmen in bewegenden Begriffen zum Ausdruck gebracht hat: «Wann werde ich dahin kommen, daß ich Gottes Angesicht schaue?» (Ps. 42,3). Du hast gedacht, denjenigen zu sehen, der bestätigt: «Denn kein Mensch wird leben, der mich sieht»... (Exod. 33,20).

Razo WaSchow sind vereinigt und in einem Wort zusammengefaßt, das so bedeutsam ist; nämlich *Tora.* Dank der Thora muß der Mensch zu Gott «aufsteigen» – *Razo* – und zu den Menschen für die Thora «hinabsteigen» – *WaSchow.* *Razo WaSchow* haben den gleichen numerischen Wert wie die *Tora*; nämlich 611.

In demselben Augenblick, in dem der Mensch den höchsten Gipfel seiner Spiritualität erreicht hat, möchte er sich *entlasten*, sich von seinem physischen materiellen Gewicht befreien, und dann wird ihm ein Auftrag *zuteil*; nämlich auf die Erde, den Ort seines irdischen Lebens, hinabzusteigen und dort eine «Wohnung» für die Schechina vorzubereiten. Denn Gott «wünscht hier unten zu wohnen», unter den Menschen, und dort sein «Reich» einzurichten.

Der Mensch, Israel, hat daher zum Auftrag, die Schechina nach hier unten «anzuziehen», indem er die Thora und den Mizwot gehorcht. Somit wird er die göttliche «Wohnung» hier unten vorbereiten und arbeiten, um das Reich Gottes auf der Erde auszubreiten. Gott wünscht «König auf der ganzen *Erde* zu sein» (vgl. Sach. 14,9), also den Menschen, Israel, zu sehen, der durch seine *Awodat HaSchem* das, was irdisch und materiell ist, in ein «Gefäß» verwandelt, das dem Zweck der Schöpfung dienen kann, nämlich der Herrlichkeit Gottes in allen *Dingen.*

Sicher war die «Erde» immer «von seiner Herrlichkeit erfüllt» (Jes. 6,3) und es gibt keinen Ort, an dem er nicht gegenwärtig wäre». Aber in dem *Olam,* in dieser «Welt», ist seine Herrlichkeit noch «verborgen»; in dem *Alam* (vgl. Exod. 3,15) in einer «Welt», die die Herrlichkeit desjenigen «verbirgt», der *NeElam,* «verborgen» ist, sind seine Herrlichkeit und sein «Name» noch nicht «enthüllt». Der Mensch der *Deweikut* muß diese «enthüllen», sie durch die Thora und die Mizwot offenbaren. Er muß Tag für Tag arbeiten, um sie völlig zu «enthüllen», um sie endgültig in den messianischen Zeiten zu «offenbaren». Denn in dieser Welt besteht sein Name in einer noch unfertigen elliptischen Form: «Er ist noch nicht so ausgesprochen, wie er geschrieben ist», er ist noch nicht in seiner Fülle verkündigt worden, also nicht «völlig» in der Achtung seines Willens anerkannt.

Wenn seine Herrlichkeit vollkommen offenbart und seine Königlichkeit wahrhaft in *dieser* Welt dank der Achtung des Menschen, Israels, für die Thora und die Mizwot eingesetzt sein wird, dann werden diese *hier unten* bis zu den Höhen erstrahlen und *alle* Welten umfassen. Die höheren Welten werden erst vollendet sein, wenn die Welt hier unten vollendet sein wird, deren Rolle für die höheren Welten ebenfalls ausschlaggebend ist. Es sind Thora und Mizwot, die die Vollendung dieser Welt bewirken. Aus der höheren Welt kommen sie, um in der Welt hier unten, der «Welt der Handlung», der Welt, erfüllt zu werden, in der der Mensch durch seinen freien Willen, der ihm vom Schöpfer zuteil wurde, diese Vollendung beschleunigen oder verzögern kann. Er bezeichnet das Ende der *Tikkunim,* der «Reparierungen», der «Brüche» ontologischer und kosmischer, moralischer und historischer Ordnung, die die Welten erreicht haben (die ersteren wurden durch den «Fall der Könige», die zweiten durch die Sünde des Menschen verursacht). Durch die «Thora, die er hütet» und die «Mizwot, die er befolgt», bewirkt der Mensch, Israel, diese *Tikkunim,* die den Welten ihre ursprüngliche «Integralität» wiedergeben.

Das ist das heikle Privileg des Menschen. Es ist eine edle Berufung und eine schwerwiegende Verantwortung Israels zugleich, denn Gott hat ihm die Thora und die Mizwot gegeben, um dank ihrer die Welten zu vollenden, sie zu ihrem Ursprung zu erhöhen, und sie zur Integralität zurückzuführen.*)

Die Deweikut *besteht nicht in einer «Auflösung» des Menschen in Gott, in einer anderen Welt; im Gegenteil, sie verstärkt die Berufung des Menschen in dieser Welt, «vor Gott und vor den Menschen».*

Als treuer Diener Gottes verweilt der Verliebte Gottes nicht in der vorläufigen Wohnung, die ihm seine vollkommene *Deweikut* erlaubt hat, in der Welt dort oben zu erreichen. Er steigt hinab, um die Seinen wiederzufinden. Er widmet sich der ihm zustehenden Aufgabe: Gott mit seinem *ganzen* Wesen, mit seinem Leib wie mit seiner Seele, hier unten zu dienen und seinesgleichen zu helfen, Gott zu dienen. Er zögert nicht, «seinen Willen vor dem Willen» Gottes «auszulöschen»; gleichzeitig vereinigt er seinen Willen mit dem Willen Gottes, damit dieser «in der Welt, die er nach seinem Willen erschaffen hat», geachtet werde.

Die *Deweikut* besteht daher nicht in einer »Auflösung des Menschen in Gott, in einer anderen Welt; ganz im Gegenteil, sie verstärkt die Berufung des Menschen in dieser Welt, «vor Gott und vor den Menschen». Diese Welt muß der Jude durch die Befolgung der Mizwot in die Thora verwandeln, also diese zu ihren in der Thora verzeichneten Ursprüngen zurückfüh-

---

*) Gott hat, indem er die Welt erschuf, einen *Zimzum*, eine «Reduzierung», eine «Restriktion» der ursprünglichen rein geistigen Kraft seiner Schöpfung bewirkt. So «vermindert», «eingeengt», «geschwächt» konnte diese Kraft bis zur physischen, materiellen Welt herabsteigen. Die Gegenwart des Menschen macht aus dieser Welt die «Welt der Handlung». Israel, der Verwahrer der «Gabe der Thora» und der «Gnade der Mizwot», die vor der Schöpfung der Welt entworfen wurden, kann und muß diese Welt (und mit ihr alle Welten) zu ihrer rein geistigen Quelle zurückführen.

ren. Dadurch muß er alle Welten zu ihren thoraischen «Ursprüngen» zurückführen, und zwar über alle Welten hinaus, und sie dort «wieder einsetzen». Wegen dieses Werkes «des Wiedereinsetzens» ist der Mensch, Israel, den Engeln wohl überlegen. Diese hatten Gott gebeten, die Thora dort oben zu belassen, damit sie «seine Majestät in den Himmeln verbreite». Doch hat Gott Israel die Gabe der Thora zuteil werden lassen, dieses Instrument der Schöpfung der Welt, und die Mizwot, diese Instrumente der Verwandlung der Welt in die Thora. Er beschloß, diese Instrumente den Menschen zu übergeben, die aus zwei entgegengesetzten Elementen, einem Leib und einer Seele, bestehen, und sie werden daher als «Isra-el» gegen sich selbst, in sich selbst und «gegen die Menschen und gegen Gott» «kämpfen» müssen, um die Thora und die Mizwot zu jedem Augenblick und an jedem Ort achten zu lassen. Die Engel sind keinen Versuchungen, keinen inneren Widersprüchen und keinen Schwankungen des freien Willens ausgesetzt. Sie sind «redlich» und mit einer besonderen «getrennten Intelligenz» ausgestattet. Durch ihre Natur selbst sind sie «einfach» und daher willig, die Aufträge, die Gott ihnen anvertraut, an festgelegten Orten und zu bestimmten Augenblikken auszuführen.

Daher wird Israel nicht nur «Diener» Gottes genannt, sondern auch «ältester Sohn» Gottes. Die Israeliten werden «Kinder Gottes» genannt und haben eine echte Person-zur-Person-Beziehung mit ihrem himmlischen Vater, der sie den «himmlischen Engeln» vorzieht.

«Gott hat genügend Engel im Himmel!» ruft Rabbi Mendel von Kotzk aus. Er will nicht, daß die Menschen Engel auf Erden seien. Er will, daß sie «für ihn, heilige Menschen» seien und keine Engel. Menschen, die essen, doch nicht «das Fleisch, das auf dem Felde von Tieren zerrissen ist»... (vgl. Exod. 22,30)... Er will «für sie ein Gott» sein, für die Menschen, die «essen und trinken», aber dies nach den Vorschriften der Thora, Menschen, die sich kleiden, jedoch mit einer «sauberen Kleidung».

Die Menschen müssen in jeder Sache die «göttliche Vitalität» suchen, die diese existieren läßt, den «göttlichen Funken», der diese belebt, damit jede Sache «eine heilige Sache für sie» sein kann. Ihr physisches Wesen muß ebenfalls heilig sein. Sie neigen zu einer immer größer werdenden Heiligkeit, ohne jedoch je zu glauben, eine absolute – wenn auch menschliche – Heiligkeit zu erreichen, denn der Heiligkeit sind keine Grenzen gesetzt. Sie sollten sich hüten, anzunehmen, daß ihre Heiligkeit – wenn auch nur von ferne – mit derjenigen Gottes, dem Heiligen, gesegnet sei er, zu vergleichen ist; denn seine «Heiligkeit geht über alle Heiligkeit» hinaus. Nur Gottes Heiligkeit ist rein, absolut, denn sie ist nicht wie die der Menschen als Gegenteil der Unreinheit, der Nicht-Heiligkeit, ersonnen. Sie sollten wie Hanna ausrufen: «Es ist niemand heilig wie der Ewige, außer dir ist keiner!» (Sam. I, 2,2) und wie David: «Du aber bist heilig, der du thronst über den Lobgesängen Israels!» (Ps. 22,4).

Dem Menschen, der seine Aufgabe in der Deweikut *erfüllt, erlaubt Gott, bereits in dieser Welt die Freude der Welt dort oben zu kosten.*

Gott wünscht also, daß der Mensch durch die eifrige Befolgung der himmlischen Thora und deren Mizwot seine *irdische* Arbeit zu einer *himmlischen* hier unten machen möge. Alle Dinge in dieser Welt sind das materielle «Zeichen» einer geistigen Realität in der höheren Welt, mit der sie sich dank der Mizwa verbinden können. Und die Mizwa kann dank ihrer konkreten materiellen Erfüllung ihre Wurzeln in der höheren Welt erreichen und dort ihr «Zeichen» eingravieren. Die Thora ist durch ihren Ursprung himmlisch: *Torah Min Ha-Schamajim,* und trotzdem ist für den Menschen, der ihre Mizwot erfüllt, keine von diesen «in den Himmeln». Jede Mizwa ist «ganz nahe bei dir, in deinem Munde und in deinem Herzen, daß du sie tust, *LaAssoto,* damit du es *tun* kannst» (Deut. 30,12,14).

Der Mensch, dem es gelingt, die *Deweikut* zu erleben, wenn auch unvollkommen, kennt kein Ausruhen. Er kann sich keiner vollkommenen Ruhe erfreuen, denn das physische materielle Leben in «dieser Welt» lastet schwer auf ihm. Somit ist er stets bestrebt, in einer «anderen Welt», die völlig geistig ist, zu leben. Er sehnt sich nach dem *Olam HaBa,* der «da kommenden Welt». Aber dem Menschen, der seine Aufgabe in der *Deweikut* erfüllt, der intim mit Gott verbunden lebt, erlaubt der Schöpfer, bereits in dieser Welt die Freude der obigen Welt zu kosten, und bereits in der da kommenden Welt, in der Ewigkeit, zu leben. Für diesen Menschen «kommt» der *Olam,* die wahre «Welt» «bereits» – *HaBa* – dorthin, wo er sich befindet. Je mehr dieser Mensch in die Innerlichkeit der Thora und der Mizwot eindringt und sich von ihren Lichtern erfassen läßt, desto mehr nähert sich ihm die «Welt der Wahrheit». Sein Wunsch nach dem *Or Ein – Sof,* dem Licht des Unendlichen, ermöglicht es diesem Menschen bereits jetzt, dessen ersten Schimmer zu empfangen. Er lebt in der sofortigen Nähe Gottes und deswegen *ist* Gott für ihn der *Olam HaBa.* Er lebt bereits beinahe in Gott, und Gott hat seine Wohnung in ihm, die Schechina ist in ihm gegenwärtig.

Somit kann die Zeit, die von der Ewigkeit abgetrennt ist, zu der sie gehörte, durch die Thora und die Mizwot geheiligt werden und zu ihrer Quelle zurückkehren. Sie kehrt zurück, um sich in der Ewigkeit zu verlieren und um Ewigkeit zu werden.

Nadab und Abihu, die Söhne Aarons, «starben vor Gott»

Der Mensch der *Deiweikut* muß sich mit diesem irdischen Vorgeschmack des himmlischen *Olam HaBa* zufriedengeben. Er muß in dieser Welt «aufrecht», «im Aufbruch» und «am Werk» leben, indem er die Fülle der höheren Welt erwartet, in der die «Gerechten sitzen und zugleich im Aufbruch befaßt sind und von dem Strahlen der Schechina, der Herrlichkeit der Gegenwart Gottes, überflutet werden». Hier unten muß sich der Mensch der *Deweikut* mit dieser Nähe Gottes zufriedengeben. Sie ist die Quelle seiner Meditationen über Gott und aller seiner Tätigkeiten für Gott. Sie erlaubt ihm, in Gott *gesammelt* zu *sein,* indem er dazu gedrängt wird, «zur Ehre Gottes» zu *arbeiten*. Der Mensch empfängt also durch diese Nähe Gottes das Gute, das er hier unten erkennen kann. In seinen Psalmen hat der König David diese *Deweikut* mit den Worten besungen: «Dir nahe zu sein ist meine Freude!» (Ps. 73,28).

Für den nach Gott hungernden Menschen ist eine solche *Deweikut* dennoch zu begrenzt und kann diesen nicht erfüllen. Seine Seele ist bestrebt, von dem Leib befreit zu werden, in dem sie sich gefangen fühlt. Sie wünscht brennend, sich mit der Göttlichkeit zu vermischen. Aber das ist ihr hier unten nicht erlaubt.

Nach den Kabbalisten ist es Nadab und Abihu, den Söhnen Aarons, nicht gelungen, in die Göttlichkeit einzutreten: «sie starben *vor* dem Ewigen». Ihre Seele brannte von der Liebe zu Gott und dennoch wurden sie bestraft, weil sie versucht hatten, die Grenzen für die Bekundungen ihrer Liebe zu Gott hier unten, welche ihnen auferlegt waren, zu überschreiten. «Da sie dem Ewigen ein fremdes Feuer brachten, *Eisch Sara,* das er ihnen nicht geboten hatte, fuhr ein Feuer aus von dem Ewigen und verzehrte sie» (Lev. 10,1–3). Der *eisch Sara,* den diese Söhne Aarons vor dem Ewigen boten, wurde wie ein «fremdes Feuer» beurteilt, denn was sie dadurch zu erhalten suchten, war ihr persönliches Heil, das dem von Gott gegebenen Befehl «fremd» war. Aber Gott berücksichtigte den eigentlichen Wert ihrer Tat: sie starben, (aber) *«vor* dem Ewigen». Und Gott sprach: «Ich erzeige mich heilig an denen, die *mir nahe* sind und vor allem Volk erweise ich mich *herrlich*». Gott ist hier unten von dem Menschen, der sich ihm nähert, aber *«vor dem Volke»* «geheiligt», also «verherrlicht». Der Mensch, der versucht, sich Gott mehr zu nähern als ihm erlaubt ist, und das wegen seines eigenen Heils, verschwindet von dieser Welt. Sicherlich, es hat Ausnahmen gegeben: Menschen, deren Seele nach dem «lebendigen Gott» dürstete, und zwar so sehr, daß sie ihre eigenen physischen und geistigen Bedürfnisse und diejenigen ihresgleichen außer acht ließen. Diese Seelen sind zu Gott «aufgestiegen», aber Gott selbst hat diese «Aufstiege» bewirkt. Somit «wandelte Hanoch (nur) mit Gott (und nicht mit den Menschen), dann ward er nicht mehr gesehen, denn *Gott nahm ihn hinweg»* (Gen. 5,22–24). So wie Elias, den «Gott in einem Wirbelsturm in den Himmel *aufsteigen ließ»* (Reg. II, 2,1), dies aber erst, nachdem der Prophet seine Aufgabe auf der Erde erledigt hatte. Dank der Tat Elias, fiel «das ganze Volk auf das Gesicht und rief: ‹Der Ewige ist Gott! Der Ewige ist Gott!›» (Reg. I, 18,39).

> *Gegen ihren Willen wird die Seele auf die Erde gesandt, um dort mit dem Leib vereint die Thora und die Mizwot zu befolgen. Ist ihre Aufgabe erfüllt, kann sie in die höhere Welt durch ihre «zivilisierende» Tätigkeit bereichert «aufsteigen».*

Wie wir gesehen haben befiehlt Gott dem Menschen, dem es «im Laufe» gelungen ist, den Gipfel der kontemplativen *Deweikut* in Gott zu erstürmen und in die höhere Welt einzutreten, zu ihm, zu den Menschen, «zurückzukehren» und ohne Verspätung auf die «Welt der Handlung» zurückzukommen, um dort nach dem Willen seines Schöpfers zu handeln, welcher in der Thora und den Mizwot offenbart ist.

«Vier» große Meister der talmudischen Epoche «sind in das Paradies», in den Garten der mystischen Kontemplation, der mystischen Spekulation, «eingedrungen», um dort eine totale *Deweikut* zu erleben. Doch nur einer von ihnen, Rabbi Akiba, «trat dort in Frieden ein und verließ es in Frieden». Er, der Mann des mystischen Glaubens und des unerbittlichen Gesetzes, trat dort in Frieden ein, weil er sich mit der Thora ausgerüstet hatte, die ihn rasch die großen Gefahren lehrte, und mit den Mizwot, die er sehr treu befolgt hatte. Aber er zögerte nicht, den Ort alsbald in Frieden zu verlassen, um sein Werk fortzusetzen und als Beispiel für seine zahlreichen Schüler zu dienen. Für die Kameraden des Rabbi Akiba war diese heikle Erfahrung der *Deweikut* vernichtend. Sie traf einen von ihnen im Leben, er starb; und einen anderen in seiner Vernunft, er verlor seine geistigen Fähigkeiten; und den dritten in seinem Glauben, er wurde zum Häretiker. Sie waren nur «in das Paradies eingetreten», um die Schechina «zu betrachten», ihre

Blicke von der Herrlichkeit der göttlichen Gegenwart zu «erfüllen» und über die Mysterien des Ursprungs der Welt, über das Mysterium der göttlichen Taten, «Spekulationen» anzustellen, indem sie ihre intellektuelle Neugierde befriedigten. Sie dachten nicht mehr an das, was sie sich und vor allem ihren Anhängern in der Welt der Handlung, ihren in dieser Welt verbliebenen Getreuen, schuldig waren. Sie meinten, ihre Seele sei von dem göttlichen Licht erfüllt und ihre Augen vom göttlichen Strahlen und wähnten sich bereits vom «Joch der Mizwot», von dem Zwang des Gesetzes, befreit, von denen allein «die Toten befreit sind».

Also ist die Seele gegen ihren Willen auf die Welt gesandt, um dort mit dem Leib vereinigt, die Thora und die Mizwot zu erfüllen. Entfernt von dem Ort ihrer Glückseligkeit «steigt» sie in diese Welt «hinab». Ist ihre Aufgabe erfüllt, kann sie bereichert durch ihre hier unten im Lichte der Thora und mit Hilfe des Leibes erfüllte «zivilisierende» Tätigkeit in die höhere Welt «aufsteigen». Mit «Verdiensten» beladen, wird die Seele in der höheren Welt einen höheren Platz einnehmen als vor ihrem «Absteigen» in diese Welt. Sie wird dafür «entschädigt», daß sie die Mizwot, die meistens materieller Ordnung sind, erfüllt, indem sie den Leib lenkt und diesen «reinigt». Diese Seligkeit wird sie dann bei ihrem Schöpfer erfahren. Diese ist sicher eine Gabe, aber auch eine Entschädigung für ihre Bemühungen, den Willen Gottes während ihres irdischen Aufenthaltes erfüllt zu haben. Vor ihrem Aufenthalt hier unten war das Glück, das sie erfuhr ganz umsonst, und nur der einzigen Großmut des Schöpfers zu verdanken. So spürte sie wegen dieses Glücks eine gewisse Peinlichkeit, weil sie nicht dafür «gearbeitet» hatte, um sich dessen würdig zu erweisen. Aber dieser neuen Seligkeit, die der Schöpfer ihr bietet, fühlt sich die Seele würdig.

Dieser «Abstieg hat im Hinblick auf einen Aufstieg stattgefunden».

Der Zaddik, *der «Gerechte». Der «Abstieg» seiner*
Seele auf die Erde fordert von ihm eine intensivere
«Arbeit».

Der Fall des Zaddik, des «Gerechten», läßt sich im wesentlichen nicht von demjenigen eines jeden jüdischen Gläubigen unterscheiden, wenn es um den «Abstieg» und den «Aufstieg» der Seele geht, auch wenn es dem *Zaddik* gelingt, die *Alijat Neschama,* den «Aufstieg der Seele» zu erleben, wenn auch wohl unvollkommen, so doch viele Male während seines irdischen Lebens.

Der *Zaddik* vernichtet sich hier unten vor Gott. Er betet Gott mit Eifer an und dient ihm mit Treue. Er «macht ihn» unter den «Menschen bekannt»; denn das Beispiel seines Verhaltens hilft durch die Befolgung der Mizwot, durch das Studium der Thora – das er ohne zu zögern, zu «seinem Beruf» macht – seinesgleichen, «Gottes Namen zu lieben».

Doch wegen der besonderen Wichtigkeit seines Auftrages, der außergewöhnlichen Reinheit seiner Seele und seines Leibes, fordert der «Abstieg» seiner Seele auf die Erde, seine *Jerida,* von ihm eine «Arbeit», eine intensivere *Awodat HaSchem.* Seine *Alija,* sein Aufstieg, der letzte Aufstieg seiner Seele, wird daher besonders «kostspielig» sein. Er kann nur stattfinden, wenn die Aufgabe des *Zaddik* erfüllt ist. Bei den *Bnei alija,* den «geistig gehobenen Menschen», kann sich diese endgültige *Alija* eher als bei den anderen Gläubigen einstellen, also nach einer relativ kurzen Zeitspanne des Lebens hier unten (das war zum Beispiel der Fall bei Rabbi Bon, bei Rabbi Jitzchak Luria). Das heißt, daß sie ihre *Awodat HaSchem,* ihren «Dienst des Namens», ihre *Awodat HaKodesch,* ihre «Arbeit der Heiligkeit», ohne Zeit zu verlieren in der Tiefe und in aller Intensität erfüllt haben.

Der Zaddik *weckt die Seele seiner Getreuen und
bringt diese zu ihrer Wurzel zurück. Er entfernt die
«Schleier», die die Sünden der Menschen zwischen
ihnen und ihrem Schöpfer gewebt haben. Der Unterschied zwischen der* Deweikut *der Juden und
der* unio mystica *der Nichtjuden.*

Rabbi Akiba ist «in Frieden» aus dem herrlichen «Paradies»
der höchsten *Deweikut* «gegangen»; er hat es «in Frieden verlassen», um dieser Welt eine Botschaft des Friedens zu bringen und um die Menschen in dieser materiellen Welt in Übereinstimmung mit den Forderungen der Thora und der Mizwot
zum Handeln zu bringen.

Wie Rabbi Akiba, kommt der *Zaddik,* nachdem es ihm
gelungen ist, die höchste Sprosse der Leiter des *Razo,* seines
«Laufes», zu erklimmen, die ihn zur höchsten *Deweikut* geführt hat, wieder nach hier unten zurück und «erniedrigt» sich
sogar zum Niveau seiner Getreuen, um diese besser verstehen,
sie besser führen zu können. Aber während des *Razo,* während seines «Laufes», ist sein Leib von dem göttlichen Licht
durchdrungen worden und transparent geworden. Er ist verklärt worden, weil er diese höchste, kontemplative und medi-
tative *Deweikut* ausgehalten hat. Aus diesem Grunde wird der
Zaddik es beim *Schow,* bei seiner «Rückkehr», trotz seiner
«Erniedrigung», unternehmen, seine Getreuen durch eine
HeAra, eine Arbeit der «Erleuchtung», zu «erleuchten», zu
«reinigen» und zu vergeistigen. Er wird deren «göttliche
Seele» erwecken (die deren «animalische Seele» reinigen
wird), diese erhöhen, sie zu ihrer höheren Wurzel – je nachdem wohin eine jede Seele ursprünglich gehört – zurückführen. Der *Zaddik* entfernt also die «Schleier», die die Sünden
der Menschen zwischen ihnen und ihrem Schöpfer gewebt haben und die sie von ihrem Gott «trennen». Der *Zaddik* hilft
seinen Getreuen, die sich auf den *Darkei Teschuwa,* den «Wegen der Umkehr», zu Gott hinbewegen. Er hilft ihnen – je
nach deren Fähigkeiten und Verdiensten – «sich ihrem himmlischen Vater» zu nähern. Er führt sie zu der Welt dort oben, in
der er selbst vorübergehend gewohnt hat, und aus der sein

Gott ihn «ausgerissen» hat, um ihn in diese Welt zurückzu-
schicken. Er muß seine Aufgabe hier unten «zugunsten Gottes
und der Menschen» in Übereinstimmung mit den Vorschriften
der Thora erfüllen. Um diese Aufgabe jedoch erfüllen zu können, muß er der Welt dort oben, wo er sich aufgehalten hat,
sehr nahe bleiben. So wie Adam, der vor seiner Sünde die
Erde mit dem Himmel verband, wie Jakob, der in seinem
Traum eine Leiter sah, die die Erde mit dem Himmel ver-
knüpfte, verbindet der *Zaddik* die untergeordnete Welt mit
der übergeordneten Welt.

Es ist daher passend, nochmals den Unterschied zu unter-
streichen, der zwischen der *Deweikut* der Juden und der *unio
mystica* der Nichtjuden besteht. In der jüdischen *Deweikut*
sind die kurzen kontemplativen, meditativen und sogar zur
Spekulation Anlaß gebenden Phasen nur vorbereitende Etap-
pen für den langen Weg der Handlung, die die *Deweikut* ins
Unendliche verlängert. Die *unio mystica* wird im allgemeinen
als ein Zustand der Immobilität, ja, beinahe des Unbewußt-
seins, bezeichnet, die sich in sich selbst und für sich selbst, für
das Glück desjenigen, der diese erfährt und in dieser sein
eigenes Heil sucht, verwirklicht. Sie ist eine Exstase, die den
Menschen von der äußeren Welt trennt, und der in dieser
seine Erfüllung findet. Doch ist die *Deweikut* kein Zustand.
Sie ist ein Prozeß, der auf konkrete Weise auf das geistige und
materielle Wohlergehen der anderen und nicht auf das persönliche Glück desjenigen ausgerichtet ist, der diese erlebt. Doch
dieses für die anderen angestrebte Wohlergehen greift auf den
Menschen der *Deweikut* selbst über.

Der «Anschein» dieser Welt ist nicht wie eine Illu-
sion zu verstehen, die zum Pessimismus führt. Die
Thora fordert vom Menschen nicht, sein natürli-
ches Leben zu verachten, sondern sie will, daß er
diesem einen Sinn gibt, es über die einfache Natur
hinaushebt. Der jüdische Mensch «heiligt sich
durch das, was ihm erlaubt ist».

Beim *Schow* betrachtet der Mensch der *Deweikut* diese Welt
und alles, was sie enthält, nicht wie einen einfachen «Anschein», er verachtet auch nicht den menschlichen Körper, als
sei er unwiederbringlich verdorben. Gerade in dieser Welt des
«Anscheins» ist der Jude aufgerufen, die Mizwot zu erfüllen,
indem er dazu das benutzt, was Gott geschaffen hat. Der Jude
muß diese Welt des «Anscheins» durchlaufen, um zu ihrer
«Innerlichkeit» vorzudringen, in der sich ihre «göttliche Vitalität» verbirgt. Der Jude muß diesen Leib «aus Fleisch und
Blut» achten und vergeistigen und diesen daher an seiner
Awodat HaSchem teilnehmen lassen.

Wenn diese Welt als Welt des «Anscheins» eingestuft wird,
als Welt der «Lüge», so deswegen, weil sie so im Vergleich zu
Gott scheint, der sie erschaffen hat und weil sie nur durch Gott
existiert, der allein *ist* und der allein wahr ist. In diesem Sinne
kann die Welt als ein *Zel*, als ein «Schatten» (aber ein «Schatten, der sich von einem hellen Grund abhebt»), von den jüdischen Philosophen angesehen werden, und zwar seit Philon,
Maimonides und den jüdischen Mystikern bis hin um Gaon
von Wilna und seinem Zeitgenossen, Rabbi Schneur Salman
von Liady. Der «Anschein» dieser Welt soll nicht – wie in der
Lehre Buddhas und in der Philosophie Schopenhauers – als
eine Illusion verstanden werden, die zum Pessimismus führt.
In den Augen des Juden ist die Welt eine scheinbare *Realität;*
sie ist die «göttliche Kleidung», die licht und transparent ist,
und die der König David in seinen Psalmen besungen hat; sie
ist ganz von einer «göttlichen Vitalität» durchdrungen, aus der
sich Kosmos und Mensch nähren...

Was den menschlichen Leib angeht, so enthält er nicht das
Böse an sich, auch wenn er zu diesem neigt. Die physischen,

materiellen Vergnügen, zu denen ihn seine Sinnlichkeit bringt, können – je nach dem, ob der Mensch diese in Übereinklang mit der Thora und den Mizwot spürt – eine Quelle des Guten oder des Bösen werden. Der Leib ist ebenfalls zur *Awodat HaSchem* aufgerufen. Seine Teilnahme ist sogar unerläßlich. Er verstärkt die Vitalität und die Mobilität der *Awodat Ha-Schem*.

Der Leib muß in seiner herrlichen Struktur geachtet werden, denn dieser Mikrokosmos kondensiert symbolisch den ganzen Makrokosmos. Er muß besonders wegen seiner wunderbaren «Erscheinung» geachtet werden: er ist der *Zelem Elokim*, das «Bildnis Gottes» (Urheber des *Zel*, des «Schattens» der Welt), das der Leib in sich selbst verbirgt. Um dieses «Bildnis Gottes» aufzuzeigen, muß der Mensch sich dessen bewußt sein und sich dessen würdig zeigen. Der menschliche Leib ist eine herrliche Schöpfung Gottes; Gott macht diesen fähig, ihm zu dienen. Wenn er Gott gedient hat, wird er wieder zu Staub und dort völlig gereinigt, denn Gott verheißt ihm die Auferstehung.

Aus diesem Grunde sind die Regeln, die man die Regeln der jüdischen Askese zu nennen versucht ist, nur gemäßigte Verhaltensnormen, die auf der Thora und den Mizwot beruhen und die darauf abzielen, den jüdischen Menschen zu einem bestimmten Grad der «Heiligung» zu erheben. Doch ist dem jüdischen Gläubigen gesagt: «Heilige dich durch das, was dir erlaubt ist!» Die Thora erlaubt – fordert sogar – sein Leben durch Mittel zu heiligen, die es auch entheiligen könnten. Das Leben selbst, so wie der Schöpfer es dem Menschen gegeben hat, ist gut. Die Verantwortung des Menschen und dessen Verdienst – wenn er dieser treu bleibt – liegt darin, das Leben rein zu halten und es niemals zu beschädigen.

Die Thora verlangt vom Menschen nicht, sein natürliches Leben zu verachten. Sie verkennt die Bedürfnisse seines Leibes nicht; sie befiehlt dem Menschen nicht, diese zu unterdrücken, sondern sie will ihnen eine Richtung, einen Sinn, ein Ziel geben, die sie über die einfache Natur hinausheben. Die Thora möchte die physische Natur des Menschen durch dessen Gehorsam gegenüber den Mizwot zu einer höheren geistigen

Natur erheben. Weit davon entfernt, vom Menschen zu verlangen, die Bedürfnisse seines physischen Lebens aufzugeben, fordert sie von ihm, diese zu befriedigen. Doch soll er diese in Übereinstimmung mit der «Thora des Lebens» befriedigen, die allem Aufmerksamkeit schenkt, was mit dem täglichen Leben des Menschen und mit den «leuchtenden Mizwot» zu tun hat, die den Menschen bei der Benutzung der Dinge hier unten erleuchten. Die Befriedigung der Bedürfnisse des physischen Lebens sind in sich selbst eine *Mizwa* und die Erfüllung dieser Mizwa führt zur *Heiligkeit,* zu der *Keduscha.* Somit «heiligt sich» der jüdische Mensch «durch das, was ihm erlaubt ist».

Die jüdischen Mystiker, die sich am meisten der Askese gewidmet haben, haben stets die Vorschriften der Halacha, des jüdischen religiösen Gesetzes, geachtet, die das materielle und geistige tägliche Leben des gläubigen und praktizierenden Juden regeln.

Darum hat die jüdische Askese niemals zu klösterlichen Orden geführt. Wenn die Kabbalisten sich auch manchmal in «Gesellschaften» gruppiert haben, haben sie niemals Institutionen gegründet. Sie haben immer «inmitten ihres Volkes», unter den Menschen, gelebt und gehandelt, auch wenn sie sich von diesen durch ihre geistige Erhöhung unterschieden haben.*)

---

*) Als Rabbi Schimeon bar Jochai, der große Mystiker des 2. Jahrhunderts, aus der Grotte kam, in der er während mehrerer Jahre gelebt hatte, sah er Menschen, die mit dem «Leben der Stunde» beschäftigt waren, sich den zeitlichen Geschäften hingaben und die die Dinge des «ewigen Lebens» vernachlässigten. Daraufhin warf er ihnen einen feurigen Blick, einen verzehrenden Blick, zu. Alsbald befahl ihm ein himmlisches Echo, in «seine Grotte» zurückzukehren, um «die Welt» Gottes «nicht zu zerstören»...

Die Sorge des Zaddik *betrifft die Beziehungen der Getreuen zu Gott, seiner Thora und seinen Mizwot. Er ist bestrebt, seine Aufgabe zu erfüllen und dadurch «seinen Schöpfer zu erfreuen». Die Freude Gottes besteht darin, seinen Geschöpfen Gutes zu tun.*

Im allgemeinen strebt der Mensch der *unio mystica* auf das Heil zu; er befreit sich von allen irdischen Zufälligkeiten und könnte daher als aller Pflichten gegenüber sich selbst und dem Nächsten enthoben betrachtet werden. Es gibt jedoch Beispiele von Mystikern, die sich, wenn sie die *unio mystica* erreicht hatten, mit viel Hingabe für die Menschen, für die Geschöpfe Gottes, eingesetzt haben. Für den Menschen der *unio mystica* heißt in der Fülle zu existieren, nicht mehr zu existieren.

Meistens fühlt sich der *Zaddik* stärker mit seinen Getreuen verbunden, wenn seine *Deweikut* tiefer geht. Durch die *Deweikut* «befreit» er sich von seiner «Individualität», von seinen persönlichen Besonderheiten. Er ist nicht bestrebt, jetzt schon sein eigenes Heil zu erlangen. Übrigens kann der Mensch seines Heils – solange er hier unten lebt – niemals sicher sein; denn «vielleicht» wird er im letzten Augenblick seines Lebens sündigen, wie es der Fall für Jochanan Kohen Gadol war. «Denn es ist kein *Zaddik* auf Erden, daß er nur Gutes tue und nicht sündige» (Ekkl. 7,20). Die Exegeten bemerken zu diesem Vers des Buches des Predigers, daß sich auch ein egoistischer Gedanke in den Geist des *Zaddik,* der gut handelt, einschleichen kann. Die erste Sorge des *Zaddik,* der sich der *Deweikut* widmet, bezieht sich auf die Beziehungen seiner Getreuen zu Gott, zu Gottes Thora und Gottes Mizwot. Er verläßt seine hier unten begrenzte «Individualität», um sich auf die unbegrenzte «Allgemeinheit» dort oben zu richten, die das Ganze umfaßt. Er trägt somit der Gesamtheit des Volkes Israel und sogar der ganzen Welt Sorge. Er fühlt die Pflicht, für deren Erlösung aus dem materiellen oder geistigen Exil zu «arbeiten», an dem sie Gefallen finden, und den Weg für deren Rückkehr zu Gott, ihrem Schöpfer, zu glätten.

Somit bemüht sich der *Zaddik,* der durch den *Schow* in die

Welt der Handlung eintritt, durch die *HaMschacha* die Segnungen auf diese Welt zu «lenken», die er in den hohen Sphären der höchsten *Deweikut* gesammelt hat. Er arbeitet, um diese in der Fülle auf Israel und auf die Menschheit sowie auf alle Geschöpfe Gottes herabkommen zu lassen.

Intim mit Gott vereinigt und die *Deweikut* in ihrem höchsten Grad der Konzentrierung und ihrer täglichen Verlängerung erlebend, wünscht der *Zaddik* weder hier unten noch in der da kommenden Welt eine Belohnung. Übrigens ist keinerlei göttliche Entschädigung vorstellbar oder von unseren Sinnen erfaßbar, denn Gott läßt uns diese hier unten nicht zuteil werden, auch, weil er unseren freien Willen intakt halten will: «Er hat dort oben seine große Güte denen verborgen, die ihn fürchten» (Ps. 31,20).

Der *Zaddik* sucht einzig seine Aufgabe zu erfüllen und dadurch, wie durch eine jede Mizwa, die er befolgt, seinen Schöpfer zu erfreuen. Die Freude Gottes besteht darin, seinen Geschöpfen Gutes zu tun. Indem er weiß, daß Gott die Welt erschaffen hat, um seine Geschöpfe ganz von den «Früchten» seiner Güte zu erfüllen, wünscht der *Zaddik* Gott zu «helfen» – wenn man sich so auszudrücken wagt – seinen «Wunsch» zu erfüllen. Er drückt seinen «Wunsch hier unten» vor allem durch das Gebet aus, damit sich der «Wunsch dort oben» erfüllen möge. Damit Gottes Wunsch erhört werden kann, «benötigt» Gott – wenn man es so zu sagen wagt – die Wünsche des Menschen, des *Zaddik,* die gegen die Höhen aufsteigen. Er erwartet, daß der Mensch die Zeichen zu erfassen und die «Früchte» seiner Güte zu empfangen wünscht. Er erwartet, daß der *Zaddik* die Herzen seiner Getreuen vorzubereiten wünscht, damit sie zu «Gefäßen» werden, die würdig sind, Gottes Segen zu empfangen. Das offenbart uns die Bibel in dem Buch der Genesis: «Denn der Ewige hatte noch nicht regnen lassen auf Erden und kein Mensch war da, der das Land bebaute. Aber (als) ein Nebel (das *Gebet*) *stieg auf* von der Erde und (es) feuchtete alles Land» (Gen. 2,5–6). Wenn das Gebet des Menschen *aufsteigt,* ist der *Regen* des Segens bereit, *herabzusteigen,* um «die Erde zu befeuchten».

«Der Heilige, gesegnet sei er, wünscht die Gebete der *Zadidim,*» bestätigen der Talmud und der Sohar.

So wie Gott den *Kohanim,* den «Priestern», die Mizwa gegeben hatte, um «die Kinder Israel zu segnen», damit Gott – durch ihre Segnung gerufen – «sie segne» (Nu. 6, 23,27), bittet Gott den *Zaddik,* das Volk zu segnen.

An den «Tagen des Messias» wird die Schöpfung
der Welt gänzlich von ihrer Zweckbestimmtheit
erfaßt sein: das, was materiell ist, wird geistig
werden.

Der *Zaddik* arbeitet, um das Kommen des *Gilui,* der «Offenbarung», der «Bekundung» der göttlichen Güte in ihrer Fülle und Herrlichkeit zu beschleunigen.

Der *totale Gilui* wird in den messianischen Zeiten stattfinden. Dann wird der Mensch Gott, der «gut ist und Gutes tut» «segnen», «erkennen» und «danken». Dann wird das «Antlitz» seiner Güte nicht mehr «verborgen» sein. Seine Güte wird «enthüllt» und «sichtbar» für die Augen der Geschöpfe werden. Sie wird in ihrem ursprünglichen «ersten» Lichte erscheinen wie in den Zeiten der Schöpfung der Welt. Der Blick des Menschen kann den Glanz dieses ursprünglichen Lichtes nicht ertragen, und somit hat der Heilige, gesegnet sei er, es für die *Zaddikim* bis zu den kommenden Zeiten verborgen. Bis zu den messianischen Zeiten werden ihre Schimmer allein in den Seelen der *Zaddikim* einer jeden Generation und in den Buchstaben der Thora glänzen, die sie Tag und Nacht studieren. «In den da kommenden Zeiten», wenn sein Volk, Israel, nur aus *Zaddikim* bestehen wird, wird Gott dieses Licht aus dem Ort entlassen, an dem er es verborgen hielt, und die ganze Welt damit erleuchten. Diese Welt hier unten wird erneut erhellt und geistig sein, wie in den ersten Stunden des Universums und der menschliche Leib, das «Fleisch», wird «gereinigt» sein, durchscheinend werden und erneut mit den «Kleidern des Lichtes» angetan sein. «Denn die Herrlichkeit des Ewigen soll offenbart, bekundet – werden *WeniGla* – und alles Fleisch

– *bassar* – soll sie sehen. . .» (Jes. 40,5). «Sie werden mit ihren *Augen*, den Ewigen nach Zion einziehen sehen. . . (Jes. 52,8). «Die Sonne soll nicht mehr dein Licht sein am Tage und der Glanz des Mondes soll dir nicht mehr leuchten, sondern der Ewige wird dein ständiges Licht sein und dein Gott wird dein Glanz sein» (Jes. 60,19).

Da der Mensch gesündigt und dadurch die Welt verdorben hat, wird er «*vage die* Stimme Gottes *hören,* der sich im Garten erging», in dieser Welt (Gen. 3,8). Um seine Sünde «wieder gutzumachen» und die beschädigte Welt «wieder einzusetzen», wird er «Gott *aufmerk*sam zu*hören*», «seiner Stimme», seinen Geboten, dank seines «geistigen Gehörs» «gehorchen» müssen. Erst dann wird der Mensch Gott in seiner ganzen Klarheit durch seine geistige *Sicht* erfassen können.

«Er wird das sehen, was er hören wird und das hören, was er sehen wird», wie in den Zeiten der Offenbarung auf dem Sinaï, in der «alles Volk die Stimme sah» (es sah, so sagt der Sohar Chadasch, «die Buchstaben des Dekalogs, die» aus diesen Stimmen «hervorgingen»). . .

Die Offenbarung auf dem Sinaï ist deutlich mit den eschatologischen Zeiten verbunden: der Dialog öffnet sich durch Zurückerinnerung an den Exodus «aus dem Ägypterland, dem Haus der Sklaverei», und dieser Exodus zeichnet den Exodus aus dem künftigen «Exil» vor. Die Offenbarung auf dem Sinaï ist mit den messianischen Zeiten verbunden: die «Gabe der Thora» bezeugt, daß die unheilvollen Auswirkungen des «Schandflecks der Sünde» vorläufig aufgehört haben, da diese durch ein *Tikkun* repariert worden sind. Die materielle Schöpfung der Welt hätte bei der Offenbarung auf dem Sinaï abgeschlossen sein sollen, da sie von nun an geistig im Dekalog «begründet» ist. Auf dem Sinaï sind die Thora und die Mizwot, die für das Heil der Welt notwendigen Instrumente, offenbart und verkündigt worden, und dort hat somit die Vorbereitung auf die messianischen Zeiten begonnen.

An den «Tagen des Messias» wird die Schöpfung der Welt ganz ihre Zweckbestimmtheit erreicht haben. Das Gute wird von dem Schlechten getrennt, und die schlechten Dinge werden in gute verwandelt worden sein. Das Materielle wird geistig und das, was «außen», «verschwommen» ist, wird ausgelöscht und das, was «innerlich», «lichtvoll» war, wieder zu Tage treten.

Gott wollte *LeSakot,* Israel, mit der Thora und den zahlreichen Mizwot «beschenken». Durch die Achtung einer solchen Gabe, durch die treue Befolgung wird es Israel gelingen, die «Tage des Messias», eine *HisDakut,* eine «Reinigung», eine *HisDdakechut,* eine «Klärung», (indem es seine Kraft aus deren Wurzel: *Le Sakot* zieht), eine totale «Heiligung» erreichen.*)In diesen Tagen «wird» der Mensch, der durch sein «Verdienst» – *Sechut* – «ordentlich» – *Sach* – (wegen seines *Sechut*) – «rein», «klar», «klarsehend» geworden ist, «die göttliche Stimme sehen».

Gott ist der Schuldner Israels...

Ist es allein der *Zaddik,* der den Menschen, die Welt, dazu führen kann, Gott durch seine *Sicht* zu erfassen und seine Güte mit seinen *Augen* zu sehen? Ist es der *Zaddik* allein, der die göttliche Bekundung, den *Gilui,* in den messianischen Zeiten beschleunigen kann?**)

Sicherlich, in einer wüstenähnlichen Welt, die sich weigert, Gottes Stimme zu hören, muß der Schöpfer sich mit der Gegenwart eines einzigen *Zaddik* zufrieden geben, um die Welt

*) Wenn der Jude dabei ist, eine Mizwa zu erfüllen, spricht er den folgenden Segen aus: «Sei gelobt, Du, Ewiger, unser Gott, König des Universums, der du uns durch *deine Mizwot geheiligt* hast». Die aufrichtige Befolgung der Mizwot reinigt, vergeistigt und *heiligt* die jüdischen Gläubigen. Sie macht sie fähig, den Sinn einer jeden Mizwa zu durchdringen und sich demjenigen zu nähern, der seine Mizwot auf die Erde «gesandt» hat.

**) Wir lesen in den Psalmen Davids (115,16): «Die Himmel sind die Himmel des Ewigen, aber die Erde hat er den Menschensöhnen gegeben». «Warum hat er diese also den Menschensöhnen gegeben?» hat sich Rabbi Mendel von Kotzk gefragt. Darauf gab er diese Antwort: «Damit die Menschen die Erde zu den Höhen der Himmel erhöhen. Derjenige, dem das gelingt, ist wahrhaft ein *Zaddik!*»

hinsichtlich iher «Wiedereinsetzung» künftig am Leben zu halten, wie es geschrieben steht: «Der *Zaddik* aber ist die Grundlage der Welt» (Spr. 10,25).

Dennoch will der Schöpfer der Welt, der Urheber der Thora und der Mizwot, daß seine Königlichkeit von denjenigen angenommen werden möge, die «hier unten» sind, und daß sie hier unten eingesetzt werde. Doch genügt es nicht, daß seine Königlichkeit von einem einzigen Menschen anerkannt werde, so «gerecht» er auch sein mag. «Es gibt keinen König ohne Volk» und «wenn das Volk zahlreich ist, so zur Herrlichkeit des Königs» (Spr. 14,28). «Der Name desjenigen, der seine Majestät in den Himmeln verbreitet hat, sollte ebenfalls auf der Erde verherrlicht werden», und zwar durch das ganze Volk. Er sollte sogar auf der Erde noch mehr als in den Himmeln verherrlicht werden. Dieses *Zaddik*-Volk, das ausersehen ist, Gott zu dienen, die Herrlichkeit Gottes, *Schir El,* zu singen, ist *Isra-el.* «Gott hat dieses Volk für sich gebildet, damit es seine Herrlichkeit feiere, damit es sein Diener sei» (vgl. Jes. 43,21; 44,21).

Gott hat Israel als *Volk* die «Gabe der Thora und der Mizwot» gemacht. Er hat die Thora nicht offenbart, die Mizwot nicht in ihrer Gesamtheit «Personen», den «Erwählten», und auch nicht den «Vätern» der Hebräer, die diese dennoch der Welt offenbart haben, vorgeschrieben. «Am Tag (der Verkündigung der Thora auf dem Sinaï) ist Israel das Volk des Ewigen, seines Gottes, geworden» (vgl. Deut. 27,9). *Dann* hat Gott die Kinder Israels zu einem Volk gemacht und ihnen den Auftrag erteilt, für ihn «ein Reich der Priester – der Diener – eine heilige Nation zu sein» (Exod. 19,6), indem es die Thora hüte, indem es diese in die Welt trage und die darin enthaltenen Mizwot erfülle. (Sogar Mose hat «die Thora auf dem Sinaï» nur dank des Volkes Israel und damit er sie diesem «übergebe», erhalten).

Gott muß «König auf Erden» sein, wie er «König in den Himmeln ist». Israel, «Reich der Priester», der «Diener», breitet «Gottes Königlichkeit auf Erden aus», indem es Gott «dient». Gott hat diese *heilige* Nation «ausgezeichnet», um sie zum Modell dieses dienenden Volkes zu machen, damit alle Völker schließlich anerkennen, daß «der Ewige König auf der *ganzen Erde*» ist. Erst wenn Israel die «göttliche Königlichkeit auf Erden» erreicht haben wird, wird «die göttliche Königlichkeit in den Himmeln» vollkommen sein. (Die Engel selbst können Gott dort oben nicht «dienen», wenn Israel Gott nicht hier unten «dient»). Gott dankt Israel – wenn man es so auszudrücken wagt – für «die gütige Liebe, die es ihm bezeugt». Wenn Israel «meine Thora nicht angenommen hätte, wo hätte mein Reich dann bestanden», wie hätte es dann auf Erden erreicht werden können? Gott ist daher der Schuldner Israels...

Das Volk Israel ist nicht nur die Gesamtheit aller seiner Mitglieder, der Israeliten, die alle ihre eigene Persönlichkeit haben; es hat seine nur ihm zukommende Persönlichkeit.

Damit die Königlichkeit Gottes auf Erden eingesetzt werde, muß Gott über die menschliche Person wie über die Gemeinschaft herrschen. Er herrscht in dem Maße, in dem seine Thora und seine Mizwot geachtet werden. Die menschliche Person, die in ihrer Individualität betrachtet wird, kann allein die ganze Thora nicht vertiefen, deren Reichtümer nicht ausschöpfen, alle Mizwot nicht erfüllen und dabei den verborgenen Sinn einer jeden durchdringen. Einige Absätze der Thora (und ebenfalls einige Gebete) können nur in «Gemeinschaft» gelesen werden. Bestimmte Mizwot können nur durch die Gemeinschaft verwirklicht werden (insbesondere durch die Gemeinschaft als Nation, als Staat). Doch muß die Gemeinschaft dann Personen hinzuziehen.

Es besteht daher eine enge Beziehung zwischen den Israeliten, die Mitglieder des Volkes Israel sind, und dem Volke Israel, das diese umfaßt. Das ist noch zu wenig gesagt: es gibt eine Identifikation der Existenz, des Namens – die Person und das Volk nennen sich Israel – und sogar des Seins. Jeder Israelit ist durch seine Seele mit seiner geistigen «Wurzel in der höheren Welt verbunden»; das ganze Volk Israel ist durch seine Seele mit seiner geistigen «Wurzel« in der höheren Welt verbunden. Das Volk Israel entspricht hier unten der *Knesset Jisrael,* der geistigen «Gemeinschaft Israel» dort oben. Die Wurzeln der Israeliten und diejenigen Israels sind in der höheren Welt «vereinigt».

Somit ist daher das Volk Israel nicht nur die Gesamtheit aller Mitglieder, der Israeliten, die alle ihre eigene Persönlichkeit haben; es hat seine nur ihm zukommende Persönlichkeit. Diese Persönlichkeit des Volkes Israel hängt für ihre Erfüllung von der Persönlichkeit eines jeden Israeliten ab, und umgekehrt hängt die Persönlichkeit eines jeden Israeliten für deren Erfüllung von der Persönlichkeit des Volkes Israel ab.

Wenn somit ein einziger der sechshunderttausend Israeliten, aus denen das Volk Israel besteht und das fähig ist, die Thora zu empfangen, nicht auf dem Sinaï anwesend gewesen wäre, hätte die Thora nicht offenbart werden können.

Ebenso ist es, wenn ein einziger Buchstabe der Rolle der Thora, dem *Sefer Tora,* fehlte, so wäre sie nicht für die öffentliche vorschriftsmäßige Lesung während des Gottesdienstes zulässig. Jede israelitische Seele besitzt einen Buchstaben der Thora, die dem ganzen Volke Israel gegeben ist. Fehlt also ein Buchstabe, der eine jüdische Seele personifiziert, ist der *Sefer Tora passul,* er ist von dem «Fehler» befallen, der dennoch behoben werden kann. Es besteht zwischen der Thora und dem Volk Israel eine grundlegende, sogar ontologische Identität, denn alle beide waren in dem Denken des Schöpfers vor der Schöpfung der Welt und im Blick auf diese anwesend.

Der Israelit muß sich unter allen Umständen auf den Klal Jisrael *stützen. Er kann keine einzige Mizwa, ohne sich auf die «Gemeinschaft Israel» zu beziehen, befolgen, denn er könnte sie nicht allein erfüllen.*

Das Volk Israel ist also nicht einfach die «Gesamtheit» seiner Mitglieder, und der Israelit ist nicht einfach eine dem Volk Israel zugehörige Person. Denn diese beiden Einheiten hängen wegen ihrer Beziehung zu Gott voneinander ab; die eine und die andere existieren nur in Beziehung zu Gott, der die Thora gibt und die Mizwot vorschreibt. «Das Volk Israel ist nur dank der Thora ein Volk» und dank der Mizwot, die die Israeliten achten. Der Israelit ist nur dank der Thora und der Mizwot ein Israelit, deren unwiderlegbarer Wächter und Hüter Israel aufgrund des unveränderlichen Willen Gottes ist. Folglich muß der Israelit – wenn er «sich von der Gemeinschaft Israel entfernt – als einer betrachtet werden, der das göttliche Prinzip verleugnet», denn «die *Knesset Jisrael,* die «Gemeinschaft Israel, wird mit der *Emuna,* mit dem ‹Glauben›» identifiziert», so lehrt uns der Sohar.

Der *Klal Jisrael,* die *Gesamtheit* Israels ist ohne Sünde, wie geschrieben steht: «dein *ganzes* Volk ist ‹gerecht›» (Jes. 60,21), sogar wenn die Israeliten persönlich sündigen.

Unter allen Umständen muß sich der Israelit auf den *Klal Jisrael* stützen. Er kann keine einzige Mizwa, ohne sich auf die «Gemeinschaft Israel» zu beziehen, befolgen; denn er könnte sie allein nicht erfüllen. Der Maggid von Mezritsch besteht auf der Verwandtschaft, die zwischen dem (hebräischen) Begriff *Mizwa* und dem (aramäischen) Begriff *Zawta* besteht, der «Gesellschaft» bedeutet. Der Jude muß jede *Mizwa BeZawta,* «in Gesellschaft», «mit», «indem er sich verbindet mit...» befolgen. Er muß sich mit Gott einerseits und mit Israel andererseits verbinden, um in der Erfüllung der Mizwa Unterstützung zu finden: der *Jachid,* der Israelit «allein» – wobei die israelitische Person in ihrer Individualität genommen wird – ist aufgerufen, die Thora und die Mizwot *Jachad,* «gemeinsam», mit der Gemeinschaft Israel, «mit dem Stamm Israel», zu leben (vgl. Deut. 33,5). Bereits die Gebete sind im Plural formuliert. Gott billigt sie insbesondere, wenn er sie «in Gemeinschaft», mit seinen Religionsbrüdern, spricht. Der Jude allein könnte alle Mizwot nicht erfüllen, denn bestimmte betreffen die Juden, die sich in besonderen Lagen befinden. Um eine Mizwa zu befolgen, wird der Jude daher gezwungen sein, sich mit seinen Glaubensbrüdern «zu vereinen», denn «das was ihm fehlt, um eine Mizwa zu erfüllen, kann er bei einem anderen finden» und «das, was einem anderen für die Befolgung einer Mizwa fehlen kann, hat er vielleicht». Er stellt sich somit den anderen Juden zur Verfügung. In Wahrheit «sind Israel, die Israeliten, miteinander bei der Befolgung der Mizwot solidarisch». Aus diesem Grunde empfehlen die Kabbalisten dem Juden, der sich vorbereitet, eine Mizwa zu erfüllen, ein vorbereitendes Gebet zu sprechen, in dem er erklärt, daß er bereit sei, *diese* Mizwa «im Namen des *ganzen* Israels» zu erfüllen. Er bestätigt nicht aus Stolz «im Namen des ganzen Israels zu beten und zu handeln»; im Gegenteil, da er sich in seiner Demut nicht fähig fühlt, der religiösen Pflicht, die die Mizwa erfordert, allein und voll nachzukommen, stützt er sich auf das «ganze Israel». Genau der Mangel dieser Fähigkeit erlaubt es ihm, es zu tun, und er weiß, daß er sich auf «ganz Israel» berufen kann. Seinerseits kann er «ganz Israel» durch die Mizwot begünstigen, die er selbst erfüllt hat und die in die Gesamtheit der «ganz Israel» vorgeschriebenen Mizwot eingereiht werden.

Der Jude erklärt in diesem «vorbereitenden» Gebet noch, daß die Mizwa, die er bereit ist, zu erfüllen, «(potentiell) alle die anderen Mizwot enthält, die von dieser abhängen». Er erklärt sich ohnmächtig, diese in ihrer Gesamtheit zu befolgen; doch stellen die Mizwot selbst einen einheitlichen lebenden Organismus dar, der alle vielfältigen, doch vereinigten Aspekte des Lebens umfaßt. Aus diesem Grunde enthält die Mizwa, die er befolgen wird, eigentlich alle Mizwot. Es muß noch bemerkt werden, daß die Mizwot an ihrem Ursprung eine perfekte *Einheit* bildeten, denn sie wurden in einem einzigen Wort von demjenigen ausgesprochen, der sie auf dem Sinaï *gegeben hatte.* Und so bemerkt der MaHarScha*), sie erscheinen nur vor den Augen derer, die sie *empfangen,* nämlich der Kinder Israels in ihrer *Pluralität.*

---

*) Rabbi Schemuel Elieser Edels (1560–1631).

«Jeder Jude ist in einem jeden anderen Juden ge-
genwärtig». «Dieser andere Jude ist er selbst». Die
Israeliten und Israel bilden eine organische innerli-
che Einheit, *denn sie sind mit der* Einheit *Gottes,*
der Quelle ihrer Einheit, *verbunden.*

Zwischen dem Israeliten als Person und Israel als Volk besteht
daher eine aktive Interdependenz und mehr noch, eine exi-
stentielle Interpenetration. Die Kabbalisten lehren uns, daß
sich die Seele des jüdischen Volkes in der Seele eines jeden
Juden widerspiegelt und daß sich die Seelen aller Juden in der
Seele des jüdischen Volkes widerspiegeln. «Jeder Jude ist in
einem jeden anderen gegenwärtig»...

Somit erklären die Kabbalisten das Leiden, das der Jude
spürt, wenn ein anderer Jude leidet, weil er Jude ist: «dieser
andere (Jude) ist er selbst». Und Gott selbst «leidet mit (den
Israeliten) alle ihre Leiden»... «Und das Volk glaubte; es
verstand, daß der Ewige die Kinder Israels besucht – *pakad* –
hatte und er ihre Leiden gesehen hatte» (Exod. 4,31): *packad*
– ‹er hatte sie besucht›, was auch bedeuten kann: er hatte sich
ihnen als Pfand gegeben – *Pikadon!*» «Die Schechina, die
göttliche Gegenwart, weint, wenn die *Knesset Jisrael*», weil sie
Gott treu ist und weil sie trotz der Schicksalsschläge, die auf
sie herabhageln, jüdisch bleibt, «unterdrückt ist».

Die Israeliten und Israel bilden eine organische innere *Ein-*
heit, denn sie sind mit der *Einheit* Gottes, Quelle ihrer *Einheit,*
verbunden. «Du, du bist Ein, dein Name ist Ein und bist wie
dein Volk eines auf Erden! (Vgl. Sam. II, 7,23). «Die Schechina identifiziert sich mit der *Knesset Jisrael,* mit der Gemeinschaft Israel»; was bedeutet, daß die Gegenwart Gottes das
Volk Israel niemals verläßt, und daß diese Gegenwart dem
Israeliten innewohnt, wenn er «sich mit der Thora beschäftigt» und zwar durch das Studium und durch die Vertiefung
des Sinnes der Mizwot.

Aus diesem Grunde beginnt der Jude in dem «vorbereiten-
den» Gebet, das er vor Erfüllung einer Mizwa spricht, mit der
Bestätigung, daß dieses für den «Namen des *Jichud*», für die
Vereinigung» der Göttlichkeit, gesprochen wird, die die in-

nere «Vereinigung» des Israeliten und die innere Vereinigung Israels widerspiegelt, die in Gott durch die Thora und die Mizwot verwirklicht wird.

> *Das Volk Israel ist aufgerufen, die* Deweikut, *das intime Verwachsen mit Gott, auf dieselbe Weise wie jeder Israelit zu verwirklichen.*

Die *Deweikut,* das intime Verwachsen mit Gott, ist eine persönliche Erfahrung, die durch ihre Natur selbst nicht nur vom Israeliten, sondern vom ganzen Volk Israel erfahren werden kann.

«Israel» hat eine höchste, außerordentliche Form der *Deweikut* gekannt, als es «sein Zelt dort unten angesichts des Berges (Sinaï) aufgeschlagen hatte» (Exod. 19,2). «Es schlug sein Zelt auf» (und nicht: sie schlugen ihr Zelt auf) «wie ein einziger Mensch, wie ein einziges Herz». Da hat es seine Berufung angenommen, ein «Reich von Priestern», «von Dienern», zu sein und Ramban fügt hinzu: «um sich (durch die *Deweikut!*) mit dem heiligen Gott zu verbinden, wie Gott gesagt hat: ‹(Rede mit der *ganzen Gemeinschaft* der Kinder Israels): ihr sollt heilig sein, denn ich bin heilig (ich, der Ewige, euer Gott)›» (Lev. 19,1). Mose richtete sich, indem er von der *Deweikut* sprach, gleichzeitig an das Volk Israel und an die Israeliten, indem er Singular und Plural benutzte. Er sagte ihnen: «Und nun *höre,* Israel, die Gebote und Rechte, die ich euch lehre, daß ihr sie tun sollt, auf daß ihr *lebet...* Aber *ihr, die ihr* dem Ewigen, eurem Gott, *anhinget – HaDeweikim –* ihr lebt alle *heute* noch. Siehet, ich habe euch gelehrt Gebote und Rechte, wie mir der Ewige, mein Gott, geboten hat (Deut. 4,1,4–5).

Die Heiligkeit, die *Deweikut,* betrifft daher das *Volk* »Israel», «die ganze Gemeinschaft der Kinder Israels». Das Volk Israel ist aufgerufen, die *Deweikut* auf die gleiche Weise zu erleben, wie jeder Israelit: die *Deweikut* Israels muß auch *persönlich* sein; sie ist ebenfalls durch die Achtung der Mizwot erreicht und verlängert und führt zu einer immer treuer werdenden Befolgung.

*Durch den Dekalog wendet Gott sich an das ganze
Volk Israel und gleichzeitig einzeln an ein jedes der
Kinder Israels.*

Israel, Volk der Thora, und Israelit, Mensch der Mizwot, verbinden sich gemeinsam und einzeln mit ihrem Gott; sie helfen sich gegenseitig, um die Aufgabe würdig zu erfüllen, die Gott ihnen bestimmt hat; nämlich der Thora und den Mizwot treu zu bleiben und die Welt dank dieser Treue dem Heil zuzuführen.

Durch den Dekalog, das Wesentliche der Thora und der Mizwot, wendet Gott sich an Israel und dennoch verkündigte er seine zehn Worte in der «Wüste», auf einer Erde, die kein Volk besaß, keinen Menschen trug. Er wollte dadurch zeigen, daß er sie allen Völkern, allen Menschen der ganzen Welt, bestimmt hatte.

Durch den Dekalog wendet sich Gott an das ganze Volk Israel und geichzeitig an ein jedes einzelne der Kinder Israel. Die Stimme Gottes spricht zu allen und dennoch nimmt sie jeder nach seinen Fähigkeiten, diese zu verstehen, zu interpretieren und nach ihr zu handeln, persönlich wahr.

Das Volk Israel antwortet auf den Aufruf Gottes, aber auch jedes seiner Kinder verpflichtet sich, persönlich das, was Gott von ihm fordert, zu erfüllen: «Da antwortete alles Volk wie aus einem Munde: alle Worte, die der Ewige gesagt hat, *wollen* wir *tun*».*)

Jeder der am Fuße des Berges Sinaï anwesenden Israeliten hat sich die Forderungen der Thora zu eigen gemacht, «als wäre die Thora nur ihm gegeben», «als wäre sie nur für ihn», als wären die Mizwot nur für ihn allein vorgeschrieben worden.

Die Zeit der Offenbarung auf dem Sinaï, der Verkündigung der Thora und der Mizwot, war eine messianische Zeit; nämlich eine Zeit des *Gilui Schechina,* der «Bekundung der göttlichen Gegenwart unter den Menschen. Damit diese Ausgie

---

*) Exod. 24,3; vgl. ibid. 19,8 und 24,7 für den Plural, der anstelle des Singulars benutzt wird.

ßung der göttlichen «Gnade», der in der Thora und den Mizwot konzentrierten «Gnade», auf die Menschen stattfinden konnte, mußte das ganze Volk Israel und ein jedes der Kinder Israels persönlich anwesend und von einer aus Gottesfurcht und Gottesliebe entstandenen Freude erfüllt sein.

Die bei dieser Offenbarung von messianischer Reichweite gegebene Lehre wird seit diesem Tag bald abgelehnt, bald geachtet. Die Welt fällt und erhebt sich; aber trotz ihres, im Zickzack verlaufenden Weges, trotz der schmerzensreichen Schicksalswenden, schreitet sie auf das totale *messianische* Heil zu, denn das muß notwendigerweise kommen. Es ist der Tat selbst der ersten *Schöpfung* eingraviert.*) Die Zeit des Heils ist von dem Schöpfer vorgesehen worden und kann nicht umhin, sich zu erfüllen; doch kann der Mensch durch seinen freien Willen den Lauf der Geschichte beeinflussen und somit das Kommen des Heils, das die Welt braucht, «beschleunigen». Wenn der Mensch es wahrhaft verdient, kann er «die Tage des Messias *herbei kommen lassen*». Dann werden Israel und die Menschheit ihr Exil verlassen, dann werden sie «aus ihrer furchterregenden Gefangenschaft erlöst» sein und werden in der aus Gottesfurcht und Gottesliebe bestehenden Freude den *Gilui,* die «Offenbarung», der Güte Gottes und des Kommens seines Reiches feiern.

Jeder muß sich so betrachten, als sei er allein auf der Welt, und dann wird er die Aufgabe des Heils der Welt auf sich nehmen.

Gott ruft den Menschen auf, mit ihm, seinem Schöpfer, für die geistige «Festigung» und das Heil der Welt am Werk zu sein.

*) *Reschit,* der «Anbeginn» der Welt, wird in seiner Reinheit in den *Scheerit,* den «Resten» der Welt, wieder erscheinen, die die messianische Ära erlebt. *Reschit* und *Scheerit* verbinden sich miteinander (diese beiden Worte bestehen aus denselben Buchstaben, die unterschiedlich angeordnet sind).

Gleichwohl ist der Adam der Sünde dazu bestimmt, verklärt, um der Adam der Erlösung zu werden. AdaM: Adam, David, Maschiach.

Dieser Aufruf wurde nicht allein an Israel und die am Berge Sinaï versammelten Israeliten, sondern er wurde an jeden Juden persönlich gerichtet. «Jeder Jude, jeder Mensch, muß sich sagen: ‹Wegen der Liebe zu mir ist die Welt erschaffen worden›». Ich bin daher für ihr Heil verantwortlich und muß dafür arbeiten, indem ich die Thora und die Mizwot Gottes achte. Jeder muß sich betrachten, als sei er allein auf der Welt und dann wird er die Aufgabe des Heils der Welt auf sich nehmen. Jeder muß denken, daß ihm gesagt ist: «Es gibt keinen anderen Menschen als dich an dem Ort, an dem du dich befindest, bemühe dich daher, Mensch zu sein», auf dir liegt die Zukunft dieses Ortes. Bewegt, kann sich der Mensch dann sagen: «Ja, der Heilige, gesegnet sei er, hat nur mich auf dieser Welt und ich, ich habe nur ihn, an den ich mich wenden kann»...

Hillel (im 1. Jahrhundert), der für seine Güte und seine Demut bekannt war, brachte eines Tages diesen kühnen Gedanken zum Ausdruck: «Wenn ich – *ani* – ich hier bin, ist alles hier!» Er konnte sich so ausdrücken, weil er die ihm obliegende Aufgabe erfüllte, indem er sich auf denjenigen stützte, den der Sohar *Ani*, «Ich», nennt; nämlich auf Gottes Gegenwart «hier unten». Weil er im «Ich» Gottes begründet, verwurzelt, war, der einzig das wahre Ich ist, war das «Ich» Hillels wahrhaft groß.

Ein einziger Mensch kann die Welt «in einer einzigen Stunde» «zerstören», aber er kann auch «in einer einzigen Stunde» «die Welt erwerben» und sich auf die Welt dort oben vorbereiten. «Die ‹Rückkehr› der ganzen Welt zu Gott beginnt mit der ‹Rückkehr› eines einzigen Menschen zu Gott».

Der Mensch, «Adam, ist allein geschaffen worden», damit die Menschen wissen, daß ein einziger Mensch den «Fall» der Welt, «den Verlust der Welt», hervorrufen kann; aber auch ein einziger Mensch für die Aufrichtung der Welt arbeiten und diese neu «aufbauen» kann; ein einziger Mensch kann in «einer einzigen Stunde» die Welt zerstören, aber er kann «die

Welt auch in einer einzigen Stunde erwerben» und sich auf die Welt dort oben vorbereiten.*)

Es kann jedoch sein, daß der «allein» in Schweigen «sitzende» und über seine so prekäre Bedingung meditierende Mensch sich fragt: «Wer bin ich und was ist mein Leben? Wie kommt es, daß das Gewicht der Welt auf meine Schultern gelegt und ich gebeten worden bin, dieses ungeheure Werk, die Welt zu erretten, zu erfüllen?»

Wenn dieser «allein sitzende» Mensch «sich mit der Thora befaßt», die Thora studiert und die Mizwot erfüllt, die für das Heil der Welt notwendigen Instrumente, wird er eine tröstende Stimme wahrnehmen, die ihm sagen wird: «Hab Vertrauen zu dir! Gott, der dich gemacht hat, erkennt dich. Er fordert von dir nicht, was du nicht tun könntest. Betrachte dich in deinen eigenen Augen nicht wie einen ‹Bösen›».**) Er wird eine Stimme hören, die ihn wie folgt anfleht: «Sei ein *Zaddik,* ein ‹Gerechter›, und nicht ein *Rascha,* ein ‹Böser›! Du

*) Die Weisen Israels sagen aus, daß «Adam allein erschaffen wurde», damit keiner seiner Nachfahren behaupten könne, er sei edler als die anderen, und um den einzigartigen Wert eines jeden menschlichen Wesens und den diesem gebührenden Respekt hervorzuheben; denn jedes menschliche Wesen «gleicht der ganzen Welt».

**) «Betrachte dich in deinen Augen nicht wie ein ‹Böser›» Diese Aussage der Mischna fordert vom Menschen, sich nicht selbst zu verachten, seine Kräfte nicht zu unterschätzen, die stets in ihm sind, um ihm zu helfen, gut zu handeln.

Um diesem Rat der Mischna noch mehr Nachdruck zu verleihen, nimmt der Sohar den König David zum Beispiel: er, das demütige Sprachrohr, wandte sich in seinen Psalmen mit diesen Worten an Gott: «Bewahre meine Seele, denn ich bin fromm, *chassid*» (Ps. 86,2). Dennoch stellte diese Bestätigung seine Demut nicht in Frage...

Einige Kommentatoren haben hervorgehoben, daß in dieser Aussage der Mischna der Ausdruck *Bifnei Azmecha,* «vor dir», «in deinen eigenen Augen», auch heißen kann: «für dich selbst». Der Sinn dieser Aussage wäre dann derjenige, daß der Mensch, der nur für sich selbst lebt, ohne sich um andere zu kümmern, wirklich wie ein *Rascha,* ein «Böser», betrachtet werden kann. Diesem Menschen raten die Weisen: «Sei kein *Rascha,* kein ‹Böser›, indem du nur für dich selbst lebst!»

kannst ein *Zaddik* werden und wenn es auch auf der Erde keinen vollkommenen *Zaddik* gibt, du kannst ein ‹*Zaddik*› werden, der die ‹Grundlage der Welt› ist»... (Vgl. Spr. 10,25).

Diesem Juden, der wie wir gesehen haben, sich nicht für fähig hält, eine Mizwa zu erfüllen, ohne sich auf den *Klal Jisrael,* auf die «Gesamtheit Israels», zu stützen, wird das enorme Werk des Heils der Welt anvertraut. Der Talmud und der Sohar Chadasch lehren, daß die Sünden der ganzen Welt nur dank der «Rückkehr» eines *Jachid,* eines einzigen Menschen, zu Gott, vergeben werden können. Der Baal Schem Tow sagt genauer: «die ‹Rückkehr› der ganzen Welt beginnt mit der ‹Rückkehr› eines *Jachid,* eines einzigen Menschen». (In der Welt «ist der Mensch das Zeichen der Trennung und der Vereinigung». Der Mensch ist gleichzeitig von den anderen Menschen getrennt und mit diesen vereinigt, bemerkt Rabbi Nachman von Brazlaw, der Großenkel des Baal Schem Tow). «Jedes menschliche Wesen kann durch seine Taten die Waagschale der ganzen Welt zugunsten des Verdienstes» des Guten, des Heils, wiegen lassen, bestätigen die Weisen Israels.

Indem er Vertrauen zu sich selbst wiedergewinnt, indem er das ihm anvertraute Werk annimmt, wird der *Jachid* verstehen, daß die *Awodat HaKodesch,* die «heilige Arbeit», wirklich Trägerin des Heils sein kann. Sein Vertrauen wird so groß sein, daß er sich fragen wird: «Wann wird meine ‹Arbeit› derjenigen meiner Väter gleich sein?» Seine Väter – Abraham, Isaak und Jakob – waren wahrhaft «allein», um die Existenz des einzigen Gottes zu offenbaren und seinen Willen erkennen zu lassen, um «Seelen zu machen» (vgl. Gen. 12,5), also Seelen so zu formen, daß sie Gott suchen und sich in ihm verwurzeln möchten. Vorher haben sie sein Reich auf der Erde gefeiert. Es ist ihnen also gelungen, die ersten *«messianischen Lichter»* in dieser Welt zu verbreiten. Wie ihr Beispiel die «Kinder Abrahams, Isaaks und Jakobs», «die gläubigen Söhne der Gläubigen», entflammen und unterstützen muß»!

Die messianischen Zeiten sind die «Gesamtheit», die Erfüllung, aller Zeiten, die diesen vorausgegangen sind und diese vorbereitet haben. Die Wiedervereinigung mit der Vergangenheit mit der Zukunft bereitet sich in dem Heute durch die heute selbst erfolgte Beachtung der Thora und der Mizwot vor.

Die Frage, die sich dieser treue Jude stellt, dieser Mensch, der entschlossen ist, seine Heilsaufgabe zu erfüllen, lautet: «Wann wird denn meine «Arbeit» derjenigen meiner Väter gleich sein?» Diese Frage zeigt uns, wie ungewiß er trotz allem ist, ob er diese Aufgabe auch erledigen kann. Er sagt sich, daß «die Älteren den Söhnen der Engel ähnelten...» Welcher der Nachfahren unserer Väter – Abraham, Isaak, Jakob – könnte mit ihnen verglichen werden?

Sollte dieser Mensch, der Jude, es daher aufgeben, für das Heil der Welt zu arbeiten? Sicherlich nicht. Es stimmt, daß «die Arbeit ungeheuerlich» ist, aber «du bist nicht angehalten, das Werk zu *vollbringen,* und somit hast du auch nicht das Recht, deine *Hilfe* zu verweigern». Wisse, daß dein Beitrag notwendig und vielleicht sogar entscheidend ist.

Die messianischen Zeiten sind die «Gesamtheit», die Erfüllung, aller Zeiten, die diesen vorausgegangen sind und diese vorbereitet haben. Sollte ein einziger Tag, sogar eine einzige Stunde diesen vorbereitenden Zeiten fehlen, so könnte die Erfüllung und sogar das Kommen der messianischen Zeiten nicht stattfinden. Somit stellt die Geschichte der Welt von ihrer Schöpfung bis zu ihrer Erfüllung einen schmerzensreichen messianischen Prozeß dar. Im Verlauf dieses Prozesses hat jeder Augenblick seinen Platz.

Das Kommen des Messias wird das Zeichen sein, daß die messianischen Zeiten wahrhaft und vollkommen verwirklicht sind. Wir haben gesehen, daß die messianischen Zeiten die schöpferische «Gesamtheit» aller Zeiten ist, die diesen vorausgegangen sind und diese vorbereitet haben: so ist auch die Person des Messias vor der Schöpfung der Welt mit seinem «Namen» und zum Augenblick der Schöpfung der Welt mit seinem «Geist» bezeichnet worden und dennoch wird er erst seine «vollkommene Gestalt» erhalten, wenn die Teilnahme der Juden abgeschlossen sein wird. Alle Juden aller Zeiten müssen persönlich zu dem Kommen des Messias beitragen: die Juden sind aufgerufen, die Zeit zu «heiligen», in der sie durch die Thora und die Mizwot leben; somit können sie durch ihre «Verdienste» die Fülle der messianischen Zeiten, die für das Kommen des Messias notwendige Bedingung, herbeikommen lassen.

Der Mensch unterhält zu der Zeit, in der er lebt, besondere Beziehungen.

Wie der Gaon von Wilna bemerkt, ist der Mensch das einzige Geschöpf, dessen *schöpferische* Existenz in enger Beziehung zur Zeit, zu seiner Zeit, steht: «die Zeit ist die Freundin des Menschen»; «das menschliche Wesen und die Zeit bilden ein Paar: Mann und Frau». Der Mensch und seine Zeit sind sich einander so nahe, daß sie sich miteinander identifizieren. Die Zeit, der *zeman*, «lädt» *Samen*, den Menschen, ein, durch die Erfüllung einer Mizwa die Zeit zu befruchten, dieser einen Sinn und einen Inhalt zu geben. Sie sagt ihm: «verwirkliche mit mir eine Mizwa». Jeder der «365 Tage des Jahres» beschwört ihn, keine *Aweira*, keine «Überschreitung des Gesetzes der Thora, zu begehen, die aus «365 Verboten» besteht. Der Mensch lädt seinerseits die Zeit ein, aus ihrer «vergeblichen» «sterilen» Immobilität herauszukommen, um mit ihm zu arbeiten. Somit wird der Mensch das sein, was er mit seiner Zeit gemacht hat, und die Zeit das, was der Mensch aus ihr macht. Der Mensch wird aus seiner Zeit eine Zeit machen, von der kein Teilchen verloren geht. Die Zeit wird aus dem Menschen einen Menschen machen, der in der Fülle lebt.

Gemeinsam verklären sie sich, um wie «Abraham mit den Tagen beauftragt» (Gen 24,1) in die lebendige Ewigkeit einzugehen.

Einzig unter allen Geschöpfen hat der Mensch das Zeitbewußtsein. Er ist sich der Gegenwart der Zeit bewußt. Die Zeit erscheint ihm nicht nur zyklisch, wiederholend, sondern vor allem linear, und zwar in dem Maße, in dem er ihr eine Richtung, eine Bewegung auf ein Ziel zu, zuerkennt.

Die lineare Zeit bedeutet nicht einfach ein Fortschreiten auf ein Ziel zu: sondern ebenfalls einen ständigen Kontakt mit ihrem Ausgangspunkt. Daher die Wichtigkeit der Mizwa, die dem Juden befiehlt, *sachor,* «erinnere dich». . . Der Ausgangspunkt bewegt sich auf dem linearen Weg bis zu dem Augenblick hin, an dem er mit dem Zielpunkt zusammenfallen wird.

Der Mensch, der Jude, muß während eines jeden seiner Tage die Gegenwart dieses Ausgangspunktes spüren, ohne das «erhoffte», «erwartete» Ziel aus den Augen zu verlieren. Das «Heute», *HaJom,* muß für ihn der mögliche Begegnungsort zwischen diesen beiden «Punkten» sein, die er so nahe wie möglich zusammenbringen möchte. Das «Heute» bezeichnet ebenfalls die Erhörung des Gebetes, in dem der Jude Gott bittet, die «vergangenen Tage für uns zu erneuern» (Thr. 5,21) und «unsere Tage so wieder zu erneuern, wie sie damals waren».

Für den Juden begegnen sich die Retrospektive und die Perspektive in dem «Heute», in dem sie sich gegenseitig nähren. Die Retrospektive bezeichnet die Verwirklichung eines Ereignisses, das sich damals zugetragen hat. Die Perspektive bezeichnet die Vorwegnahme des Ereignisses, das sich abspielen wird und das der Jude ruft und «bald in unseren *Tagen*» herbeisehnt.

Die Wiedervereinigung zwischen Vergangenheit und Zukunft bereitet sich *in* dem Heute durch die Befolgung der Thora und der Mizwot am «heutigen» Tage vor: «Und diese Worte – diese Gebote – die ich dir *heute – HaJom –* gebiete, sollst du zu Herzen nehmen» (Deut. 6,6). «Heute» heißt: daß alle Tage in deinen Augen wie neu seien». Jeden Tag werden sie neu, nicht nur, weil sie ihre ursprüngliche Neuheit von «damals» wiederfinden, sondern auch, weil sie durch die *Chidduschei Tora,* die «neuen, ursprünglichen» Auslegungen der Texte der Thora, und durch die Entdeckung erneuert werden, die die treuen Juden mit Freude des noch unvermuteten Inhalts der Mizwot machen.

Jeden Morgen muß der Mensch sich als «ein neues Geschöpf» betrachten, das in eine Welt gestellt ist, die selbst auch eine «neue Schöpfung» ist.

Somit wird die Zeit, die der Jude mit der Vergangenheit und der Zukunft in Verbindung bringt, die Zeit, die er gemäß der Thora, der Charta lebt, die Gott bei der Erschaffung der Welt im Blick hatte, eine Zeit der ununterbrochenen Schöpfung. Diese Zeit «ahmt» somit seinen Schöpfer nach, der «in seiner Güte jeden *Tag* und ständig die ersten Werke seiner Schöpfung «erneuert». In Wahrheit haucht Gott jeden Tag der Welt ein neues Leben in Fülle ein: «Er belebt es».

Der Mensch, dem Gott die Welt übergeben hat, muß ebenfalls wie sein Schöpfer jeden Tag mit Sorge um die ständige Erneuerung bemüht sein; er muß das stets erneuern und ständig wieder erschaffen, was ist und was er gemacht hat.

So schreibt der Verfasser des Keduschat Lewi*), Gott lädt den Menschen ein, «das anzusehen, was er ihm *heute* gegeben hat. Jeden Tag übergibt er ihm eine erneut erhellte und an neuen Wohltaten reiche Welt. Und dem Menschen, den Gott in diese Welt gestellt hat, um ihm zu dienen, hat er die Gabe einer erleuchteten Intelligenz gemacht, die jeden Tag neu erhellt wird, damit er eine neue Fülle der Segnungen empfangen kann». Der Verfasser des RoKeach**) hatte bereits den jüdischen Menschen gebeten, daß «er jeden Morgen nach dem nächtlichen Schlaf, der den Tod vorzeichnet, anerkennen möge, daß der Heilige, gesegnet sei er, dem Menschen die Seele, den Ort in seinem Leib, wiedergibt, der vor dem Aufwachen als tot betrachtet werden könnte...»

Jeden Morgen müßte sich der Mensch daher als ein «neues Geschöpf» ansehen, das in eine Welt gestellt ist, die auch eine «neue Schöpfung» ist, so bemerkt der Verfasser des Degel Machane Efraim. Der Mensch ist wirklich jeden Tag ein neues Geschöpf, das sich von dem unterscheidet, das es am Vortage

---

*) Rabbi Lewi Jitzchak von Berditschew (1740–1809) ist der Verfasser des *Keduschat Lewi.*

**) Rabbi Eleasar Ben Rabbi Jehuda von Worms (1165–1230) ist der Verfasser des *Sefer HaRokeach.*

war, von dem, das es morgen sein wird. Jeden Tag ist er auf der Suche nach seiner Identität; er versucht, das zu sein, was er sein sollte; nämlich er selbst.

Da jeder Mensch einzigartig ist, ist seine Aufgabe ebenfalls einzigartig; in der Welt hat jeder eine besondere «Arbeit» zu leisten.

«Gott hat (die Welt) erschaffen, um das zu erfüllen – *LaAssot* – «was er erschaffen hat», so bemerkt der Baal Schem Tow. Der Mensch ist aufgerufen, seinen Schöpfer nachzuahmen», indem er schuf, um das zu vollenden – *LaAssot* – «was er erschaffen hat», um das hinzuzufügen, was «fehlt»; um das zu reparieren, was «zerbrochen» ist, «sich verschlechtert» hatte; um das zu vereinigen, was «getrennt» war. Dieses «Fehlen», diese «Zerbrochenheiten», diese «Verschlechterung», diese «Trennungen» sind vom Schöpfer bei der Erschaffung der Welt vorgesehen worden, damit der Mensch diese «reparieren» kann, indem er sich seiner schöpferischen Fähigkeiten bedient, damit er das «Verdienst» hat, ihnen ein *Tikkun* zu bringen.

Der Mensch hat stets eine Aufgabe zu erfüllen und diese Aufgabe ist jeden Tag neu; denn jeder Tag ist er selbst ein neuer Mensch, der in einer neuen Welt handelt.*)

Die *HeAra,* die «Erleuchtung», die Gott auf jeden Tag herabkommen läßt, ist stets einzigartig. Seit Gott die Welt erschaffen hat, bestätigt der Ari HaKadosch, hat es keine zwei gleichen Tage gegeben. Jeder Tag hat seine eigene *Bechina,* seine eigene Persönlichkeit, und seine Identität. Angesichts dieser *Bechina* eines jeden Tages steht die jedem Menschen, jedem Juden, Diener Gottes, eigene *Bechina.* «Der Mensch wurde allein geschaffen», denn «jeder Mensch hat seine ihm eigenen Gedanken», seine Weise zu urteilen und zu handeln sowie seine eigenen Fähigkeiten. Darum ist gesagt: «Beleidige

*) Der *Jezer HaRa,* der «Hang zum Bösen erneuert sich jeden Tag» ebenfalls im Menschen und der Mensch muß jeden Tag neue Mittel erfinden, um diesen «alten und dummen König» zu bekämpfen.

niemanden», denn jeder Mensch hat eigentlich die Eigenschaften, die ein anderer nicht hat. Jeder Mensch ist ein einzigartiges, neues Geschöpf. Bevor er geboren wird, war noch niemand auf der Welt wie er, und aus diesem Grunde ist er geboren worden: sein einzigartiges, unersetzliches Wesen war notwendig.

Die Identität eines jeden Menschen, eines jeden Juden, wird durch seine «Arbeit» offenbart, die dazu bestimmt ist, die Werke zu vollenden, die die messianischen Zeiten herbeiführen und die zur Verwirklichung der «Gestalt» des Messias beitragen sowie den *Gilui Kewodo JitBarech,* die «Bekundung Gottes Herrlichkeit», gesegnet sei er, beschleunigen.

Da jeder Mensch einzigartig ist, ist seine Aufgabe ebenfalls einzigartig; in der Welt hat jeder eine besondere «Arbeit» zu erledigen.

Die «Arbeit», die von ihm heute gefordert wird, unterscheidet sich von der, die ihm morgen zufällt. Wenn es die «Arbeit» von heute ist, die morgen fortgesetzt werden muß, wird die Art, diese auszuführen, eine andere sein.*)

Die «Arbeit» von heute kann nicht morgen getan werden, denn morgen ist der mit dieser «Arbeit» beauftragte Mensch ein neuer Mensch und seine «Arbeit» wird ihm auch neu sein. Wenn «ich es daher nicht heute erledige, wann werde ich es dann tun»?

Der Mensch muß die heutige «Arbeit» nicht unerfüllt lassen, denn dieses *Heute* ist unwiederbringlich und unersetzlich. Wenn er sie nicht heute erledigt, wird die Leere in der Folge der Tage, die zu den «Tagen des Messias» führen, die ganze Ordnung der Tage unterbrechen...**)

*) Selbst das Gebet, das der Jude heute ausspricht, unterscheidet sich von dem Gebet, das er am Vortage ausgesprochen hat. «In dieser Welt hat es niemals zwei identische Gebete gegeben», so bestätigt der Ari HaKadosch, «und es wird auch keine geben, bis der Messias nicht gekommen ist», fügt der Or HaChajim HaKadosch (Rabbi Chajim Attar, 1696–1743) hinzu.

**) *Awar Semano...* «Der Mensch, der den *Schema* am Morgen und am Abend aufsagt, und der es an einem Abend unterläßt, ist einem Menschen zu vergleichen, der niemals den *Schema* aufgesagt hat»!

Der Mensch der Kabbala bemüht sich, jeden Tag
*seine genaue Aufgabe zu entdecken, was für ihn
bedeutet: die zestreuten «göttlichen Funken» zu
entdecken, die* er *aufgerufen ist zu «sammeln»,
um sie ihren ursprünglichen «Wurzeln» zuzuführen. Alle «befreiten» «Funken» bilden die Wurzeln
der «totalen» messianischen «Befreiung».*

Der Mensch, der Jude, ist daher geboren, um eine Aufgabe zu
erfüllen, die er allein noch *heute* abschließen kann, indem er
somit das Kommen der «Tage des Messias» beschleunigen
wird.

Aber wie wird er die Aufgabe erkennen, die ihm obliegt,
und die er in die Ökonomie des Auftrages Israels einreihen
muß?

Darum ist der Mensch der Kabbala besorgt.

Er bemüht sich, *jeden Tag* die genaue Aufgabe zu entdekken, was für den Menschen der Kabbala bedeutet: die besonderen, zerstreuten, exilierten «göttlichen Funken» zu entdekken, die *er* aufgerufen ist, zu «erfassen», zu «wählen», zu
«sammeln», zu «heben», um sie «zu erhöhen», sie zu ihren
ursprünglichen «Wurzeln» zu führen und sie in den Ort wieder
zu integrieren, aus dem sie hervorgegangen sind.

Er wird somit für die Wiederherstellung des Friedens in der
Welt und zwischen dieser Welt und der Welt dort oben sowie
für die Harmonie aller Welten arbeiten.

Jeden Tag warten neue, diesem Tag entsprechende «Funken» auf *den* Juden, den Menschen, der fähig ist, sie zu erhöhen, so schreibt der Toldot (Rabbi Jaakow Jossef von Polonnoje, gest. 1782). Die *Beirurim,* die «Klärungen», müssen an
einem festgelegten Tag von einem solchen Menschen und
nicht von einem anderen verwirklicht werden. Der Mensch
muß die «Funken» befreien, die auf ihn warten und mit denen
ihn Ähnlichkeiten verbinden.

Alle die «befreiten» «Funken» bilden Wurzeln der *Geula
Scheleima,* der «totalen» messianischen «Befreiung».

Das «Verdienst» des Menschen, dem es gelingt, die «Funken» zu entdecken, deren Befreiung ihm obliegt, ist groß.

Dieser Mensch ist wahrhaft ein *Zaddik.*

Er verwirklicht die *Tikkunim,* die «Wiederherstellungen», die ihm vorbehalten sind und ihm zufallen; er vervollständigt die Gesamtheit der besonderen *Tikkunim,* die in den allgemeinen *Tikkun* der Welt integriert werden müssen und die notwendig sind, damit die Welt ihren ursprünglichen Zustand der Klarheit wiederfindet.

Durch die «Arbeit», die er erfüllt, vervollständigt er die für das Kommen der messianischen Ära notwendigen Bedingungen. Durch den wesentlichen Teil, den er zur Vollendung der «Gestalt» des Messias beiträgt, bereitet er dessen Kommen vor.

Es ist Aufgabe des *Zaddik,* das Heilswerk zu «vervollständigen».

Es ist Aufgabe des Juden, des Menschen, zum Heilswerk «beizutragen».

Indem dieser tägliche Prozeß der «Erneuerung», der *Hit-Chadschut,* gelebt wird, können der *Zaddik* und der Jude ihre Aufgaben erfüllen.

Diese menschliche «Erneuerung» wird in der Größe und Fülle der «Erneuerung» der messianischen Zeiten gekrönt und belohnt werden.

Gott, der mit dem vom Menschen, vom *Zaddik,* von Israel, vollbrachten Werk der «Erneuerung» zufrieden ist, «offenbart sich in einem strahlenden *Gilui Schechina,* in einer außerordentlichen «Bekundung seiner Gegenwart», und erklärt: «Denn siehe, ich habe einen *neuen* Himmel und eine *neue* Erde geschaffen» (Jes. 65,17).

Und wiederum sind die Himmel neu und die Erde ist neu; neu, wie zum Augenblick ihrer Erscheinung; sie finden die Neuheit des Augenblickes wieder, an dem sie erschaffen worden sind, als «Gott zu Anfang Himmel und Erde *erschuf*»: eine damalige Schöpfung (das Verb ist in der Vergangenheit: *bara*), eine heutige Schöpfung (das Verb ist in der Gegenwart: *bore*). Der Ursprungspunkt und der Endpunkt vereinigen sich in einem einzigen Punkt. Die neue Schöpfung verbindet sich mit der damaligen Schöpfung. Die alte ist neu geworden und die neue alt geworden. So hat der Schöpfer, der «Alte der

Tage», es seit seiner ersten Schöpfung gewollt. So sieht der Schöpfer sie in diesem Augenblick und wir, Israel, wir, die Menschen, wir sehen «unsere Tage so erneuert, wie sie damals waren» (Thr. 5,21).

Der vor der Schöpfung der Welt bestehende *Keter,* die königliche, göttliche «Krone», die erste der Sefirot, die schöpferischen göttlichen Bekundungen, ist schließlich in der *Malchut,* der göttlichen irdischen «Königlichkeit» anerkannt worden, die die «Grundlage der Sefirot» ist. Und der Mensch, Israel, setzt nach der Vorstellung des kabbalistischen Dichters «die Krone auf das Haupt des Königs»...

Gott ist somit als «König auf der Erde» inthronisiert (Sach. 14,9) worden. Und der Mensch sieht seine schwierige und große Aufgabe endlich erfüllt: Das Reich Gottes ist hier unten eingesetzt, in der Welt dort oben und in allen Welten «gefestigt», die nur eine bilden unter der Souveränität des einigen und einzigen Gottes.

«Und die Gnade des Ewigen, unseres Gottes, ruht auf uns. Er festigt das Werk unserer Hände»... (Ps. 90,17).

ELEMENTARE WORTERKLÄRUNGEN

(Nach der «Encyclopaedia Judaica», Jerusalem 1971)

Aggada:	den Teilen des Talmuds und des Midrasch – im Gegensatz zur Halacha – gegebener Name, die homiletische Ausführungen über die Bibel, Erzählungen, Legenden, volkskundliche Anmerkungen, Anekdoten oder Lebensregeln enthalten.
Beracha:	(Mehrz. Berachot), Segen, Lobes- oder Dankeswort.
Chabbad:	Anfangsbuchstaben von Chochma, Bina, Daat: «Weisheit, Verständnis, Wissen»; Name einer chassidischen Bewegung, die von Rabbi Schneur Salman von Liady in Weißrußland gegründet wurde (18. Jahrhundert).
Chanukka:	achttägiges Fest zum Gedächtnis an den Sieg Juda dem Makkabäer über den syrischen König Antiochus Epiphan, sowie an die Wiedereinweihung des Tempels, die darauf folgte.
Chassid:	Anhänger des Chassidismus.
Chassidei Aschkenas:	pietistische Bewegung unter den Juden Deutschlands im Mittelalter.
Chassidismus:	1. Bewegung der religiösen Renaissance und der volkstümlichen Mystik unter den Juden im Westen Deutschlands im Mittelalter; 2. von Jisrael Baal Schem Tow Anfang des 18. Jahrhunderts in Polen und Rußland gegründete religiöse Bewegung.
Deweikut:	«Hingebung», Verbindung mit oder Zu-

	gehörigkeit zu Gott, Kommunion mit Gott.
Erez Jisrael:	Land Israel.
Funken:	s. Nizozot.
Galut:	«Exil», die Bedingung des jüdischen Volkes in der Zerstreuung.
Gaon:	(Mehrz. Geonim) Oberhaupt einer Akademie während der nachtalmudischen Zeit, hauptsächlich in Babylon; jüdischer Religionsgelehrter.
Haggada:	im Heim am Pessachabend am Seder-Tisch gesprochenes Ritual.
HaKadosch Baruch Hu:	«Der Heilige, gesegnet sei er», Name Gottes.
Halacha:	(Mehrz. Halachot): rabbinischer Gesetzerlaß. Bezieht sich ebenfalls auf die Teile des Talmuds, die sich – im Gegensatz zur Aggada – mit dem Gesetzlichen befassen.
Hallel:	Begriff, der die Psalmen 113–118 im liturgischen Gebrauch bezeichnet.
Heiliger, gesegnet sei er:	s. HaKadosch Baruch Hu.
Jom Kippur:	oder Jom HaKippurim, Tag der großen Sühne, strenger, am 10. Tischri gefeierter Fastentag.
Kabbala:	jüdische Überlieferung der Mystik.
Kaddisch:	liturgische Doxologie.
Kawana:	«Absicht»; Begriff, der die geistige Sammlung bezeichnet, die das Gebet und die Durchführung von Riten oder von Geboten begleitet.
Kiddusch:	Gebet der Heiligung, das über Wein und Brot am Schabbathabend oder an Festabenden gesprochen wird.

Kiddusch HaSchem: Begriff, der den Märtyrer oder die vollkommene Aufrichtigkeit im Einklang mit den jüdischen Prinzipien bezeichnet.

Maza: (Mehrz. Mazot) ungesäuerter Teig; die ungesäuerten Brote, die während der Pessachwoche an die Stelle des Brotes treten.

Midrasch: Methode zur Auslegung der Schriften, die Gesetzesfragen (Midrasch Halacha) erklärt oder die bestimmte Kapitel mit Hilfe von Erzählungen oder Homelien (Midrasch Aggada) hervorhebt. Bezeichnet ebenfalls eine Sammlung rabbinischer Auslegungen dieser Art.

Mikwe: rituelles Bad.

Mischna: erste Kodifizierung des mündlichen jüdischen Gesetzes (2. Jahrhundert).

Mizwa: biblische oder rabbinische Vorschrift, bezeichnet ebenfalls eine Tat der Frömmigkeit oder der Wohltätigkeit.

Nizozot: «Funken», Begriff der Mystik, der die in jeder Materie gefangenen Funken des göttlichen Lichtes bezeichnet.

Omer: erste während der Weizenernte geschnittene Garbe, die dem Tempel am zweiten Pessachtag dargebracht wird.

Omer-Zählung: (hebr. Sefirat HaOmer), 49 Tage gezählt von dem Tage an, an dem der erste Omer in den Tempel gebracht wurde (nach den Rabbinern, am 16. Nissan, also am zweiten Pessachtag) bis zum Schawuotfest; eine Zeit der Halbtrauer und zwar aus historischen Gründen.

Pessach: Ostern.

Purim:	am 14. oder 15. Adar gefeiertes Fest zum Gedächtnis der Erlösung der Juden zur Zeit Esthers.
Rosch HaSchana:	zweitägiges Fest (ein einziger Tag zu Zeiten der Bibel und der Mischna), das Anfang des Monats Tischri (September-Oktober) gefeiert wird, traditionsgemäß Neujahr.
Schaddai:	Name Gottes, der häufig in der Bibel vorkommt, dessen geläufige Übersetzung «Allmächtiger» ist.
Schawuot:	Pfingsten; Wochenfest, das zweite der drei jährlichen Wallfahrtsfeste, das zum Gedächtnis an den Empfang der Thora auf dem Berge Sinaï gefeiert wird.
Schechina:	göttliche Gegenwart.
Schema:	(Jisrael/Höre, oh Israel, Deut. 6,4), Bekenntnis des jüdischen Glaubens, das die absolute Einheit Gottes verkündet.
Schulchan Aruch:	Kompendium des jüdischen Gesetzes von Josef Karo (1488–1575).
Seder:	jüdisches Familienfest, das am ersten Osterabend gefeiert wird (außerhalb von Erez Jisrael an den beiden ersten Abenden) und während dessen die Haggada aufgesagt wird.
Sefer HaBahir:	eines der ältesten Bücher der Kabbala.
Sefer Tora:	handgeschriebene Rolle des Pentateuch, die für die biblische Lesung in der Synagoge bestimmt ist.
Sefer Jezira:	«Buch der Schöpfung», eines der grundlegenden Bücher der Kabbala.
Sefirot:	die zehn von Gott ausgehenden schöpferischen Kräfte.
Siddur:	bei den Aschkenasim: Ritual mit tägli-

	chen Gebeten (zu unterscheiden vom Machsor, der die Festgebete enthält).
Simchat Tora:	Fest, das den Abschluß des Jahreszyklus der Lesung des Pentateuch in der Synagoge kennzeichnet; in Erez Jisrael wird dieses Fest am Schemini Azaret gefeiert (außerhalb von Erez Jisrael wird es getrennt am nächsten Tag gefeiert).
Sohar:	Sefer HaSohar, Buch der Leuchte, des Lichtglanzes; Kommentar der Mystik zum Pentateuch, Hauptwerk der Kabbala.
Sukka:	Laubhütte oder Stiftshütte aus Anlaß der Sukkot errichtet, in der die Juden «wohnen» oder zumindest während sieben Tagen essen (Lev. 23,42).
Sukkot:	Fest der Laubhütte oder Stiftshütte (s. Sukka).
Tallit:	rechteckiger Gebetsschal, der an den vier Ecken mit Fransen (Zizit) geschmückt ist.
Talmud:	«Lehre», Sammlung der Gespräche von Generationen von Gelehrten und Juristen der zahlreichen Akademien über die Mischna während mehrerer Jahrhunderte (200 bis 500). Der Talmud von Jerusalem (oder palästinensischer) enthält hauptsächlich Abhandlungen der Gelehrten von Erez Jisrael. Der Talmud von Babylon umfaßt parallele Debatten der babylonischen Akademien (s. Mischna).
Talmud Tora:	Begriff, der die jüdischen religiösen Studien im allgemeinen bezeichnet (und schließlich diejenigen des Tal-

	muds), sowie den öffentlichen Unterricht der traditionellen jüdischen Religion.
Tanna:	(Mehrz. Tannaim), rabbinischer Lehrer zur Zeit der Mischna.
Tefillin:	Gebetsriemen (Phylakterien), mit kleinen Kästchen aus Leder, die Absätze der Bibel enthalten und von den jüdischen Männern über Stirn und Arm während des Morgengebetes getragen werden.
Thora:	Pentateuch oder Rolle des Pentateuch, die zur Lesung in der Synagoge bestimmt ist; Gesamtheit der traditionellen jüdischen Lehre und Schriften.
Zaddik:	der Gerechte; durch ihren Glauben und ihre Frömmigkeit außergewöhnliche Person; besonders ein Rabbiner oder eine führende Persönlichkeit im Chassidismus.
Zimzum:	«Zusammenziehung»; Begriff der Mystik, der den Vorgang bezeichnet, durch den Gott sich zurückzieht und in sich selbst sammelt, indem er eine äußerst wichtige Leere läßt, in der sich die Schöpfung vollziehen kann; wesentliches Exil oder Rückzug Gottes.
Zizit:	am Tallit und am Tallit katan befestigte Fransen.

ALEXANDRE SAFRAN wurde im Jahre 19
(Rumänien) geboren. Als Sohn und Schüler des
Rabbiners Bezalel Seev Safran wurde er dessen
Nachfolger als Rabbiner in seiner Geburtsstadt.
Rabbiner Bezalel Seev Safran war eine weltweit
anerkannte Kapazität in talmudischen Wissen-
schaften.

Im Alter von neunundzwanzig Jahren wurde Alexandre Safran zum Oberrabbiner von Rumänien –
einem Land, das zu jener Zeit eine Million Juden
zählte – gewählt. Seinen Wohnsitz hatte er in Bu-
karest. Als Senator von Rechts wegen war er in
einer besonders schwierigen Zeit der einzige Vertreter der jüdischen Bevölkerung im rumänischen
Parlament. Während des Krieges und der Unterdrückung von seiten des Naziregimes war er –
auch als Geisel – Vorsitzender des geheimen jüdischen Rettungsausschusses, und es gelang ihm, einen beträchtlichen Teil der jüdischen Bevölkerung vor der Ausrottung zu bewahren.

Im Jahre 1948 wurde er zum Oberrabbiner von
Genf ernannt und lehrt seitdem Philosophie des
Judentums an der Universität dieser Stadt. Er
hielt ebenfalls Vorlesungen an mehreren europä-
ischen, amerikanischen und israelischen Jeschiwot
und Universitäten, insbesondere an der Bar-Ilan-
Universität in Israel, an der er Gastprofessor für
jüdische Mystik ist und an der ein Lehrstuhl für
die Kabbala in seinem Namen eingerichtet wurde.
Seine Schriften in hebräischer Sprache und verschiedenen anderen Sprachen umfassen alle Bereiche des jüdischen Denkens.

Der Nobelpreisträger ELIE WIESEL an den Autor:
«Ich lese mich in Ihr neues Werk («Weisheit der
Kabbala») ein und entdecke darin reiche Schätze.»

ISBN 3-217-01643-4